질병의
영적 뿌리를
뽑아라

의학적 • 성경적으로 통합한 치유 교과서

질병의 영적 뿌리를 뽑아라

헨리 라이트 지음

임은묵 옮김

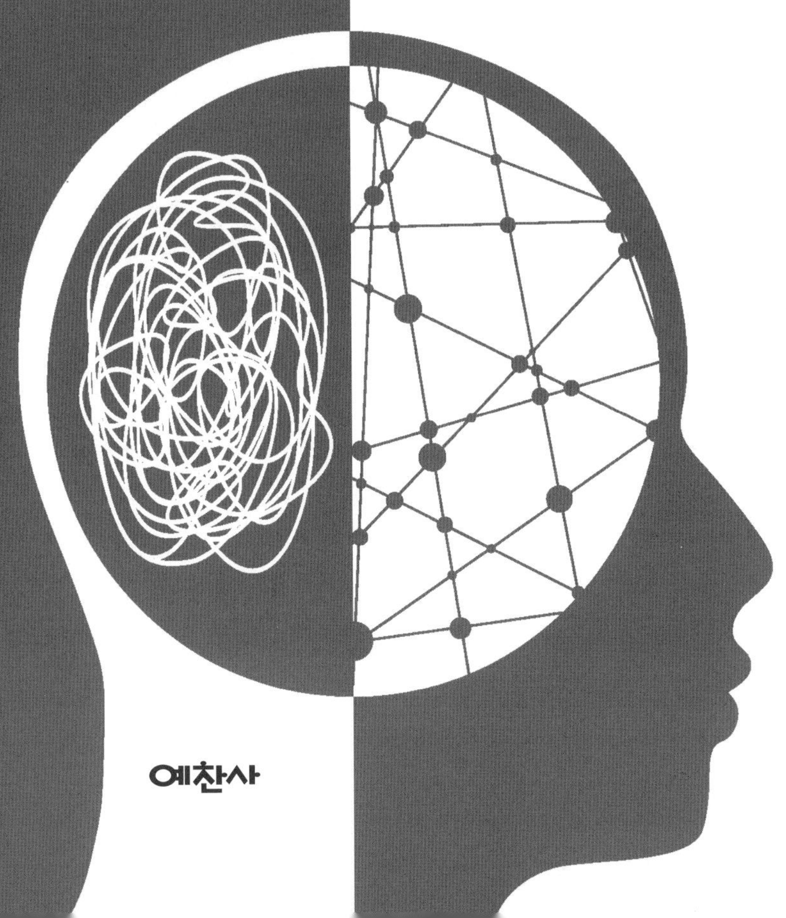

예찬사

차 례

옮긴이의 글

헨리 라이트의 『질병의 영적 뿌리를 뽑아라』(Exposing the Spiritual Roots of Disease)를 한국의 독자들께 소개하게 된 것을 큰 기쁨과 사명으로 생각합니다. 나는 다년간 치유 사역 현장에서 하나님의 놀라운 회복을 갈망하는 수많은 영혼과 함께하며 육신의 질병 이면에 숨겨진 더 깊은 차원의 문제들을 마주하곤 했습니다. 나는 때로 나의 간절한 기도와 안수에도 불구하고 질병이 떠나지 않거나 증상이 반복되는 경우를 보면서 치유가 단순히 육체의 문제만이 아님을 절감했습니다. 바로 이러한 고민 속에서 헨리 라이트 박사의 사역과 저서들을 접하게 되었고, 그의 깊이 있는 통찰력에 큰 감명을 받았습니다. 이 책은 내가 사역 현장에서 느꼈던 전인적 치유, 즉 영과 혼과 몸(고전 5:23)이 온전히 회복되는 치유의 필요성에 대한 성경적이면서도 실제적인 해답을 제시하고 있었습니다.

치유를 향한 갈망

나는 특히 치유 사역에 부르심을 받아 섬기면서 성도들이 겪는 다양한 질병과 고통 앞에서 하나님의 마음을 구하지 않을 수 없었습니다. "네 모든 죄악을 사하시며 네 모든 병을 고치시며"(시 103:3)라고 약속하신 하나님의 말씀은 분명 살아 역사하시는데, 왜 여전히 많은 그리스도인이 질병의 멍에에서 벗어나지 못하는지, 왜 기도의 응답이 더딘 것처럼 느껴지는지 궁금했습니다. 이러한 질문은 나의 오랜 기도 제목이자 연구 과제였습니다. 그래서 나는 성경을 더 깊이 읽으면서 전인적 치유에 관한 책을 여러 권 집필하고 출판하기에 이르렀습니다. 『전능하신 의사 예수』, 『 치유의 기름 부음을 주옵소서 』, 『전가 기도법』(이상 예찬사), What's so Amazing About Healing(KDP) 등이 있습니다.

내가 사역을 통해 만난 어떤 사람들은 오랜 시간 특정 질병으로 고통받으며 여러 병원을 전전하고 사역자들에게 기도를 많이 받았음에도 차도가 없었습니다. 그런데 상담과 기도 과정에서 그들의 마음 깊은 곳에 자리 잡은 용서하지 못하는 마음, 과거의 상처로 인한 깊은 슬픔과 분노, 하나님이나 자기 자신, 혹은 타인과의 깨어진 관계가 드러나곤 했습니다. 또, 그들이 이러한 영적, 혼적 문제들을 성령의 인도하심 따라 회개하고 정리했을 때, 육신의 질병이 눈에 띄게 호전되거나 완전히 치유되는 역사가 일어나는 것을 나는 많이 목격했습니다.

어떤 경우에는 난치병들이 깊이 뿌리내린 자기 증오나 특정 인물에 대한 극심한 쓴 뿌리와 연결되어 있음을 발견하기도 했습니다. 이러한 경험들은 나에게 질병을 단순히 육체적인 현상으로만 볼 것이 아니라, 영과 혼과 몸이 유기적으로 연결된 존재로서 인간을 총체적으로 이해하고 접근해야 한다는 확신을 주었습니다. 마치 나무의 병든 가지를 치는 것만으로는 온전한 회복을 기대할 수 없듯이, 병의 뿌리가 되는 영적, 혼적 문제들을 해결하지 않고서는 참된 치유와 건강을 누리기 어렵다는 깨달음이었습니다.

질병의 영적 뿌리를 뽑아라

헨리 라이트 박사는 바로 이러한 전인적 치유의 관점에서 독보적인 사역을 펼친 분입니다. 그는 "왜 사람들은 병드는가?"라는 근본적인 질문에서 출발하여, 수십 년간 성경 연구와 수많은 치유 사례 분석, 그리고 의학 및 과학 지식 탐구를 통해 질병의 이면에 숨겨진 영적인 원인들을 규명하는 데 헌신했습니다.

이 책에서 그는 질병이 단순히 운이 나빠 우연히 걸리는 것이거나, 심지어 하나님께서 주시는 연단의 도구나 축복이라는 오해를 성경적으로 명확하게 논파합니다. 그는 의학계조차 수많은 질병의 원인을 "알 수 없음"으로 분류하는 현실 속에서, 성경이야말로 그 근본 원인을 밝히는 열쇠임을 역설합니다.

그는 질병의 약 80%가 세 가지 차원의 분리, 즉 하나님과의 분리, 자기 자신과의 분리, 그리고 다른 사람들과의 분리에서 비롯된다고 진단합니다. 이는 충격적이면서도, 동시에 치유의 방향을 명확히 제시하는 통찰입니다. 하나님께 회개하여 이루어지는 관계 회복(화해), 자기 자신과의 화해, 타인과의 화해가 곧 치유의 시작이라는 것입니다. 이것은 그야말로 복음적인 해답입니다.

그는 신명기 28장의 축복과 저주에 대한 심도 있는 분석을 통해, 하나님의 말씀에 대한 순종이 축복과 건강으로 이어지는 반면, 불순종은 저주, 즉 질병의 문을 열어주는 결과를 낳는다는 성경적 원리를 명확히 밝힙니다. 여기서 중요한 것은 하나님께서 저주나 질병을 적극적으로 보내시는 것이 아니라, 우리가 불순종함으로 스스로 저주 아래 들어가 사탄에게 합법적인 발판을 내어준다는 사실입니다.

회개, 영-혼-몸의 연결, 말씀

이 책의 공헌 중 하나는 치유에 있어서 기도의 역할을 재조명하고 회개의 중요성을 강력하게 부각시킨다는 점입니다. 물론 기도는 치유의 중요한 통로이지만, 라이트 박사는 기도가 유일한 해답이 아님을 역설

합니다. 특히 그는 "혹시 죄를 범하였을지라도 사하심을 받으리라"(약 5:15) 하는 말씀에 주목하며, 죄의 문제가 해결되지 않으면 기도를 통한 치유가 막힐 수 있음을 지적합니다. 그는 4기 유방암 환자였던 어떤 여성의 감동적인 치유 사례를 통해, 용서하지 않은 죄를 회개했을 때 기도가 아닌 회개 그 자체로 완전한 치유가 임했던 실제적인 증거를 제시합니다. 이는 죄와 질병, 그리고 회개와 치유 사이의 깊은 연관성을 보여주는 강력한 예시입니다. 더 나아가 그는 회개를 구원의 때에만 하는 일회성 행위가 아니라, 성화의 과정 속에서 지속적으로 이루어져야 하는 삶의 방식임을 강조하며, 이를 위한 구체적인 단계로 '자유를 향한 8개의 R'을 제시합니다.

또한 그는 영-혼-몸의 연결 메커니즘을 과학적인 설명과 성경적 통찰을 결합하여 매우 설득력 있게 풀어냅니다. 그는 우리의 생각이 어디서 오는지 질문하며, 하나님, 우리 자신, 혹은 원수에게서 비롯될 수 있음을 밝힙니다. 특히 세타 뇌파를 영적 세계와의 교신 통로로 설명하며, 성령님과 악한 영 모두 이 통로를 통해 우리에게 영향을 미칠 수 있다고 말합니다. 우리의 생각이 단백질 합성을 통해 장기 기억으로 저장되어 우리 존재의 일부가 되며, 이것이 우리의 생리적 반응에 직접적인 영향을 미친다는 설명은 매우 중요합니다.

이어서 그는 두려움, 스트레스, 분노와 같은 부정적인 생각과 감정이 어떻게 뇌의 시상하부를 자극하여 코르티솔과 같은 스트레스 호르몬 분비를 촉진하고, 이것이 면역 체계(T세포, B세포 활동)를 교란시켜 알레르기, 자가면역질환, 심혈관 질환, 정신 질환, 각종 스트레스 장애 등 구체적인 질병으로 이어지는 생리적 경로를 상세히 설명합니다. 이는 우리가 영적으로 어떤 생각을 품고 어떤 영적 상태에 있느냐가 우리의 육체적 건강과 얼마나 직결되는지를 명확히 보여줍니다.

특히 각 질병의 영적 뿌리에 대한 그의 분석은 매우 구체적이고 실제적입니다. 예를 들어, 알레르기는 깊은 내면의 두려움, 특히 관계 안에서의 안전함 부족과 연결되며, 자가면역질환은 자기 증오, 자기 거부, 죄책감과 같은 자신과의 깨어진 관계에서 비롯된다고 설명합니다. 또한 분노와 격분, 완악한 마음은 심혈관 질환의 주요 원인이 되며, 절망감과 자기 연민, 자기중심성은 우울증과 같은 정신 질환의 뿌리가 된다고 지적합니다. 섬유근육통, 만성 피로 증후군, 2형 당뇨병, 과민성 대장 증후군 등 다양한 스트레스 장애 역시 각각 두려움, 거절감, 성과주의, 죄책감 등 특정 영적 문제와 연결하여 분석합니다. 이러한 분석은 막연하게 느껴질 수 있는 '영적 뿌리'라는 개념을 구체적인 삶의 문제와 연결시켜 독자들이 자신의 상태를 진단하고 치유의 방향을 설정하는 데 큰 도움을 줄 것입니다.

그는 '분리'(Separation)라는 중요한 개념을 통해, 우리가 죄를 짓더라도 우리 자신이 죄 자체가 아님을 강조합니다. 악한 영들은 우리가 죄와 우리 자신을 동일시하도록 속이지만, 우리는 회개를 통해 죄와 분리될 수 있으며, 이것이 치유의 핵심적인 단계임을 밝힙니다. 그는 "모든 생각을 사로잡아 그리스도에게 복종하게 하라"(고후 10:5)는 말씀을 통해, 유혹은 죄가 아니며 생각을 분별하고 다스리는 것이 우리의 책임임을 일깨워줍니다.

한국 교회와 성도들을 위한 메시지

이 책은 질병에 대한 새로운 정보를 제공하는 것이 아니라, 우리의 신앙과 삶 전체를 돌아보게 하는 강력한 메시지를 담고 있습니다. 한국 교회는 뜨거운 기도와 열정적인 신앙으로 잘 알려져 있지만, 때로는 치유의 문제를 기도의 영역에만 국한시키거나 질병의 원인을 피상적으로만 이해하려는 경향이 있습니다. 또한, 죄의 문제를 질병과 직접적으로 연결하는 것에 대한 불편함이나 저항감이 있기도 합니다.

그러나 그는 철저히 성경 말씀에 근거하여 질병의 문제를 영적 전쟁의 관점에서 바라보고, 죄와 사탄의 영향력을 정직하게 직면할 것을 촉구합니다. 이는 결코 정죄를 위한 것이 아니라, 온전한 자유와 치유로 나아가기 위한 필수적인 과정임을 그는 강조합니다. 현대 사회는 그 어느 때보다 스트레스와 정신적 고통이 만연하며, 이는 수많은 육체적 질병으로 이어지고 있습니다. 이러한 시대 속에서 그의 메시지는 교회가 성도들의 전인적인 건강과 회복을 돕는 데 있어 더욱 깊고 실제적인 통찰과 방향을 제시해 줄 것입니다.

이 책은 질병으로 고통받는 성도들뿐만 아니라, 그들을 돕는 목회자, 상담가, 그리고 치유 사역자들에게 귀한 지침서가 될 것입니다. 더 나아가 영적인 차원에 열린 마음을 가진 의료 전문가들에게도 새로운 관점을 제공하여, 환자들을 더욱 총체적으로 이해하고 돕는 데 기여할 수 있으리라 기대합니다.

번역을 진행하면서, 나 또한 질병의 영적 뿌리에 대한 깊은 이해와 함께, 하나님 아버지의 사랑과 용서와 회복의 은혜를 새롭게 경험하는 시간이었습니다. 때로는 직면하기 어려운 것들도 있었지만, 하나님의 진리 안에 참된 자유와 생명이 있음을 다시 한번 확인했습니다.

독자들도 열린 마음으로 이 책을 읽으시면서, 성령께서 각자의 삶 가운데 말씀하시는 음성에 귀 기울이시기를 바랍니다. 이 책이 안내하는 대로 질병의 영적 뿌리를 정직하게 대면하고, 회개와 용서, 말씀 안에서의 새로운 정체성 확립을 통해 하나님께서 예비하신 온전한 건강과 넘치는 생명력을 누리시기를 간절히 소망합니다. 모든 질병의 근원을 파헤치고 우리를 완전한 자유로 이끄시는 주님의 은혜가 이 책을 읽는 모든 분에게 충만히 임하기를 기도합니다.

"진리를 알지니 진리가 너희를 자유롭게 하리라"(요 8:32).

옮긴이 임은묵

추천의 글

헨리 라이트 박사는 『질병의 영적 뿌리를 뽑아라』에서 우리가 무작위로 덮치는 질병의 무기력한 희생자라는 거짓을 깨뜨리고, 성령님과의 동역 안에서 우리의 건강에 대한 책임을 질 수 있도록 힘을 실어줍니다. 나는 의사로서 우리가 영과 혼과 몸을 가진 전인격적 존재로서 이 모든 영역에서 온전할 때만이 진정으로 건강할 수 있다는 개념을 전적으로 지지합니다. 이 책은 진작에 나왔어야 할 필독서이며, 질병으로 고통받는 모든 그리스도인과 그들을 섬기고자 하는 이들에게 반드시 필요합니다.

레베카 윌리엄스 박사

MA, MB ChB, DRCOG, DCH, DTM&H

왜 그리스도인들이 비신자들과 동일한 질병률을 보이고 있는 것일까요? 왜 기도가 모든 사람을 치유하지는 못하는 것일까요? 질병은 어디에서 오는 것이며, 우리는 어떻게 하나님께서 우리를 위해 계획하신 자유의 삶을 살 수 있을까요? 이 질문들이 바로 헨리 라이트 박사가 『질병의 영적 뿌리를 뽑아라』에서 다루는 내용입니다. 가장 신뢰받는 의학 교과서들조차 수많은 질병의 원인(etiology)을 '알 수 없음'으로 기록하는 이때, 우리는 어디에서 답을 찾아야 할까요? 이 책에서 라이트 박사는 확고한 성경적 토대를 바탕으로 질병의 뿌리를 드러내고, 우리의 영과 혼과 몸이 어떻게 자유를 얻을 수 있는지에 대한 명확한 지침을 제공합니다.

쉴라 핏콕, LVN

나는 지난 3년간 라이트 박사의 사역을 따랐으며, 내 삶은 완전히 변화되었습니다. 그의 두 번째 책인 『질병의 영적 뿌리를 뽑아라』를 통해, 그는 고대 이집트 시대부터 인류가 찾아 헤매던 질문들에 대한 답을 줍니다. 우리는 항상 문제의 본질, 즉 "뿌리"에 도달하고 싶어 하지만, 지금까지 누구도 질병의 영역에서 그 일을 해내지 못했습니다. 의학계는 영과 혼과 몸의 연결을 이해하지 못하기에 거의 도움이 되지 못합니다. 하지만 이제 우리에게는 해답이 있습니다. 이 복잡한 주제는 라이트 박사의 읽기 쉬운 책을 통해 단순하고 명료해졌으며, 이전에는 희망이 없던 곳에 희망을 줍니다. 반드시 읽어야 할 책입니다.

S. R. 왓킨스 박사, PhD

뉴 스타트 미니스트리

『질병의 영적 뿌리를 뽑아라』에서 헨리 라이트 박사는 휘장을 걷어내고, 과학과 성경 말씀을 통해 우리가 왜 병에 걸리는지를 설명합니다. 그리고 더 나아가, 애초에 우리가 병에 걸리지 않도록 예방할 수 있는 말씀의 실제적인 도구들을 제공합니다. 수천 명의 사람이 이 가르침을 통해 삶을 되찾았고, 이제 당신도 그렇게 될 수 있습니다. 이 책을 읽고 적용하십시오. 그리고 그 결과에 놀랄 준비를 하십시오.

로버트 맥팔랜드

트랜스폼메이셔널 임팩트 LLC 대표

헨리 라이트 박사는 오랜 기간의 연구를 통해 질병과 그 영적 뿌리에 대한 질문의 답을 제시합니다. 나는 중독자와 정신과적 문제를 겪는 사람들을 위한 치료사로서 그들을 도울 방법에 대한 답이 필요했습니다. 단순히 질병을 관리하는 것을 넘어, 진정한 해결책을 제시하는 그런 답 말입니다. 나는 이 놀라운 통찰력에 깊이 감사합니다.

프란스 아이제바우드, 중독 치료사

사회복지학 학사, 가족 치료학 석사, 정신과 협회 코치

교회여, 이제 깨어날 시간입니다. 왜 하나님의 백성들이 세상 사람들처럼 병들고, 믿지 않는 자들과 똑같은 질병으로 죽어가고 있는지 궁금해 본 적 없으십니까?『질병의 영적 뿌리를 뽑아라』에서 헨리 라이트 박사는 성도들에게 치유에서 예방으로 초점을 옮기라고 경종을 울립니다. 우리가 치유가 전혀 필요 없는 상태로 사는 것이야말로 우리를 향한 하나님의 진정한 마음입니다. 라이트 박사가 이 책에서 나누는 말씀과 통찰은, 목회자로서 양 떼를 돌보며 30년 이상 성경을 연구하고 직접 관찰한 결과물의 집대성입니다.『질병의 영적 뿌리를 뽑아라』는 우리의 영적 뒤틀림을 바로잡고, 머리 되시는 그리스도 예수 안에서 몸의 올바른 정렬을 회복하여 우리가 치유받고 온전하며 건강하게 살도록 하기 위해 주신 하나님의 처방전과도 같습니다.

트래비스 워덤 목사, DC, BS

헨리 라이트 박사는 그의 새 책『질병의 영적 뿌리를 뽑아라』에서 "당신은 넘치는 생명력을 누리며 살아야 합니다. 세상은 질병과 절망 속에서 허덕일지라도, 당신은 행복하고, 균형 잡혀 있으며, 열정적인 하나님의 아들딸이 되어야 합니다."라고 말합니다. 이를 성취하기 위해, 우리는 원수를 물리치기 위한 '지식'의 사용이 요구되는 사탄과의 영적 전쟁에 참여하고 있음을 깨달아야 합니다. 이 책은 당신의 생각과 행동 방식을 바꿀 것입니다. 왜냐하면 이 책은 수많은 질병의 영적 뿌리를 이해하고, 성경적 진리의 지식을 활용하며, 인생 여정의 등불로서 하나님의 말씀을 의지하는, 안에서부터 밖으로 일어나는 치유의 여정을 드러내기 때문입니다. 라이트 박사는 이 여정을 성경 말씀과 실제 삶의 예시, 그리고 기독교적 해결책들로 뒷받침하며 논리적이고 실용적인 방식으로 설명합니다. 당신이 현재 여정의 어느 지점에 있든지, 또는 어떤 지식을 가지고 있든지 상관없이, 이 책은 반드시 읽어야 할 필독서입니다.

마이클 코스텔로 박사

서던일리노이 대학교 공과대학 응용공학기술학부 부교수

면책 조항

우리는 어떠한 의학적 또는 정신의학적 진료나, 특정 교회 또는 그 종교적 교리, 신념, 관례와도 갈등을 일으킬 의도가 없습니다. 우리는 의학이나 심리학의 일부가 아니며, 오히려 그것들이 더 효과적이 되도록 돕고자 합니다. 이는 많은 인간의 문제들이 근본적으로 영적이며, 이와 연관된 생리학적, 심리학적 증상들이 나타난다고 믿기 때문입니다.

이 정보는 질병과 그 문제들, 그리고 가능한 해결책에 대한 통찰력을 제공하기 위한 일반적인 지식 전달을 목적으로 합니다. 이는 특정한 의학적 상태나 질환에 대한 의학적 조언이나 치료를 대체하는 것이 아닙니다. 우리는 질병을 진단하거나 치료하지 않습니다.

특정한 건강 문제가 있을 시에는 신속한 의료 서비스를 받아야 합니다. 당신의 특정 건강 문제에 관한 치료 방식은 당신과 당신의 의사 사이에서 결정될 문제입니다. 우리는 개인의 질병이나 그 치유에 대해 책임지지 않습니다. 우리는 이 주제에 대한 성경 말씀과, 이 통찰과 일치하는 의학계 및 과학계의 관찰 결과들을 가르치고 전할 뿐입니다. 어떤 사람이든 치유되거나 질병이 예방된다는 보장은 없습니다. 이 가르침의 열매는 각 개인이 원리를 적용하고 하나님과 맺는 관계를 통해 나타날 것입니다. Be in Health® 사역은 고린도후서 5장 18-20절, 고린도전서 12장, 에베소서 4장, 그리고 마가복음 16장 15-20절의 말씀에 따라 세워졌습니다.

머리말 1

내 남편, 헨리 W. 라이트 박사는 배움에 대한 갈망이 있었고, 온 마음을 다해 하나님을 섬기려는 더 강한 열망을 가진 명석한 사람이었습니다. 그는 삶의 도전들을 연민과 강인한 사랑, 그리고 그만의 독특한 유머로 마주했습니다. 그가 주변 사람들의 삶에 미친 영향을 측정하는 것은 불가능할 것입니다. 그의 마음은 다른 이들을 하나님의 사랑 안에서 온전함과 평안으로 인도하는 것이었습니다. 그는 자신이 하는 모든 일에서 하나님의 사랑을 나타내기 위해 최선을 다했습니다.

목회 초년 시절, 헨리는 왜 교회 안에서 질병으로부터의 육체적 치유가 마땅히 일어나야 할 만큼 자주 일어나지 않는지에 대한 해답을 구하는 기도를 드렸습니다. 그 질문과 하나님의 응답은, 그리스도의 몸을 괴롭히던 질병의 영적 뿌리를 드러내는 그의 평생의 여정을 시작하게 했습니다.

헨리는 하나님께서 치유에 대해 무엇이라 말씀하시는지 성경적 진리를 연구하고, 도움을 구하러 찾아온 사람들의 사례 기록들을 연구하며, 의학을 통해 질병과 그것이 인체에 미치는 영향에 대해 배우는 데 수십 년을 바쳤습니다. 우리는 함께 'Be in Health' 선교회를 설립했고, 질병을 극복하기 위한 성경적 진리를 가르치기 위해 미국 전역과 전 세계 여러 나라를 다녔습니다. 그 놀라운 결과는 전 세계 수만 명의 사람들에게 나타난 치유와 회복이었습니다. 사역의 필요가 커지면서 'For My Life'

수련회가 탄생했습니다. 조지아주 토마스턴에 있는 우리 교회 캠퍼스에서 열리는 이 영향력 있는 일주일간의 수련회는 사람들이 질병의 영적 근본 원인을 이해하고, 성경적 진리를 자신의 삶에 적용하며, 어떻게 자유해질 수 있는지를 배우도록 돕습니다.

헨리는 2019년 11월에 하나님의 부르심을 받았습니다. 나는 가족과 교회, 그리고 친구들과 함께 매일 그의 빈자리를 느낍니다. 헨리가 떠난 직후, 하나님께서는 내 마음에 "그는 나와 함께 있고, 아주 잘 있단다."라고 말씀해주셨습니다. 5년여 전, 헨리와 나는 장로회와 함께, 하나님께서 그에게 주신 성경적 진리들을 먼 미래까지 이어갈 계획을 세웠습니다. 헨리가 장로회 및 교회 공동체와 맺어온 관계를 통해, 우리는 어떻게 앞으로 나아가야 할지에 대한 분명한 비전을 가질 수 있었습니다. 헨리의 비전은 하나님의 말씀과 사랑으로 영과 혼과 몸이 회복된 '이기는 자들' (overcomers)의 세대를 세우는 것이었습니다.

오늘날, 우리는 바로 그 일을 하고 있습니다. 'Be in Health' 팀은 더욱 확장되었으며, 조지아주 토마스턴 캠퍼스, 온라인 세미나, 짧은 강의 영상, 그리고 미국 전역의 도시에서 열리는 컨퍼런스를 통해 매달 수천 명을 계속해서 섬기고 있습니다. 이 세상은 원수와 삶 속의 모든 질병을 물리치기 위한 하나님의 사랑과 능력을 절실히 필요로 합니다.

이렇게 『질병의 영적 뿌리를 뽑아라』의 개정 증보판을 선보이게 되어 기쁘게 생각합니다. 헨리가 이 책에 담아 놓은 성경적 통찰들이 여러분의 치유와 회복의 여정을 이끌어주는 데 도움이 되기를 바랍니다.

도나 라이트 목사

머리말 2

내가 헨리 라이트 박사의 사역을 처음 접하게 된 것은 2013년에 내 수술 전문 기사가 라이트 박사의 책 『더욱 탁월한 길』(A More Excellent Way)을 선물해주면서였습니다. 피부과 의사로서 지난 20여 년간, 나는 심리학, 영양학, 생활 습관 개선, 동양 의학 등에서 육체적 질병에 관한 다양한 이론과 개념들을 탐구해 왔습니다. 이러한 접근법은 내 환자들에게도 상당히 보편적으로 받아들여졌습니다. 하지만 그 무엇도 라이트 박사의 통찰력만큼, 주 예수 그리스도의 말씀을 통해 일하도록 부름받은 나의 소명을 밝혀주지는 못했습니다.

그의 책은 우리 모두에게 하나님 아버지의 사랑이 필요하며, 그 사랑을 받을 때 변화가 일어난다고 설명했습니다. 다음 단계는 질병의 잠재적인 영적 뿌리를 인식하는 것이며, 일단 인식되면 그 뿌리는 제거될 수 있습니다. 영적 뿌리를 제거하는 과정은 라이트 박사의 '자유를 향한 8개의 R'(8 Rs to Freedom)을 통해 이루어집니다. 이는 인식하기(recognition), 책임지기(taking responsibility), 회개하기(repenting), 끊어버리기(renouncing), 제거하기(removing), 저항하기(resisting), 기뻐하기(rejoicing), 그리고 회복시키기(restoring)를 포함합니다.

나의 현재의 의료 행위 철학을 하나님의 교훈과 비교하는 와중에, 나는 해결되지 않은 내적 갈등을 겪고 있었습니다. 그 결과, 나는 후유리체 박리(posterior vitreous detachment)가 발병하여 양쪽 눈에 레이저 수술을 받게 되었습니다. 내 직업은 시력에 기반을 두고 있었기 때문에, 이 질환은 내 의료 경력의 미래에 큰 영향을 미쳤습니다. 나는 헨리 라이트 박사의 'For My Life 수련회'에 참석하기 위해 조지아주 토마스턴으로 향했습니다.

이 결정은 나의 육체적 안녕과 의학적 관점을 영원히 바꾸어 놓았습니다. 수련회에 참석하는 동안, 나는 나의 근본적인 영적 문제가 하나님이 아닌 사람에게서 답을 찾고 있었다는 것을 발견했습니다. 라이트 박사의 예방적 접근법은 내가 과거에 경험했던 것과는 달랐습니다. 그것은 하나님의 말씀이 가진 변화의 능력을 포함하고 있었으며, 질병을 관리할 뿐만 아니라 피하기 위해 주님의 사역을 활용했습니다. 질병 관리보다는 '예방'과 '치유'에 대한 그의 초점은 나 자신과 내 환자들을 위해 내가 나아가고 싶었던 방향과 깊은 공명을 일으켰습니다.

그 수련회 이후, 나는 성령님의 인도하심을 받는 관점으로 환자들을 보게 되었습니다. 나는 나의 의학 훈련을 활용하여 진단하고 의학적 치료 계획을 제시한 후, 재발을 방지하는 데 도움이 될 만한 질병의 가능한 영적 뿌리에 대해 논의하며, 질병을 치유하고자 하는 소망을 가집니다. 이제 나의 목표는 내가 할 수 있다고 느끼는 한 자주 내 환자들의 질병의 근본적인 영적 뿌리를 드러내는 것입니다. 내가 질병에 대한 그 다음 단계의 영적 이해에 도달하도록 허락하고 '자유를 향한 8개의 R'을 알게 된 환자들은 기적적인 변화를 경험했습니다.

나는 헨리 라이트 박사에게 이 지식과 통찰력을 주어서 세상과 나누게 하신 하나님께 영원히 감사합니다. 그의 가르침이 내 삶뿐만 아니라 내 환자들의 삶 또한 변화시켰다고 확신을 가지고 말할 수 있습니다.

나는 치유받는 각 개인을 통해 하나님께서 영광 받으시도록 헨리 라이트 박사의 책 『질병의 영적 뿌리를 뽑아라』를 강력히 추천합니다. 나는 질병의 영적 뿌리와 경로에 대한 라이트 박사의 통찰력과, '자유를 향한 8개의 R'을 통합하는 방법에 대한 그의 이해가 질병 관리는 최소화하고 질병 치유는 최대화할 것이라고 믿습니다. 나는 이 책이 평소 영적 통찰을 받는 데 주저함을 느낄 수 있는 의사들과 다른 개인들에게 읽혀서, 환자들이 하나님 아버지와 말씀이신 예수님, 그리고 성령의 사랑과 인도하심에 근거하여 그들의 육체적 질병을 극복할 수 있기를 기도합니다.

바바라 슈만 보프, M.D.

미국 피부과 전문의

서론: 사람은 왜 병드는가?

사람은 왜 병드는 것일까요? 이 질문에 답하고 질병의 근본 원인을 이해하기 위한 나의 여정에서, 나는 하나님께서 그분의 말씀 안에서 무엇을 말씀하셨는지를 면밀히 연구해 왔습니다. 30년이 넘는 사역 기간 동안, 내가 사람들에게 가장 큰 영향을 미친 방법은 성경을 읽고, 하나님 아버지와 대화하며, 내가 얻은 통찰을 가지고 세상으로 나아가 사람들을 도운 것이었습니다. 그것은 참으로 그렇게 간단합니다. 나는 인류의 질병과 문제들에 대한 중대한 해답들이 3,500년 이상 성경에 기록되어 있었다고 굳게 믿습니다. 안타깝게도, 대부분의 사람들은 그 해답을 발견하기 위해 성경을 읽지 않습니다.

나는 또한 하나님께서 창조하신 것들에 대한 과학을 수년간 연구해 왔습니다. 인체에 대한 연구는 질병의 근본 원인을 찾는 데 분명 필수적입니다. 하나님께서 말씀하신 것뿐만 아니라, 그분께서 창조하신 것을 연구하는 것이 중요합니다. 어떤 사람들은 내가 과학에 반대한다고 비난하기도 했습니다. 사실, 나는 과학에 큰 빚을 지고 있습니다. 왜냐하면 과학을 통해 나는 다른 방법으로는 알 수 없었을 신체의 속성과 과정들을 이해할 수 있었기 때문입니다. 내가 질병 관리에 대한 의료계의 방식에 항상 동의하는 것은 아닐지라도, 나는 과학적 관찰을 통해 배운 것들에 여전히 감사하게 생각합니다.

질병을 이해하려는 나의 여정에서, 나는 서양 의학이 약물, 요법, 수술을 통해 질병과 장애의 증상을 관리하는 데 집중한다는 것을 발견했습니다. 이러한 방법으로 질병을 통제 아래 두는, 발전된 질병 관리 체계를 개발했습니다. 그리고 질병의 증상을 유발하는 경로를 관리하려는 '자연치료' 혹은 대체 치료법을 가진 동양 의학이 있습니다. 하지만 이 두 접근법 중 어느 것도 질병 그 자체로부터의 진정한 자유를 의미하지는 않습니다. 둘 다 우리가 왜 병드는가에 대한 질문에 답을 주지 못합니다.

과학의 한계는 과학자들과 의료 전문가들이 오직 자신들이 보고 측정할 수 있는 것만을 다룬다는 점입니다. 그들은 우리가 어떻게 병드는지를 정확하게 묘사하는 데는 능숙합니다. 그들의 연구는 우리의 삶과 건강을 방해하는 질병의 특정 메커니즘과 생화학적 기능 장애를 상세히 설명합니다.

의학 교과서들에는 수많은 질병이 그 병명, 영향받는 신체 부위, 진단, 예후, 그리고 치료 지침과 함께 나열되어 있습니다. 이 기록들의 말미에는 종종 '원인 불명'(etiology unknown)이라는 흥미로운 구절이 삽입됩니다. 영어의 'Etiology'는 근본 원인을 의미합니다. 그들은 질병을 보고, 진단하고, 추적할 수는 있지만, 무엇이 그것을 촉발하는지는 알거나 이해하지 못합니다. 나는 우리 몸의 메커니즘이 오작동하는 이유에 대한 해답을 찾기 위해 성경을 읽습니다. 우리는 하나님의 인도하심과 은혜로 질병을 유발하거나 촉발하는 원인이 무엇인지를 수십 년간 추적해왔습니다. 그 지식의 결과로, 문자 그대로 전 세계 수천 명의 사람이 증상을 일으키는 근본적인 문제들을 다룸으로써 특정 질병과 증후군으로부터 자유를 얻었습니다.

물론, 의료계는 스트레스 가득한 삶이 건강에 해롭다는 것을 당신에게 증명할 수 있습니다. 그들의 검사는 불안에 가득 찬 삶으로 인한 화학적 불균형의 확실한 증거를 제공합니다. 이러한 불균형은 우리의 몸 전체에 문제를 일으키고 있습니다. 그러므로 대부분의 약물 치료 목적은 우리의 몸을 항상성, 즉 화학적 균형 상태로 되돌리는 것입니다. 약물은 우리가 거의 정상이라고 느끼게 도와줄지는 모르지만, 애초에 우리가 왜 스트레스를 받았는지에 대해서는 다루지 않습니다. 우리는 지적인 존재로서, 질병으로 가는 경로를 처음 활성화시킨 근본 원인을 파헤치는 것이 이치에 맞지 않겠습니까? 거기서부터 우리는 그것을 뿌리 뽑고 치유될 수 있습니다.

이제, 만약 하나님 아버지께서 우리의 삶에서 이 스트레스를 유발하는 문제들을 제거해주셔서 남은 평생을 약물로 유지할 필요가 없게 하실 수 있다고 말씀드린다면 어떨까요? 이러한 진리들을 발견하기 위해서는, 우리의 오감(五感)으로 관찰할 수 있는 것 너머를 보는 것이 중요합니다. 성경은 우리가 왜 영적인 문제들과 그로 인한 질병으로 고통받는지에 대해 훨씬 더 위대한 통찰을 제공하며, 우리가 볼 수 있는 것 너머를 인지하고 질병으로부터의 참된 치유를 찾을 수 있게 해줍니다.

BE IN HEALTH 사역과 FOR MY LIFE 수련회

하나님께서 30여 년 전 내 눈을 열어 질병의 영적 뿌리를 보게 하셨을 때, Be in Health 사역이 탄생했습니다. 처음에는 다양한 질병을 앓는 사람들을 개별적으로 섬겼고 그들이 회복되는 것을 보았습니다. 우리 사역의 여정이 커져가면서, 우리는 전 세계에서 컨퍼런스를 열기 시작했고 또한 'For My Life' 과정을 만들어, 사람들이 조지아주 토마스턴에 있는 우리 캠퍼스에 일주일간 머물며 40시간의 수련회에 참여하도록 초대했습니다. 이 수련회를 통해 우리는 수천 명의 사람들에게 문을 열었고, 그들이 왜 아팠는지, 그리고 치유를 향한 하나님의 길이 무엇인

지를 설명하기 위해 성경과 과학에서 얻은 통찰들을 가르쳐 왔습니다.[1)]

여러 면에서, 질병의 영적 뿌리를 드러내는 우리의 능력은 'For My Life'를 통해 다른 사람들을 도운 경험의 직접적인 결과이며, 그곳에서 우리는 수많은 치유를 목격했습니다. 당뇨병과 암 같은 심각한 질병에서부터 온갖 종류의 알레르기 같은 지속적인 질환에 이르기까지, 우리는 하나님 아버지께서 계속해서 사람들을 치유로 만나주시는 것을 보아왔습니다. 나는 수년간 수집해 온 수많은 간증에 대해 하나님께 감사드리는데, 이는 하나님께서 여전히 그분의 말씀을 존중하신다는 놀라운 증거이기 때문입니다. 그러나 가장 중요한 것은 육체적인 변화가 아니라, 우리와 함께하는 시간 동안 성령께서 그들 안에서 일하시도록 허락한 이들의 마음에 되찾아진 믿음과 소망입니다.

하나님 아버지께서는 자신의 피조물을 사랑하시기에, 먼저 그분의 자녀들과 다시 연결되기를 원하시고, 그 결과로 우리의 몸을 치유하기 원하십니다. 우리의 여정에 영감을 주시고, 나와 내 팀을 통해 일하시며, 질병으로부터의 치유를 구하는 모든 이를 만나기 위한 삶을 변화시키는 사역을 발전시켜 오신 분은 바로 하나님이십니다.

나는 『질병의 영적 뿌리를 뽑아라』에서 'For My Life'의 관점을 통해 특정 성경적 원리들을 설명하여, 당신이 우리가 어떻게 사람들을 도와 치유를 받고 건강을 유지하도록 하는지 이해할 수 있도록 할 것입니다. 우리는 질병이 어떻게 시작되었는지 밝혀낼 것입니다. 즉, 태초부터 존재해 온 질병의 영적 뿌리는 무엇이었으며, 그것들이 오늘날 우리의 영과 혼과 몸에 어떻게 영향을 미치는지 살펴볼 것입니다. 우리는 내면에서부터 질병을 일으키는 보이지 않는 세력들을 드러내고, 우리가 어떻

---

1) 최근에는 조지아로 올 수 없는 이들을 위해 온라인 'For My Life' 과정을 개발했는데, 이는 우리가 모든 이들을 돕기로 결심했기 때문입니다. 이 과정은 우리 웹사이트 www.BeinHealth.com에서 찾을 수 있습니다.

게 그것들을 이겨낼 수 있는지 알아볼 것입니다.

비밀 하나 말할까요? 이 책은 단지 질병의 영적 뿌리를 드러내는 것에 관한 것만이 아닙니다. 사람들이 해답을 찾아 우리에게 올 때, 많은 이들이 낙담하고 희망 없는 모습이지만, 떠날 때는 발걸음에 활기가 넘치고, 마음에 믿음이 있으며, 삶을 다시 살아갈 새로운 설렘을 품게 됩니다. 그들에게 이런 인상을 남긴 것은 단지 확고한 성경 가르침 때문만이 아닙니다. 그것은 우리 팀과 내가 그들을 아끼기 때문입니다. 그리고 우리는 당신 또한 아낍니다. 내가 내 이름을 내기 위해 질병으로 죽어가는 사람들을 돌보는 데 내 삶을 바친 것이 아닙니다. 그것은 하나님 아버지께서 나를 사랑하시고, 당신을 사랑하시기 때문입니다. 우리가 치유받고 온전해지려면, 우리는 질병의 참된 뿌리에 맞서고, 우리의 마음과 몸과 삶을 회복시켜 주실 하나님 아버지를 신뢰해야 합니다.

"이르시되 너희가 너희 하나님 나 여호와의 말을 들어 순종하고 내가 보기에 의를 행하며 내 계명에 귀를 기울이며 내 모든 규례를 지키면 내가 애굽사람에게 내린 모든 질병 중 하나도 너희에게 내리지 아니하리니 나는 너희를 치료하는 여호와임이라"(출 15:26).

"저물매 사람들이 귀신 들린 자를 많이 데리고 예수께 오거늘 예수께서 말씀으로 귀신들을 쫓아내시고 병든 자들을 다 고치시니 이는 선지자 이사야를 통하여 하신 말씀에 우리의 연약한 것을 친히 담당하시고 병을 짊어지셨도다 함을 이루려 하심이더라"(마 8:16-17).

제 1장

질병: 우연인가, 계획된 사건인가?

어떤 사람들은 병에 걸리는 것이, 잘못된 시간에 잘못된 나무 아래 서 있다가 무작위로 떨어지는 열매에 맞는 것과 같다고 생각합니다. 사람들은 "왜 이런 일이 나에게 일어났을까?"라고 묻습니다. 하지만 질병의 이유는 단순히 무작위적인 사건이 아닐 수 있습니다.

왜 그것이 당신에게 일어났을까요? 왜 당신은 병에 걸렸을까요? 교회와 세상은 그 해답을 얻기 위해 과학과 의학을 바라봅니다. 진실은, 많은 질병에 대해 의학계는 그것이 왜 일어나는지 전혀 알지 못한다는 것입니다. 교회와 마찬가지로, 의료계 역시 많은 질병이 어떻게 그리고 왜 시작되는지에 대해 속수무책입니다. 이것이 바로 의학 서적들이 일부 질병을 '원인 불명'(unknown etiology)으로 기재하는 이유입니다. 앞서 언급했듯이, 'etiology'라는 단어는 기원을 의미합니다. 이는 그리스어에서 유래했으며 '근본 원인' 또는 '이유를 제시함'을 뜻합니다. '원인 불명'은 간단히 말해 "우리는 이 질병의 근본 원인을 알지 못합니다"라는 의미입니다.

원인 불명으로 분류되는 질병이나 증후군에는 알츠하이머병, 만성 피로 증후군, 섬유근육통, 과민성 대장 증후군, 파킨슨병 등이 포함됩니다. 이러한 질병들과 불치병으로 여겨지는 다른 병들에 대해 의료계가 할 수 있는 최선은 질병을 '통제'하기 위한 약, 요법, 또는 수술을 조합한 '질병 관리'를 제공하는 것뿐입니다.

나는 의사를 반대하는 사람이 아님을 알아주었으면 합니다. 나 역시 필요할 때는 병원에 갔습니다. 나는 하나님께서 창조하신 복잡한 인체에 대해 의학이 알고 있는 바를 수십 년간 연구해 왔습니다. 하지만 나는 단지 질병을 '관리'하기만 원하는 것이 아니라, '치유'되기를 원한다는 점을 분명히 하고 싶습니다. 나는 하나님의 도우심으로 질병 예방과 근절을 지지합니다. 나는 당신을 위해 '관리'라고 불리는 부분적인 완화를 원치 않습니다. 나는 당신의 '자유'를 대변하고 싶습니다. 왜냐고요? 내가 섬기는 하나님께서 바로 당신의 자유를 대변하시기 때문입니다.

우리가 왜 아픈지에 대해 의학과 과학에 초점을 맞추는 대신, 나는 고대의 문헌인 성경의 지혜를 통해 이 질문에 답하고자 합니다. 성경은 하나님 아버지께서 우리의 모든 죄악을 사하시고 우리의 모든 질병을 고치실 것이라고 약속합니다. 그분은 모든 네 모든 죄악을 사하시며 네 모든 병을 고치시는 하나님이십니다(시 103:3).

하지만 성경이 우리에게 건강과 치유의 약속을 준다면, 왜 그리스도인들은 암, 당뇨병, 고혈압, 크론병, 루푸스, 우울증 등 수많은 질병으로 고통받고 있는 것일까요? 그 해답을 찾기 위해, 우리는 이 책 전체에 걸친 여정을 떠날 것입니다. 우리는 질병의 영적 뿌리를 드러내고, 영과 혼과 몸이 온전함 가운데 사는 길을 발견할 것입니다.

1. 온전함 가운데 살기

'온전함'(wholeness)이란 무엇을 의미할까요? 이것은 '뉴에이지' 용어가 아닙니다. 이는 하나님께서 우리가 어떻게 거룩해지기를 원하시는지(온전히, 완전하게)를 설명하는 우리의 방식입니다. 그리스도인들은 우리가 삼중적 존재(triune beings)임을 이해해야 합니다. 우리의 기초는 데살로니가전서 5장 23절 말씀에서 나옵니다.

> "평강의 하나님이 친히 너희를 온전히 거룩하게 하시고 또 너희의 온 영과 혼과 몸이 우리 주 예수 그리스도께서 강림하실 때에 흠 없게 보전되기를 원하노라"(살전 5:23).

이 성경 구절은 우리가 '거룩하게'(holy)만 될 것이라고 말하지 않고, 영과 혼과 몸이 '온전히'(wholly), 즉 완전하게 거룩해질 것이라고 말합니다. 우리는 이 책에서 몸의 치유를 혼과 영의 건강과 함께 연결 지을 것입니다.

이것이 왜 중요할까요? 인간으로서 우리는 영이며, 혼을 가지고 있고, 몸 안에 살고 있습니다. 우리는 삼중적 존재입니다. 우리의 육신은 이동식 주택과 같습니다. 우리는 그 안에서 돌아다니지만, 종종 그 위에 너무 많은 에너지를 집중합니다. 우리는 외부적인 집을 관리하는 데는 아무런 문제가 없습니다. 우리도 집에 페인트칠을 하고, 덧창을 달고, 주변에 꽃을 심으며 그 아름다움을 즐기지 않습니까. 하지만 진실은, 우리가 아무리 많은 성형수술이나 화장품을 사용한다 할지라도, 진짜 우리는 우리의 육신이 아니라는 것입니다. 우리는 우리의 오감(五感)의 산물이 되어버렸습니다.

우리 팀은 'Be in Health' 사역을 통해 전 세계에서 온 사람들을 섬겨왔습니다. 그들은 교회와 성경을 통해 자신들의 '영'(우리의 영원한 부분)에 대해 어느 정도 이해하고 있었고, 심리학자들을 통해 자신들의 '혼'(우리의 마음, 의지, 감정)에 대해 어느 정도 이해하고 있었으며, 의사들을 통해 자신들의 '몸'에 대해 어느 정도 이해하고 있었습니다. 그들이 이해하지 못했던 것은, 우리가 외부적으로 인지하는 것 이상의 것에 의해 영향을 받는다는 사실입니다. 우리는 또한 내면으로부터, 즉 영의 차원에서 영향을 받습니다. 'Be in Health' 사역과 'For My Life' 수련회가 하는 중추적인 역할은 이 세 가지(영, 혼, 몸)를 모두 연결하는 것입니다. 우리는 원수가 어떻게 전인(영, 혼, 몸)을 공격하는지에 대한 진리를 배워야 합니다.

2. 질병의 뿌리는 무엇인가?

그렇다면 질병의 근본 원인은 무엇일까요? 나는 모든 질병의 80%의 근본 원인은 영적이며, 이는 세 가지 차원에서의 분리의 결과라고 믿다는 것을 처음부터 분명히 하고 싶습니다.

① 하나님 아버지로부터의 분리—그분의 인격, 그분의 사랑, 그분의 말씀으로부터의 분리.
② 자기 자신으로부터의 분리.
③ 다른 사람들로부터의 분리.

이 부분을 잘 따라와야 하는데, 이는 이 분리들이 우리를 괴롭히는 수많은 질병의 영적 뿌리이기 때문입니다. 만약 모든 질병의 80%가 이 분리들과 관련이 있다면, 모든 치유의 80%는 하나님과의 화해, 자기 자신과의 화해, 그리고 다른 사람들과의 화해에서 시작됩니다. 반복합니다. 치유의 시작은 하나님, 자기 자신, 그리고 다른 사람들과의 관계 회복에서 시작됩니다.

하나님 아버지로부터의 분리

무엇보다도 인류가 병든 이유는 우리가 하나님 아버지와 그분의 말씀, 그리고 그분의 사랑으로부터 분리되었기 때문입니다. 이것이 가장 골치 아픈 분리의 영역입니다. 우리 팀은 'Be in Health' 사역을 통해 질병의 치유와 예방에 있어서 하늘에 계신 우리 아버지와의 문제를 해결하는 것이 중요하다는 것을 발견했습니다.

수년간 모든 계층의 그리스도인들과 대화하면서, 우리는 많은 사람이 하나님 아버지보다는 예수님께 훨씬 더 친밀감을 느낀다는 것을 알게 되었습니다. 예수님은 그들의 모든 죄를 짊어지신 구원자이시기에, 그들은 그분의 사랑을 확신합니다. 하지만 그들은 하나님 아버지와는 동일한 연결감을 느끼지 못합니다. 아버지는 하늘 저 멀리 계신 분 같거나, 그들이 실수하기만을 기다리는 '엄한 감독관'처럼 보일 수 있습니다. 하지만 그것은 성경이 우리에게 말씀하는 진리가 아닙니다. 성경은 하나님이 사랑이시라고 말씀합니다.

"하나님이 우리를 사랑하시는 사랑을 우리가 알고 믿었노니 하나님은 사랑이시라. 사랑 안에 거하는 자는 하나님 안에 거하고 하나님도 그의 안에 거하시느니라"(요일 4:16).

만약 아버지가 우리를 사랑하지 않으셨고 우리를 벌하기만 원하시는 분노의 하나님이셨다면, 그분의 아들을 우리를 위해 죽게 보내셨을 것이라고 믿습니까? 예수님께서 이 땅에 오신 이유는 우리를 아버지와 화해시키기 위함이었습니다. 그분은 우리에게 아버지를, 그리고 우리를 향한 그분의 사랑을 보여주시기 위해 오셨습니다. 예수님은 우리의 영원한 구속을 위해 십자가에서 죽으심으로써 아버지의 깊은 사랑을 보여주셨습니다.

> "빌립이 이르되 주여 아버지를 우리에게 보여 주옵소서. 그리하면 족하겠나이다. 예수께서 이르시되 빌립아 내가 이렇게 오래 너희와 함께 있으되 네가 나를 알지 못하느냐? 나를 본 자는 아버지를 보았거늘 어찌하여 아버지를 보이라 하느냐?"(요 14:8-9)

어쩌면 우리 그리스도인들은 우리 육신의 아버지와 겪었던 많은 문제들 때문에, 하나님을 아버지로서 대할 때 항상 안전하다고 느끼지 못하는지도 모릅니다. 많은 사람이 하나님 아버지를 실패한 육신의 아버지와 연관 짓고, 그러면 하늘 아버지는 그 연상 작용 때문에 죄가 있는 것처럼 여겨집니다. (우리는 육신의 아버지와의 문제 역시 해결하는 것이 중요합니다. 왜냐하면 독자 중 일부는 육신의 아버지로부터 제대로 된 돌봄을 받지 못했기 때문입니다. 이 부분은 이후의 장에서 다룰 것입니다.)

만약 예수님께서 우리에게 아버지를 보여주기 위해 오셨고, 당신 육신의 아버지가 그분을 제대로 나타내지 못했다면, 내가 당신의 진정한 아버지를 소개해도 될까요?

* 우리를 향한 그분의 사랑 때문에, 하나님은 우리를 그분의 아들이나 딸로 삼기로 선택하셨습니다. 우리가 그분을 찾아 나선 것이 아니라, 그분께서 우리를 찾아오셨고 우리가 응답한 것입니다. 요한복음 1장 12절에서 말하듯이, "영접하는 자 곧 그 이름을 믿는 자들에게는 하나님의 자녀가 되는 권세를 주셨습니다." 우리는 고린도후서 6장 18절에서 "나는 너희에게 아버지가 되고 너희는 내게 자녀가 되리라 전능하신 주의 말씀이니라." 하는 말씀을 읽습니다.

* 우리의 삶에서 생각할 수 있는 모든 좋은 것은 하늘 아버지로부터 왔습니다. "온갖 좋은 은사와 온전한 선물이 다 위로부터 빛들의 아버지께로부터 내려오나니 그는 변함도 없으시고 회전하는 그림자도 없으시니라"(약 1:17).
* 우리는 예수님의 십자가 희생 때문에 하나님의 가족으로 입양되었습니다. 그분은 당신에게 "아빠 아버지"라고 부르짖을 특권을 주셨습니다. "너희는 다시 무서워하는 종의 영을 받지 아니하고 양자의 영을 받았으므로 우리가 아빠 아버지라고 부르짖느니라"(롬 8:15).

우리가 우리 자신을 볼 때, 우리는 우리가 이 땅에서 하나님 아버지를 나타내는 존재로 창조되었다고 진정으로 믿습니까, 아니면 과거의 실패와 수년간의 수치심과 죄책감이라는 렌즈를 통해 우리 자신을 바라봅니까? 우리는 하나님과 화해하기 위해, 우리에 대한 사탄의 거짓말을 믿었던 것을 회개하고, 성경에 따른 우리를 향한 아버지의 사랑의 진리를 받아들여야 합니다.

우리는 자유로워지고 치유받기 위해, 하나님께서 우리를 진정으로 사랑하신다는 그분의 말씀을 믿어야 합니다. 결국, 우리는 우리 자신의 의로움 때문에 구원받은 것이 아니라, 십자가에서 예수 그리스도께서 지급하신 영생이라는 선물 때문에 구원받은 것입니다.

질병의 근본 원인에 대하여 우리 팀은 연구를 계속하면서, 아버지께서 우리를 위해 건강과 온전함을 원하신다는 것을 믿으십시오. 우리를 향한 하나님 아버지의 위대한 사랑을 받아들이십시오. 그분은 우리를 그분의 소유로 부르셨습니다. 그분은 예레미야 31장 3절에서 "내가 영원한 사랑으로 너를 사랑하기에 인자함으로 너를 이끌었다."라고 말씀하십니다.

우리 자신으로부터의 분리

하늘 아버지로부터의 분리로 인해 발생하는 질병에 더하여, 우리 자신으로부터의 분리 또한 우리가 관찰한 것의 기초적인 부분입니다. 우리는 수십 년 동안 자기혐오, 자기연민, 자신에 대한 쓴 마음, 그리고 죄책감과 극심하게 싸워온 수천 명의 사람을 섬겨왔습니다. 그들은 사랑하는 사람들로부터, 혹은 사탄이 그들의 머릿속에 심어놓은 생각들로부터 자신들이 가치 없다는 말을 들어왔습니다. 모든 실패와 실수가 그들에게 자신은 사랑받을 수 없는 존재임을 증명합니다. 이것들은 원수로부터 온 깊이 뿌리박힌 거짓말들이며, 특히 자가면역질환을 비롯한 다수의 질병을 동반합니다. 더불어, 우리가 우리 자신을 쓸모없는 존재라고 믿는다면, 그것은 우리가 우리를 향한 하나님 아버지의 사랑을 이해하지 못하고 있다는 확실한 신호입니다.

만약 이것이 우리의 싸움이라면, 그 거짓말들을 내려놓고 그것들을 믿었던 것에 대해 하나님 아버지께 회개하는 법을 배워야 합니다. 그분께서 우리를 과거의 실패라는 렌즈로 보시지 않는다면, 우리 또한 그분의 사랑에 반하여 자신을 그것들로 판단했던 것에 대해 회개하는 법을 배워야 합니다. 우리는 자기혐오와 죄책감이라는 속임수에 저항하도록 부름받고 있습니다. 하나님은 우리를 사랑하신다는 것을 잊지 마십시오. 그분은 그분의 말씀 안에서 그것을 선포하십니다. 원수의 거짓말을 믿음으로써 우리를 향한 하나님의 사랑의 진리를 부인하지 마십시오. 우리 팀은 'For My Life' 수련회에서 성경 말씀을 사탄 왕국의 거짓말들과 비교하는 데 많은 시간을 할애합니다. 수련회 참석자들이 그 거짓말들을 인식하고 하나님 아버지께 회개할 때, 그들 중 많은 이들이 치유를 받습니다.

다른 사람들로부터의 분리

마지막으로, 다른 사람들로부터의 분리는 영적으로 뿌리를 둔 많은 질병의 문을 열어줍니다. 성경은 우리에게 "너희는 하나님의 은혜에 이르지 못하는 자가 없도록 하고 또 쓴 뿌리가 나서 괴롭게 하여 많은 사람이 이로 말미암아 더럽게 되지 않게 하며"(히 12:15)라고 경고합니다.

용서하지 못하는 마음과 쓴 뿌리는 우리 안에 깊이 자리 잡아 주변 사람들을 더럽히고 우리의 몸을 질병에 매우 취약하게 할 수 있습니다. 우리의 아버지, 어머니, 형제자매, 교회, 그리고 우리에게 상처를 준 다른 모든 사람과 화평을 이루는 것은 오직 우리의 선택입니다. 우리는 다른 사람들이 우리에 대해 어떻게 생각하는지에 대해서는 책임이 없지만, 우리에게 가해진 어떤 상처에 대해서든 그들을 용서할 책임이 있습니다. 어쩌면 누군가가 우리와 대화하기를 원치 않거나, 이미 세상을 떠났을 수도 있습니다. 만약 우리가 그들에게 직접 회개할 수 없어도, 우리는 여전히 죄로부터 자유로워질 수 있습니다. 그러나 그들이 우리에게 무슨 짓을 했든 간에, 비록 얼굴을 마주하고 매듭을 지을 수 없더라도, 마음으로 그들을 용서하고 쓴 뿌리를 품었던 것에 대해 하나님 아버지께 회개할 책임은 우리에게 있습니다. 만약 우리가 쓴 뿌리에 대해 하나님 아버지께 회개한다면, 그분은 우리를 용서하실 것입니다.

> "만일 우리가 우리 죄를 자백하면 그는 미쁘시고 의로우사 우리 죄를 사하시며 우리를 모든 불의에서 깨끗하게 하실 것이요"(요일 1:9).

우리가 하나님, 우리 자신, 그리고 다른 사람들로부터 분리될 때, 우리는 인류를 향한 원수의 계획을 따르고 있는 것입니다. 원수의 목표는 우리의 파멸을 일으키는 것입니다. 이것은 예수님께서 설명하신 대로입니다.

> "도둑이 오는 것은 도둑질하고 죽이고 멸망시키려는 것뿐이요 내가 온 것은 양으로 생명을 얻게 하고 더 풍성히 얻게 하려는 것이라"(요 10:10).

우리가 원수의 거짓말을 받아들일 때, 우리는 결국 그의 손에 고통받게 됩니다. 성경은 우리에게 "[사탄의] 계책을 알지 못하는 자가 되지 말라"고 경고합니다.

> "이는 우리로 사탄에게 속지 않게 하려 함이라. 우리는 그 계책을 알지 못하는 바가 아니로라"(고후 2:11).

여기서 '계책'(devices)이라는 단어는 방법이나 술책(원수가 파괴하려 시도하는 방식들)을 의미합니다. 우리는 원수가 어떻게 분리와 죄를 유발하는지 알아야 합니다. 우리는 원수의 계책을 이해함으로써, 우리의 삶에서 그를 미리 차단할 수 있어야 합니다. 인류를 향한 사탄의 계책이 어디서 시작되었는지 살펴봅시다.

분리와 질병은 어디서 시작되었는가?

당신은 질병이 얼마나 많은지 압니까? 3천 가지가 넘는 장애와 질병이 있음이 확인되었습니다. 그것들은 모두 어디서 왔을까요? 그것들은 하나님에게서 온 것이 아닙니다. 하나님께서 사람을 창조하셨을 때, 그분은 '심히 좋은' 것을 만드셨지만, 그 후에 전혀 좋지 않은 무언가가 끼어들어 방해했습니다. 우리는 질병의 영적 뿌리를 이해하기 위해 죄와 질병이 어떻게 우리 세상에 들어왔는지에 대한 기초를 다질 필요가 있습니다.

예수님께서는 누가복음에서 사탄이 하늘에서 떨어지는 것을 보셨다고 말씀하셨습니다.

> "이르시되 사탄이 하늘로부터 번개같이 떨어지는 것을 내가 보았노라" (눅 10:18).

나는 사탄의 타락에 대해 폭넓은 가르침을 전해왔지만, 이것이 내 주된 주제는 아닙니다. 내 요점은 그가 타락하여 하나님께 반역하기 전에는 '덮는 그룹'(cherub)이었다는 것입니다. 그는 또한 천사들의 삼분의 일을 데리고 나갔습니다. 그는 "하늘에서 떨어진" 후에 그리스어에서 "참소하는 자"(the Accuser)로 번역되는 사탄으로 알려지게 되었습니다. 그것은 그에게 딱 맞는 칭호입니다. 왜냐하면 그는 인간에게 하나님의 성품을 비난하고 우리를 창조주께 대항하도록 이끌었기 때문입니다. 나는 이 사건들이 에덴동산의 사건들 이전에 일어났으며, 그가 아담과 하와에게 말하기 위해 뱀의 형상을 취한 것도 그 때문이라고 믿습니다.

창세기 2장과 3장(아담과 하와의 창조, 그들과 하나님 아버지와의 관계, 그리고 그들의 타락)을 살펴봅시다. 아담과 하와는 타락하기 전에 에덴동산에 얼마나 오래 있었을까요? 우리는 확실히 알지 못합니다. 어떤 사람들은 이 모든 것이 단 하루 만에 일어났다고 생각합니다. 아담은 아침에 창조되었고, 하와는 정오에 곁에 있게 되었으며, 오후에 유혹을 받았고, 저녁에 타락했다는 것입니다. 하지만 성경은 아담과 하와가 하나님과 얼마나 오래 동행했는지 결코 말해주지 않습니다. 그들은 천 년 동안 동산에 있었을 수도 있습니다.

내가 왜 이 점을 지적할까요? 창세기의 기록은 단순히 창조의 기계적인 순서에 관한 것이 아닙니다. 오히려, 그것은 삼위일체 하나님(성부, 성자, 성령)과 그분들의 피조물인 우리를 향한 그분들의 사랑에 대한 기록입니다. 주님은 아담과 시간을 보내시며 그를 돌보셨습니다. 그분은 단지 아담의 육체적 필요에만 관심을 두신 것이 아닙니다. 그분은 그의 관계적 필요에도 관심을 가지셨습니다. 아담에게 동반자가 필요하다는 것을 인지하신 분은 바로 주님이셨습니다. 하나님은 아담이 혼자 있지 않도록 그를 위해 하와를 창조하셨습니다. 주님은 자신의 피조물로부터 멀리 떨어져 계신 것이 아니라 그들과 교제하기를 원하셨습니다. 사실, 아담과 하와가 죄에 빠진 후에도 주님은 그들과 이야기하기 위해 동산으로 오셨습니다.

> "그들이 그 날 바람이 불 때 동산에 거니시는 여호와 하나님의 소리를 듣고 아담과 그의 아내가 여호와 하나님의 낯을 피하여 동산 나무 사이에 숨은지라"(창 3:8).

아담과 하와가 왜 타락했는지를 정확히 이해하기 위해, 우리는 아담에게 지침이 주어졌지만 그가 하나님의 명령에 불순종했다는 것을 이해해야 합니다. 창세기 2장에 따르면, 하와가 창조되기 직전에 아담은 하나님으로부터 첫 번째 계명을 받았습니다.

> "여호와 하나님이 그 사람에게 명하여 이르시되 동산 각종 나무의 열매는 네가 임의로 먹되 선악을 알게 하는 나무의 열매는 먹지 말라. 네가 먹는 날에는 반드시 죽으리라 하시니라"(창 2:16-17).

그 규칙이 그렇게 외우기 어려웠을까요? 그것은 겨우 두 구절 길이였습니다. "저기 저 나무에 열린 저 열매는 먹지 마라. 왜냐하면 네가 그 열매를 먹는 날에는 반드시 죽을 것이기 때문이다." 어쩌면 아담이 이 말을 하와에게 잘 전달하지 못했을 수도 있습니다. 우리는 아담과 하와가 하나님의 그 첫 계명에 불순종했다는 것을 압니다. 그러고 나서 영적 죽음, 즉 죄로 인한 하나님으로부터의 분리가 찾아왔습니다.

사탄, 철저히 속이는 자

사탄이 에덴동산에서 하와를 유혹했을 때, 그는 자신의 강력한 계책 중 하나를 드러냈습니다. 사탄은 하나님의 말씀을 바꾸었습니다.

> "그런데 뱀은 여호와 하나님이 지으신 들짐승 중에 가장 간교하니라. 뱀이 여자에게 물어 이르되 하나님이 참으로 너희에게 동산 모든 나무의 열매를 먹지 말라 하시더냐?"(창 3:1)

하와가 먹을 수 없는 나무는 단 하나뿐이라고 대답하자, 사탄은 다시 하나님의 말씀을 문제 삼았습니다.

> "뱀이 여자에게 이르되, 너희가 절대로 죽지 아니하리라. 너희가 그것을 먹는 날에 너희 눈이 열리고 너희가 신들(gods)과 같이 되어 선악을 알 줄을 하나님(God)이 아심이니라"(창 3:4-5 흠정역).

사탄은 의도적으로 하나님의 말씀에 더하고 빼었습니다. 그는 하나님이 정말로 그들이 죽을 것이라고 말씀하시지 않았으며, 오히려 그들이 "신들"(gods)처럼 될 것이라고 말했습니다. 킹제임스역 번역가들은

'gods'라는 용어를 훌륭하게 번역했습니다. 어떤 이들이 믿는 것과는 달리, 그것은 대문자 'G'의 God이 아니라, 소문자 'g'의 gods입니다. 만약 그들이 하나님의 명령에 불순종하여 그 열매를 먹는다면, 그들은 하나님을 대체하는 것이 아니라 "신들"(gods)처럼 행세하게 될 것이라는 뜻입니다. 이것이 무엇을 의미할까요? 이는 사실상 그들이 "악령들"(devils)처럼 될 것이라는 의미입니다. 사탄의 왕국은 속임수를 통해 우리를 자기들의 방식에 사로잡히게 하려고 의도적으로 하나님의 지식에 대항하도록 설정되어 있습니다. 아담과 하와는 자신들이 자신들의 신들이 될 것이라고 믿도록 속았습니다. 대신 그들은 사탄과 그의 왕국의 속박 아래 놓이게 되었습니다.

아담이 그 열매를 먹자마자, 그들의 영적인 눈이 열렸고, 그 순간 악이 밀려 들어왔습니다. 그들의 눈이 열렸을 때, 그들은 자신들의 벌거벗음을 보고 그것을 부정하게 여겨 부끄러워했습니다. 아담과 하와는 하나님과 친밀한 교제를 누렸지만, 이제는 그분을 두려워했습니다. 하나님의 아들이었던 아담은, 저녁 서늘할 때 늘 함께 거닐던 그분을 갑자기 두려워하게 된 것입니다.

저녁이 다가오자, 주님께서 그들을 만나실 시간이었습니다. 아담은 아내에게 돌아서서 말했습니다. "주님이 오실 시간이야. 우리 꼴을 봐. 우린 너무 악해. 가서 숨자." 그래서 그들은 달려가 덤불 속에 숨었습니다. 주님께서 그들을 찾아오셨지만, 그들은 그곳에 없었습니다. 그분은 "아담아, 네가 어디 있느냐?" 하고 부르셨습니다. 마침내 아담은 용기를 내어 대답했습니다. "주님, 우리 여기 있습니다!" "어디 말이냐, 아담아?" "여기 덤불 속입니다." "아담아, 왜 덤불 속에 있느냐?" "주님을 피해서 숨어 있습니다." "아담아, 왜 나를 피하여 숨어 있느냐?" "주님, 저희가 벗었기 때문입니다."

이제, 창세기 3장 11절에 있는 주님의 말씀을 생각해 보십시오.

"이르시되 누가 너의 벗었음을 네게 알렸느냐? 내가 네게 먹지 말라 명 한 그 나무 열매를 네가 먹었느냐?"

하나님께서는 왜 아담에게 "누가 너의 벗었음을 네게 알렸느냐?"라고 물으셨을까요? 왜냐하면 하나님께서는 아담과 하와가 왜 숨어 있는지 아셨고, 그분의 질문에 대한 답도 알고 계셨기 때문입니다. 그분은 파괴(죄, 하나님으로부터의 분리, 그리고 죽음)라는 유일한 목표를 가지고 자신의 완전한 창조물에 개입한 것이 사탄이라는 것을 아셨습니다. 그분은 아담과 하와에게 두려움, 죄책감, 수치심의 생각을 심어주고 있는 자가 누구인지 아셨습니다. 하나님께서는 아담의 생각과 감정이 사탄의 속이는 왕국으로부터 온 것임을 식별하셨습니다. 그러나 하나님께서는 아담 또한 그가 가진 생각이 자신의 것이 아니며, 별개의 존재로부터 왔다는 것을 인식하기를 원하셨습니다.

여기서 주목해야 할 점은, 주님께서 아담에게 유혹을 받는 동안 무엇을 느꼈는지나 무엇을 생각했는지 묻지 않으셨다는 것입니다. 하나님은 아담의 감정에 대해 묻지 않으셨습니다. 예수님께서 광야에서 시험받으실 때, 그분은 자신의 감정을 확인하시거나 사탄의 유혹의 타당성에 대해 사탄과 이성적으로 따지셨습니까? 아닙니다. 예수님께서 사탄의 거짓말을 물리치신 방법은 하나님의 말씀을 인용하여 되받아치는 것이었습니다. 어쩌면 우리는 우리 스스로 선과 악을 분별하려고 애쓰는 대신, 성경이 우리의 기준이 되어야 한다고 말씀하신 바로 그곳으로 돌아가야 할 것입니다.

"그 때에 예수께서 성령에게 이끌리어 마귀에게 시험을 받으러 광야로 가사 사십일을 밤낮으로 금식하신 후에 주리신지라. 시험하는 자가 예수께 나아와서 이르되 네가 만일 하나님의 아들이어든 명하여 이 돌들로 떡덩이가 되게 하라. 예수께서 대답하여 이르시되 기록되었으되 사람이 떡으로만 살 것이 아니요 하나님의 입으로부터 나오는 모든 말씀으로 살 것이라 하였느니라 하시니"(마 4:1-4).

예수님께서는 광야에서 더 두 번의 유혹을 하나님의 말씀으로 이기셨습니다. 우리도 같은 방식으로 사탄의 거짓말을 물리치는 법을 배워야 합니다.

그것은 계획된 사건이다

에덴동산 이후 인류가 경험한 모든 분리, 죄, 그리고 질병은 우연이나 사고가 아닙니다. 그것은 모두 악당인 사탄과 그의 왕국이 우리를 대적하여 꾸민 계획된 사건입니다. 사탄의 왕국과 그것이 우리의 삶, 생각, 행동에 미치는 영향을 다루지 않음으로써, 우리는 우리가 병들고 고통받는 주된 이유를 간과하게 됩니다. 교회의 많은 사람이 어떻게든 우리의 파멸(영, 혼, 몸)을 노리는 원수를 잊어버렸습니다. 교회는 우리가 그 원수에 대항하여 영적 전쟁을 치르고 그의 정체(파괴자)를 폭로하기 위해 하나님으로부터 오는 분별력이 필요하다는 것을 잊었습니다.

좋은 소식은, 우리에게 선과 악을 분별할 능력이 있다는 것입니다. 분별력은 본능적으로 오는 것이 아닙니다. 그것은 성령의 은사입니다. 질병 뒤에 있는 참된 이유를 분별하는 것은 하나님의 말씀을 통해 우리에게 가능합니다. 우리는 말씀의 진리로 질병이라고 불리는 이 계획된 사건을 이기고 하나님께서 우리에게 약속하신 건강하고 장수하는 삶을 살게 될 것입니다. 질병으로부터의 자유는 우리의 것이 될 수 있습니다.

삼위일체 하나님께서 우리에게 성경에서 발견되는 진리를 가져다주셨습니다. 그것은 우리의 영과 혼과 몸을 거룩하게 함으로써 자유를 가져다줍니다. 우리가 함께 떠나는 이 지식의 여정이 우리를 하나님의 진리와 평강으로 채우고, 우리를 온갖 종류의 질병으로부터 자유롭게 할 이해와 지혜를 낳게 되기를 바라는 것이 나의 소망입니다.

3. 영적 전쟁과 교회

아담과 하와의 타락의 결과로 죄와 사망과 질병이 세상에 들어왔습니다. 그리고 인류의 마음과 생각을 차지하기 위한 하나님의 왕국과 사탄의 왕국 사이의 영적 전쟁이 시작되었습니다. 성경은 우리의 싸움이 혈과 육에 대한 것이 아님을 분명히 말합니다.

> "우리의 씨름은 혈과 육을 상대하는 것이 아니요 통치자들과 권세들과 이 어둠의 세상 주관자들과 하늘에 있는 악의 영들을 상대함이라" (엡 6:12).

우리의 전쟁은 다른 사람들과의 전쟁이 아님을 이해하십시오. 심지어 우리는 우리 자신과 전쟁하는 것도 아닙니다. 우리의 전쟁은 통치자들, 권세들, 이 어둠의 세상 주관자들, 그리고 높은 곳에 있는 영적 악으로 다스려지는 보이지 않는 악한 왕국과의 전쟁입니다. 그 왕국은 보이지 않기 때문에, 우리의 전쟁은 주로 하나님의 말씀과 상반되는 생각과 감정에 따라 행동하는 것과의 싸움입니다.

영의 세계는 육체적 의미의 몸을 가지지 않은 지적인 존재들이 존재하는 곳입니다. 이 보이지 않는 세계에는 두 부분, 즉 두 왕국이 있습니다. 하나는 아버지께서 다스리시는 부분으로, 하나님의 왕국 즉 천국입니다. 천국은 멀리 있지 않습니다. 그것은 다른 차원에 있으며, 우리가 볼 수 있는 것 바로 너머에 있습니다. 영의 세계에는 사탄에게 다스림을 받는 타락한 존재들이 거주하는 또 다른 왕국이 있습니다. 그 왕국 역시 성경에 분명히 명시되어 있습니다. 예수님께서도 여러 번 그것에 대해 말씀하셨습니다. 마태복음 12장 26절에서 그분은 말씀하셨습니다.

> "만일 사탄이 사탄을 쫓아내면 스스로 분쟁하는 것이니 그리하고야 어떻게 그의 나라가 서겠느냐?"

우리는 이 두 왕국 사이의 전쟁을 이해해야 합니다. 군대에서 군인들은 전투 훈련을 받습니다. 그들은 적을 알고, 그를 물리치는 데 필요한 무기와 전술을 활용하도록 훈련받습니다. 우리의 도전은, 원수에 대항하는 우리의 전쟁 무기가 육신에 속한 것이 아니라 영적이라는 점입니다. 무엇이 육신에 속한 것입니까? 물질세계와 모든 물리적 무기들은 육신에 속한 것입니다. 그것들은 우리가 보고 만질 수 있는 것들입니다.

> "우리의 싸우는 무기는 육신에 속한 것이 아니요 오직 어떤 견고한 진도 무너뜨리는 하나님의 능력이라"(고후 10:4).

아담에게 그랬던 것처럼, 우리의 전쟁은 우리를 마귀의 형상으로 만들려는 원수와의 싸움입니다. 우리가 쓴 마음을 품고, 두려워하거나, 낙심하게 될 때, 우리는 사탄처럼 생각하고, 말하고, 행동하게 될 것입니다. 이것이 바로 사망의 형상입니다. 우리가 사랑하고, 용서하며, 성경의 가르침에 따라 행하기로 선택할 때, 우리는 그리스도를 따르는 것입니다. 사망의 형상은 아담과 하와가 받아들인 것입니다. 우리는 생명을 받아들이는 법을 배워야 합니다.

그렇다면 우리는 무엇을 해야 할까요? 우리는 영적 훈련을 받아야 합니다. 우리는 성경 말씀에 따라 분별력을 길러야 합니다. 이 지식이 없다면, 교회는 질병의 영적 뿌리를 이해하는 데 있어서 암흑시대에 머물러 있을 것입니다. 호세아 4장 6절은 우리에게 경고합니다.

"내 백성이 지식이 없으므로 망하는도다."

하나님의 백성은 건강하기 위해 필요한 지식이 없기 때문에 고통받고 있습니다. 나는 호세아의 이 단어들에 대해 간단한 어원 연구를 해보았습니다. 하나님께서 "내 백성이 망하는도다."라고 말씀하실 때, 이것은 사실 진행형 현재 시제입니다. "내 백성이 지식이 없으므로 '망해가고 있다.'" 만약 하나님의 백성이 현재 망해가고 있다면, 이 경고는 단지 구약의 신자들만을 위한 것이 아닙니다. 신약의 교회 또한 현재 파괴되고 있습니다. 나는 현대 교회에서도 이와 똑같은 지식이 부족함을 봅니다. 그러나 나는 당신을 참소하는 것이 아닙니다.

나는 질병을 앓고 있는 신약의 성도들을 대합니다. 나는 혼의 문제를 가진 신약의 성도들을 대합니다. 나는 심각한 문제들을 가진 신약의 성도들을 대합니다. 그리고 그들 중 많은 사람이 왜 그런지 이유를 압니다. 우리 또한 그 이유를 알아야 합니다. 이 책이 바로 그것에 관한 것입니다.

그렇다면, 우리는 어떻게 올바른 지식과 이해로 돌아갈 수 있을까요? 우리는 하나님의 진리를 위해 성경으로 향합니다.

진리란 무엇인가?

오늘날 세상, 심지어 교회의 일부에서조차, 진리는 '상대적'이라는 인식이 있습니다. 교회와 세상의 의견들은 개인적인 관찰과 '감정'에 기반한 일종의 신념 체계를 구성합니다. 성경은 진리가 성경 안에 있으며, 그것이 하나님으로부터 영감받은 것이고, 개인적인 해석에 달려 있지 않다고 분명히 말씀합니다. 디모데후서 3장 16절은 "모든 성경은 하나님의 감동으로 된 것으로 교훈과 책망과 바르게 함과 의로 교육하기에 유익하니"라고 설명합니다. 그리고 우리는 베드로후서 1장 20절에서 "먼저 알 것은 성경의 모든 예언은 사사로이 풀 것이 아니니"라는 말씀을 읽습니다.

그렇다면, 왜 다수의 교인과 세상은 하나님 말씀의 진리를 의심할까요? 성경의 진리가 논박할 수 없는 것이라면, 오늘날 세상에서 변화된 사람들의 삶과 기적의 증거는 어디에 있습니까? 왜 그토록 많은 하나님 아버지의 아들딸들이 세상만큼이나 많은 질병으로 고통받고 있습니까? 왜 우리는 동일한 생물학적 질병과 동일한 정신과적 문제들을 가지고 있습니까? 어쩌면 기적과 치유가 끝났다고 주장하는 많은 가르침들이, 하나님의 약속을 성취하지 못하는 것은 성경의 실패가 아니라, 잘못된 교리의 결과일 수 있지 않을까요?

이제 성경을 다시 탐구해봅시다. 하나님의 말씀의 진리를 더 자세히 들여다봅시다. 우리는 'For My Life' 수련회 참석자들에게 우리가 당신이 믿는 '신성불가침의 영역'(sacred cows)을 건드릴 수도 있다고 종종 말합니다. 하지만 만약 우리가 성경으로부터의 결정적인 증거 없이 기존의 기독교적 믿음들을 그저 되풀이하기만 한다면, 우리는 오늘날 교회와 세상에서 보는 것과 똑같은 혼란 속에 남게 될 것입니다.

하나님 말씀의 충만함

성경은 하나님의 말씀입니다. 온전함과 치유를 약속하는 성경 구절들은 아버지의 사랑과 우리를 온전하게 보시려는 그분의 열망의 핵심적인 예입니다. 예를 들어, 시편 103편 2-3절은 "내 영혼아 여호와를 송축하며 그의 모든 은택을 잊지 말지어다. 그가 네 모든 죄악을 사하시며 네 모든 병을 고치시며"라고 말씀합니다.

하나님과 그분의 말씀에 대한 믿음은 우리의 건강과 치유의 여정에 필수적입니다. 하지만 질문 하나 하겠습니다. 우리는 하나님 말씀의 '충만함'을 받아들일 준비가 되어 있습니까? 어쩌면 우리는 우리 삶의 죄로부터의 회개를 하지 않은 채, 믿음만을 지나치게 강조하며 애써왔을지도 모릅니다. 하나님의 약속으로 가득 찬 바로 그 성경에는 죄와 사탄의 왕국을 따르는 것에 대한 경고도 담겨 있습니다. 만약 우리가 하나님의 약속이 논박할 수 없는 사실이라고 믿는다면, 죄의 결과 또한 대가를 치른다는 것을 온전히 받아들여야 하지 않겠습니까?

> "너희 자신을 종으로 내주어 누구에게 순종하든지 그 순종함을 받는 자의 종이 되는 줄을 너희가 알지 못하느냐? 혹은 죄의 종으로 사망에 이르고 혹은 순종의 종으로 의에 이르느니라"(롬 6:16).

수년간 하나님의 말씀을 전하며 우리가 발견한 것은, 하나님을 향한 믿음과 더불어 '죽은 행실로부터의 회개'를 전하는 것의 중요성입니다. 하나님을 향한 믿음이 그리스도의 교리의 '두 번째' 원리라는 것을 압니까? 교회의 많은 이들이 그것을 그리스도의 첫 번째이자 유일한 교리인 것처럼 가르치지만, 성경에 따르면 첫 번째 교리는 '죽은 행실로부터의 회개'입니다. 어쩌면 우리의 믿음과 질병으로부터의 치유를 방해하는 것은, 우리 삶의 믿음을 점검하기 전에 우리 삶의 죄라는 걸림돌을 다루지 않는 것일지도 모릅니다.

> "그러므로 우리가 그리스도의 도의 초보를 버리고 죽은 행실을 회개함과 하나님께 대한 신앙과 세례들과 안수와 죽은 자의 부활과 영원한 심판에 관한 교훈의 터를 다시 닦지 말고 완전한 데로 나아갈지니라"(히 6:1-2).

우리 영성의 영향

당신은 끊임없이 마음 상하고 쓴 뿌리를 품거나 스트레스를 받으며 사는 삶이 몸에 해로울 수 있다고 생각해 본 적이 있습니까? 성경이 구체적으로 그러한 생활 방식에 반대하여 가르친다는 사실은 어떻습니까? 당신의 영성(영)이 당신의 혼에 영향을 미치고, 결과적으로 몸의 기능에도 영향을 미친다고 생각해 본 적이 있습니까? 우리는 우리의 영성을 들여다봄으로써 죄를 인식하고 회개하는 것이 평화로운 생각과 몸의 치유를 낳을 것임을 발견했습니다.

> "너희는 하나님의 은혜에 이르지 못하는 자가 없도록 하고 또 쓴 뿌리가 나서 괴롭게 하여 많은 사람이 이로 말미암아 더럽게 되지 않게 하며"(히 12:15).

왜 교회는 죄와 질병의 연결에 대해 어려움을 겪을까요? 예수님께서 우리에게 아버지를 올바르게 보여주는 데 실패하셨습니까? 물론 아닙니다. 그렇다면 그 단절은 어디에 있습니까?

우리가 질병으로 고통받는 주된 이유는 우리 삶의 죄를 다루는 것에 대한 이러한 생각 때문입니다. 많은 그리스도인이 마치 하나님께서 죄 짓는 것에 대해 자신을 정죄하시는 것처럼 느끼기 때문에 성경 읽기를 피합니다. 그들은 자신들이 성경 말씀에 미치지 못한다고 느낍니다. 기독교의 일부 분파에서는 '은혜'가 죄를 덮어주는 것이라고 믿습니다. 스트롱 성구사전(Strong's Exhaustive Concordance)에 의해 정확하게 정의된 바와 같이, 은혜의 헬라어 정의는 "마음에 미치는 신성한 영향력, 그리고 그것이 삶에 반영되는 것"[1]입니다. 그것은 결과 없이 죄를 지을 수 있는 면허증이 아닙니다. 만약 우리가 도로의 중앙선을 넘어 운전한다면, 정말로 자동차 사고가 나지 않기를 기대합니까?

죄도 마찬가지입니다. 만약 우리가 사탄의 거짓의 왕국을 따르고, 불의를 따른다면, 우리는 결과를 예상해야 하지 않겠습니까? 다시 말해, 은혜를 더하게 하려고 죄에 더 거해야 하겠습니까? 그럴 수 없습니다.

> "그런즉 우리가 무슨 말을 하리요? 은혜를 더하게 하려고 죄에 거하겠느냐? 그럴 수 없느니라. 죄에 대하여 죽은 우리가 어찌 그 가운데 더 살리요?"(롬 6:1-2)

불행하게도, 너무나 많은 교인이 회개는 불신자들을 위한 것이지 그리스도인들을 위한 것이 아니라고 잘못 결론 내립니다. 그들은 복을 받고 건강하기를 원하면서도 죄 가운데 살고 싶어 합니다. 문제는 죄가 그들을 건강하지 못하게 하고 있다는 것입니다. 인터넷을 뒤져보면, 쓴 뿌리를 품거나 스트레스/두려움이 많은 생활 방식이 많은 신체적, 심리적 질환과 관련이 있다는 의학적 증거를 충분히 찾을 수 있습니다. 만약 당신이 쓴 뿌리를 품고 분노한 채로 있기를 원하면서 건강한 마음과 건강

---

1) *Charis, Greek #4385 in Strong's Exhaustive Concordance*, Bible Hub, https://biblehub.com/greek/5485.htm.

한 몸을 기대한다면, 의학조차도 당신에게 긍정적인 결과를 보장할 수 없습니다. 그 이유는, 우리가 계속 탐구하겠지만, 분노와 쓴 뿌리가 사실상 우리의 몸을 병들게 하는 근본 문제일 수 있기 때문입니다.

건강으로 회복시키기

우리가 이 책『질병의 영적 뿌리를 뽑아라』를 통해 배우게 되겠지만, 많은 질병의 핵심 뿌리는 사탄의 왕국의 요소들입니다: 쓴 뿌리, 참소, 시기와 질투, 두려움, 불안과 스트레스, 분노와 적대감, 거절감, 수치심, 사랑하지 않는 영, 자기 증오, 신비주의, 중독. 죄의 목적은 단지 우리의 기분을 나쁘게 만드는 것이 아닙니다. 이러한 죄의 문제들은 원수에 의한 계획된 사건들입니다. 그것들은 우리와 우리와의 관계, 그리고 우리의 삶을 향한 하나님 아버지의 계획에 대하여 파괴하려고 합니다.

> "나의 자녀들아 내가 이것을 너희에게 씀은 너희로 죄를 범하지 않게 하려 함이라. 만일 누가 죄를 범하여도 아버지 앞에서 우리에게 대언자가 있으니 곧 의로우신 예수 그리스도시라. 그는 우리 죄를 위한 화목 제물이니 우리만 위할 뿐 아니요 온 세상의 죄를 위하심이라"(요일 2:1-2).

우리 팀은 'For My Life' 수련회에서 사람들이 자신들의 삶에서 사탄의 왕국과 죄를 섬겨온 사실들을 인식하고, 아무도 그들을 위해 기도해주지 않아도 하나님께 회개하기만 하면 다양한 신체적, 심리적 질병으로부터 치유되는 것을 일상적으로 봅니다. 내 평생의 과업은 질병의 영적 뿌리에 대한 이 진리를 가능한 한 많은 사람에게 전하는 것입니다. 즉 인류를 건강으로, 그리고 결과적으로 그분의 마음으로 다시 회복시키기 위해 하나님 아버지와 함께 일하는 우리의 사명을 따라 논리와 마음을 나누는 것입니다.

나의 소망은 질병으로부터의 자유에 관한 하나님의 진리에 우리의 눈을 열게 하는 것입니다. 나는 우리 모두가 자유롭게 행하기를 원합니다. 나는 하나님께서 미워하시는 모든 것을 물리치기를 원합니다. 사탄은 그의 계책이나 전술을 가지고 있겠지만, 하나님께서는 우리가 어떻게 그를 물리치고 건강할 수 있는지 보여주실 것입니다. 우리는 넘치는 생명력을 누리며 살아야 합니다. 세상은 질병과 절망 속에서 허덕일지라도, 우리는 행복하고, 균형 잡혀 있고, 열정적인 하나님의 아들딸이 되어야 합니다.

"네가 만일 네 하나님 여호와의 말씀을 순종하지 아니하여 내가 오늘 네게 명령하는 그의 모든 명령과 규례를 지켜 행하지 아니하면 이 모든 저주가 네게 임하여 네게 이를 것이니, 네가 성읍에서도 저주를 받을 것이며 들에서도 저주를 받을 것이요, 또 네 광주리와 떡 반죽 그릇이 저주를 받을 것이요, 네 몸의 소생과 네 토지의 소산과 네 소와 양의 새끼가 저주를 받을 것이며 네가 들어와도 저주를 받고 나가도 저주를 받으리라"(신 28:15-19).

"그가 그의 말씀을 보내어 그들을 고치시고 위험한 지경에서 건지시는도다(시 107:20).

제2장

질병은 복인가, 저주인가?

내 사역에서 슬펐던 순간 중 하나는 질병으로 고통받는 한 남성을 만났을 때였습니다. 그는 신자였고, 나는 그에게 치유를 위해 기도를 받고 싶은지 물었습니다. 그는 하나님께서 자신에게 병을 주셨다고 말하며 나를 거절했습니다. 그의 그릇된 믿음은 그로 하여금 치유의 가능성을 거부하게 했습니다.

수년 동안, 우리는 하나님께서 자신들에게 질병을 주셨다는 사탄의 거짓말을 믿는 많은 사람을 발견했습니다. 이는 그들이 하나님께서 자신들이 살기를 원하시는지 죽기를 원하시는지에 대해 혼란스러워하며 고통스러운 상태에 이르게 했습니다. 우리 팀의 'For My Life' 수련회에서는 참석자들이 믿게 된 것들을 재평가하도록 돕기 위해 복과 저주를 정의하는 것이 중요합니다. 그것이 바로 그들 중 많은 이들에게 삶과 죽음을 가르는 차이가 될 수 있습니다. 한 주간의 수련회 동안, 하나님께서 자신들에게 질병을 주신 것이 아니라는 것과, 그분이 원하시는 것은 그들이 치유되고 온전해지는 것임을 깨달았을 때 많은 이들이 치유를 받습니다.

만약 일부 그리스도인들이 질병이 하나님으로부터 온 것이라고 진정으로 믿는다면, 왜 그들은 자신의 질병을 위해 의학적 치료를 구하는 것일까요? 만약 질병이 하나님으로부터 온 복이라면, 왜 우리는 우리의 삶을 향한 그분의 뜻을 방해하겠습니까? 이 그릇된 입장이 일으킨 피해가 너무나 크기 때문에, 우리가 그것이 틀렸음을 증명하는 것은 필수적입니다. 만약 성경에서 질병이 악이며 저주라고 밝힌다면, 하나님께서 우리에게 질병을 주시는 것은 불가능합니다. 야고보서의 이 구절은 하나님께서 우리를 악으로 시험하지 않으시며, 그분 자신도 시험받으실 수 없음을 분명히 명시합니다.

> "사람이 시험(유혹)을 받을 때에 내가 하나님께 시험(유혹)을 받는다 하지 말지니 하나님은 악에게 시험(유혹)을 받지도 아니하시고 친히 아무도 시험(유혹)하지 아니하시느니라"(약 1:13).

복과 저주에 대한 성경적 진리를 확립하기 위해서는 구약에서 시작하는 것이 중요합니다. 모세는 긴 생애의 끝자락에서 이전에 수없이 그랬던 것처럼 수백만 명의 이스라엘 백성 앞에 섰습니다. 하나님께서는 그들이 모세라는 인도자 없이 약속의 땅에 들어간 후에 어떻게 살아야 할지에 대해 하나님의 백성에게 전할 몇 가지 중요한 말씀을 그에게 주셨습니다. 그들은 주의 깊게 들어야만 했습니다. 그 메시지는 또한 경고였습니다. 하나님께서는 그들에게 복과 저주, 건강과 질병 사이의 명확한 선택을 제시하고 계셨습니다.

> "내가 오늘 하늘과 땅을 불러 너희에게 증거를 삼노라. 내가 생명과 사망과 복과 저주를 네 앞에 두었은즉 너와 네 자손이 살기 위하여 생명을 택하고"(신 30:19).

모세는 신명기 28장에서 이 복과 저주에 대한 세부 사항을 우리에게 알려줍니다. 그는 질병의 영적 뿌리에 관해 우리 모두가 알아야 할 하나님의 진리를 드러냅니다.

> "네가 주 네 하나님의 음성에 부지런히 귀를 기울이고 내가 이 날 네게 명령하는 그분의 모든 명령을 지키고 행하면 주 네 하나님께서 땅의 모든 민족들 위로 너를 높이 세우시리라. 네가 주 네 하나님의 음성에 귀를 기울이면 이 모든 복이 네게 임하며 너를 따라잡으리니"
>
> (신 28:1-2 흠정역).

하나님께서 무엇을 약속하고 계신지 보십시오. 그분의 백성은 "세계 모든 민족 위에 뛰어나게" 될 것이며, 셀 수 없이 많은 복을 받을 것입니다. 이어지는 열두 구절에서, 모세는 그들을 "따라잡을"(overtake) 복들의 목록을 전달합니다. 그것은 그들의 성읍과 들에서의 복, 그들의 가족과 토지에서의 복, 그들의 전쟁과 건강에서의 복입니다. 모세는 그들이 주님의 말씀을 듣고 순종하기만 한다면 복이 그들을 따를 뿐만 아니라 그들을 따라잡을 것이라고 말합니다. 얼마나 놀라운 약속입니까. 그들이 듣고 순종하기만 한다면 말입니다. 하지만 모세의 메시지는 거기서 끝나지 않습니다. 그는 그들이 절대로 잊어서는 안 될 경고를 이어갑니다. 여기 동전의 반대편에 있는 하나님의 말씀이 있습니다.

> "그러나 만일 네가 주 네 하나님의 음성에 귀를 기울이지 아니하여 내가 이날 네게 명령하는 그분의 모든 명령과 법규를 지켜 행하지 아니하면 이 모든 저주가 네게 임하고 너를 따라잡으리니"(신 28:15 흠정역).

이어지는 쉰세 구절에서, 모세는 만약 하나님의 택한 백성이 그분의 말씀을 듣지 않고 그분의 계명을 따르기를 거부한다면 그들을 따라잡을 저주들(재앙적인 사건들과 질병들)을 묘사합니다. 그들은 불순종으로 인해 저주를 받을 것이며, 그 저주들 중 많은 것이 질병입니다.

하나님께서는 그분의 말씀에 대한 불순종의 결과 배후에 계시지 않는다는 것을 확실히 하십시오. 오히려, 그분은 당신이 올바른 선택을 하기를 원하십니다. 신명기 30장 후반부에서, 모세는 하나님의 대리인으로서 이스라엘 백성에게 생명을 선택하라고 분명히 간청합니다. 하나님 아버지께서는 당신도 생명을 선택하기를 원하십니다.

> "내가 오늘 하늘과 땅을 불러 너희에게 증거를 삼노라. 내가 생명과 사망과 복과 저주를 네 앞에 두었은즉 너와 네 자손이 살기 위하여 생명을 택하고 네 하나님 여호와를 사랑하고 그의 말씀을 청종하며 또 그를 의지하라. 그는 네 생명이시요 네 장수이시니 여호와께서 네 조상 아브라함과 이삭과 야곱에게 주리라고 맹세하신 땅에 네가 거주하리라"(신 30:19,20).

1. 모세의 메시지는 예언적인가?

모세는 신명기 28장 1절에서 "이런 일이 일어나리니"(And it shall come to pass)라고 선포합니다. (역주: 이 절은 흠정역이나 개역개정에 따로 번역되지 않아서 옮긴이가 추가로 번역하여 삽입했다.)

> "이런 일이 일어나리니, 만일 네가 주 네 하나님 여호와의 음성을 삼가 듣고, 내가 오늘 네게 명령하는 그의 모든 명령을 지켜 행하면, 주 네

하나님 여호와께서 너를 땅의 모든 민족들 위에 높이 세우실 것이라" (신 28:1 역자의 번역).

이것이 예언적일까요? 분명 그렇습니다. 성경에서 "이런 일이 일어나리니"(It shall come to pass)보다 더 예언적인 진술은 없습니다. 그렇다면, 이 예언적 약속은 또한 조건적일까요? 예, 그렇습니다. 요즘은 아무도 어떤 것을 조건부로 만들고 싶어 하지 않지만, 하나님께는 조건이 있으십니다. 그분께서 기준을 세우시고, 그 기준에 응답하는 것은 우리의 책임입니다.

"만약 네가 네 하나님 여호와의 말씀을 청종하면 이 모든 복이 네게 임하며 너를 따라잡으리니"(신 28:2 역자의 번역).

이 성경 구절들에서 사용된 '만약'(if)이라는 단어를 살펴봅시다. 신명기 28장 2절은 하나님의 말씀에 대한 순종의 결과로 나타날 복들을 묘사하기 시작합니다. 이 구절의 핵심은 여기에 사용된 '만약'(if)에 해당하는 히브리어 단어입니다. 그것은 음성적으로 대략 '키'(kiy)로 번역됩니다. 스트롱 성구사전에 따르면 이 단어의 함의(含意)는 '인과 관계'(causal connection)[1]입니다. 그것은 원인과 결과입니다. 만약 우리가 하나님의 말씀을 따른다면, 반드시 하나님께 복을 받을 것입니다. 하나님의 약속은 확정적이기 때문에 결론의 확실성이 있습니다.

그러나 15절에서 모세가 "이런 일이 일어나리니"라는 말을 반복할 때, 그는 '만약'에 대해 다른 히브리어 단어를 사용합니다.

1) Strong's Hebrew #3588, Bible Hub, https://biblehub.com/strongs/deuteronomy/28-2.htm.

"'만약' 네가 네 하나님 여호와의 말씀을 순종하지 아니하여 내가 오늘 네게 명령하는 그의 모든 명령과 규례를 지켜 행하지 아니하면 이 모든 저주가 네게 임하며 너를 따라잡을 것이니"(신 28:15 역자의 번역).

이번에 '만약'이라는 단어는 히브리어에서 음성적으로 '임'(im)으로 번역됩니다. 스트롱 성구사전이 제공하는 정의에 따르면 그것은 조건적입니다.[2] 이 '만약'은 신자들을 위한 경고의 역할을 합니다. 만약 우리가 주님의 말씀을 듣지 않고 다른 길로 간다면, 저주가 우리에게 임하고 우리를 따라잡을 것입니다. 이 형태의 '만약'이라는 단어는 하나님의 자비 때문에 그것이 더 느리게 움직인다는 것을 나타냅니다. 이는 저주가 우리에게 임하지 않도록 경로를 바꿀 기회를 제공합니다.

하나님은 자비로 충만하신 분입니다. 죄로 인해 정죄감을 느끼지 마십시오. 그분께 회개하고 대신 복을 받으십시오. 내가 우리가 이해하기를 바라는 한 가지는, 나는 모세의 율법으로 돌아가자고 주장하는 것이 아닙니다. 나는 율법주의에 빠져 있지 않습니다. 나는 '마음의 변화'라고 불리는 것에 집중하고 있습니다. 나는 하나님의 말씀의 충만함을 이해하는 데 집중하고 있습니다. 왜냐하면 그것이 진리이고, 그 진리가 우리에게 질병으로부터의 자유를 가져다주기 때문입니다.

2. 저주란 정확히 무엇인가?

하나님께서는 만약 그분의 백성이 그분의 계명에 불순종하면 저주가 그들을 따라잡을 것이라고 말씀하셨습니다. 그러나 저주란 정확히 무엇일까요?

---

2) Strong's Hebrew #518, Bible Hub, https://biblehub.com/strongs/deuteronomy/28-15.htm.

내가 자란 교회에서 사람들은 저주라는 단어가 구약에는 존재하지만 신약에는 존재하지 않는다고 믿었습니다. 아마 당신도 같은 경험을 했을지 모릅니다. 그러나 구약에서 '저주'라고 불렸던 모든 것을 보고, 많은 신약의 성도들이 그들의 삶에서 똑같은 문제들을 가지고 있다는 것을 깨달았을 때, 나는 저주의 의미를 재검토하기 시작했습니다.

인류에게 알려진 모든 종류의 질병이 신명기 28장의 그 구절들에서 발견되며, 하나님께서는 그것들을 저주의 결과라고 부르셨습니다. 그것은 치질, 정신 이상, 불안 장애, 그리고 고통에 이르기까지 모든 것을 포함합니다. 나는 오늘날 너무나 많은 신자가 바로 이 똑같은 질병들로 고통받고 있는 것을 보았습니다. 신자들은 자가면역질환을 앓고 있었고, 우울증을 앓고 있었으며, 불치병을 앓고 있었습니다. 아침에는 차라리 밤이었으면 하고, 밤에는 차라리 아침이었으면 하고 바랐습니다.

> "네 마음의 두려움과 눈이 보는 것으로 말미암아 아침에는 이르기를 아하 저녁이 되었으면 좋겠다 할 것이요 저녁에는 이르기를 아하 아침이 되었으면 좋겠다 하리라"(신 28:67).

이 신자들은 두려움과 고통으로 가득 차 있었고, 온갖 종류의 장애를 가지고 있었습니다. 나는 속으로 '왜 구약에서는 저주라고 불렸고 신약의 신자들에게서도 발견되는 이 심리적, 생물학적 장애들이 더는 저주라고 불리지 않게 되었을까?'라고 생각했습니다.

우리 팀이 'Be in Health' 컨퍼런스 동안, 나는 다른 그리스도인들에게 "왜 오늘날에는 질병이 저주로 여겨지지 않는 걸까요?"라고 물었습니다. 그들의 대답은 종종 "그건 그냥 질병일 뿐이죠"였습니다. 어떤 교회들은 저주가 더는 존재하지 않는다고 주장하며 더 단호했습니다. 이런 청중들 앞에서 나는 말을 다르게 해야 했습니다. "질병은 복(blessing)일까요, 아니면 '빈칸'(blank)일까요?" 나는 '저주'라는 단어를 사용할 수 없어서 '빈칸'이라는 단어를 사용했습니다.

3. 하나님께서 저주를 내리시는가?

하나님께서 우리에게 저주를 내리실까요? 어떤 사람들은 바울의 "육체의 가시"가 하나님으로부터 왔다고 지적하지만, 이 입장을 가정하는 데에는 문제가 있습니다. 왜일까요? 이 가시는 "사탄의 사자"로 알려져 있기 때문입니다.

> "여러 계시를 받은 것이 지극히 크므로 너무 자만하지 않게 하시려고 내 육체에 가시 곧 사탄의 사자를 주셨으니 이는 나를 쳐서 너무 자만하지 않게 하려 하심이라"(고후 12:7).

나는 하나님께서 의도적으로 그리고 적극적으로 이 사자를 바울에게 보내셨다고 주장하는 모든 사람에 대해 매우 심각한 우려를 가지고 있는데, 이는 야고보서 1장 때문입니다. 하나님께서는 "사탄의 사자"를 포함한 어떤 종류의 악으로도 사람을 시험하지 않으십니다. 그 사자는 하나님에게서 온 것이 아니라 사탄에게서 온 것이었습니다.

> "사람이 시험(유혹)을 받을 때에 내가 하나님께 시험(유혹)을 받는다 하지 말지니 하나님은 악에게 시험(유혹)을 받지도 아니하시고 친히 아무도 시험(유혹)하지 아니하시느니라"(약 1:13).

만약 하나님 아버지께서 바울에게 이 "가시"를 주셨다면, 왜 그분은 또한 그 한가운데서 그를 강하게 하셨을까요? 정답은 하나님께서 그것을 그에게 주신 것이 아니라는 것입니다. 오히려 하나님 아버지께서는 바울이 그것을 극복할 수 있도록 길을 마련해주고 계셨습니다.

> "나에게 이르시기를 내 은혜가 네게 족하도다. 이는 내 능력이 약한 데서 온전하여짐이라 하신지라. 그러므로 도리어 크게 기뻐함으로 나의 여러 약한 것들에 대하여 자랑하리니 이는 그리스도의 능력이 내게 머물게 하려 함이라"(고후 12:9).

바울에게는 문제가 있었고, 하나님께서는 그가 그것을 극복하기를 원하셨습니다. 하나님 아버지께서 그에게 사탄에게서 온 사자를 주신 것이 아니라, 나중에 보겠지만, 바울은 자신의 삶에 사탄의 왕국에 취약하게 만드는 어떤 죄가 있었다고 말합니다. 야고보서가 말하듯이, 우리는 "자기 욕심에 끌려" 미혹될 때 시험을 받습니다.

> "오직 각 사람이 시험(유혹)을 받는 것은 자기 욕심에 끌려 미혹됨이니" (약 1:14).

왜 사람마다 각기 다른 중독이나 다른 성격적 약점을 가지고 있는지 궁금해 본 적이 있습니까? 어떤 사람들은 두려움이 많습니다. 어떤 사람들은 분노가 많습니다. 어떤 사람들은 쓴 마음을 품습니다. 이는 각 사람과 그들의 가족, 그리고 그들의 세대가 죄로 이어질 수 있는 다른 약점을 가지고 있기 때문입니다. 결과적으로, 우리는 두려움에서부터 쓴 뿌리, 참소 등 다양한 주제에 대해 가르칩니다. 왜냐하면 우리 모두가 다른 방식으로 씨름한다는 것을 인식하기 때문입니다.

나는 기독교의 많은 사람이 왜 질병이 저주가 아니라는 철학을 가지고 있으며, 그들이 이 문제에 대해 가장 먼저 논쟁하는 사람들이라는 것을 압니다. 그러나 우리 팀은 상처 입은 사람들을 섬길 때 항상 어려운 상황에 직면합니다. 우리는 죄로 고통받는 사람들에게 하나님께서 그들이 암으로 죽거나 평생 우울증을 안고 살기를 원하신다고 말해야 할까요? 아닙니다. 우리는 그들이 왜 그들의 삶에 이러한 저주가 있는지 그 뿌리를 발견하도록 돕고, 그들이 회복될 수 있도록 어디에 영적 연약함이 있는지 식별하도록 돕습니다. 우리 쪽의 기도 없이도 그들을 치유와 회복으로 만나주시는 분은 바로 하나님이십니다. 그분은 문제를 만드시는 분이 아니라, 해결책을 제공하시는 분입니다.

4. 저주는 무슨 일을 하는가?

나는 신명기 28장을 바탕으로 히브리어 단어 '저주'에 대해 약간의 연구를 해보기로 결심했습니다. 당신도 스트롱 성구사전 한 권만 있으면 할 수 있습니다. 내가 '저주'의 의미로 찾은 첫 번째 단어는 '비방'(vilification)이었습니다. 이게 대체 무슨 뜻일까요? 나는 하나님께 나아가 "주님, 히브리어에서 저주는 '비방'으로 정의됩니다. 이것이 무슨 의미입니까?"라고 여쭈었습니다.

하나님께서는 "헨리, 너는 단어를 그 뿌리까지 파고드는 법을 알지 않느냐."라고 대답하셨습니다. 아! 비방(vilification)은 '악당'(villain)이라는 단어와 같은 글자로 시작합니다. 내가 악당(villain)이라는 단어를 보는 순간, 신약 성경의 한 구절이 내 의식 속에 떠올랐습니다. 바로 요한복음 10장 10절이었습니다.

“도둑이 오는 것은 도둑질하고 죽이고 멸망시키려는 것뿐이요 내가 온 것은 양으로 생명을 얻게 하고 더 풍성히 얻게 하려는 것이라.”

그 도둑, 사탄이 바로 원수이며, 우리 삶의 악당입니다. 그러고 나서 나는 단어 연구를 더 깊이 파고들었고, 이런 내용을 발견했습니다. 저주는 ‘축복의 감소’입니다. ‘감소’라는 단어는 ‘줄임’ 또는 ‘삭감’을 의미합니다. 그러므로 악당인 사탄은 하나님으로부터 우리에게 오는 복의 힘을 줄이거나, 삭감하거나, 빼앗기 위해 오는 것입니다. 저주는 이 악당의 소행입니다. 비방(Vilification)이란 악당(villain)이 우리의 복을 폄훼하거나(vilifies) 감소시키는 것입니다.

5. 저주는 언제 그리스도인에게 영향을 미칠 수 있는가?

이는 “오늘날 저주는 어떻게 그리스도인에게 영향을 미치는가?”라는 새로운 질문을 제기합니다. 성경은 우리에게 까닭 없거나 존재할 이유가 없는 저주는 우리에게 영향을 미칠 수 없다고 말씀합니다. 잠언 26장 2절은 “까닭 없는 저주는 참새가 떠도는 것과 제비가 날아가는 것 같이 이루어지지 아니하느니라.” 하고 말씀합니다. 그리고 갈라디아서 3장 13절은 “그리스도께서 우리를 위하여 저주를 받은 바 되사 율법의 저주에서 우리를 속량하셨으니 기록된 바 나무에 달린 자마다 저주 아래에 있는 자라 하였음이라.” 하고 말씀합니다.

그리스도께서 십자가에서의 죽음을 통해 아담과 하와가 인류에게 가져온 저주를 끝내지 않으셨습니까? 예, 그러셨습니다. 그리고 그분의 죽음과 부활을 통해, 그분은 우리가 의와 온전함 가운데 살 수 있도록 하셨습니다. 그러나, 계속해서 죄 가운데 거하는 것이 바로 어린양의 피로 덮인 그리스도인들이 저주의 짐 아래 있을 수 있는 방법입니다. 저주의 효과는 하나님의 말씀에 대한 불순종의 결과이며, 신약의 그리스도인들도 구약의 신자들만큼이나 하나님의 말씀에 불순종할 수 있습니다. 우리가 허락하기 때문에 저주가 올 수 있는 것입니다.

'저주'라는 단어의 문제는 많은 사람이 그것에 대한 이해를 영화, 텔레비전, 미신에 기반을 둔다는 것입니다. 나는 지금 그리스도인이 가다라 지방의 귀신 들린 자처럼 악한 영에게 사로잡히는 것에 대해 말하는 것이 아닙니다. 구원을 잃는 것에 대해 말하는 것도 아닙니다. 나는 '원수에 대한 종노릇'에 대해 말하고 있습니다. 나는 하나님의 법이 아닌 죄의 법을 섬기는 것에 대해 말하고 있습니다. 우리가 어떻게 그렇게 합니까? 한 예로, 성경이 우리에게 용서하라고 지시할 때, 우리가 우리에게 행해진 과거의 잘못에 대해 쓴 마음을 품고 있기로 선택한다면, 우리는 그 영역에서 죄를 섬기기로 선택하는 것입니다. 하나님의 말씀보다 사탄의 거짓말을 선택한 결과는 매우 파괴적일 수 있습니다.

까닭 없는 저주는 그리스도인에게 영향을 미칠 수 없습니다. 그러나 만약 우리가 그 저주 뒤에 있는 악당에게 우리 삶에 큰 혼란을 일으키도록 '허락'한다면, 저주는 우리에게 영향을 미칠 수 있습니다. 사탄은 모든 능력을 가지고 있지 않습니다. 그는 오직 우리의 허락이 있어야만 우리를 건드릴 수 있습니다. 우리가 어떻게 마귀에게 이 허락을 내어줍니까? 하나님과 그분의 말씀에 불순종하고, 대신 죄의 법에 순종함으로써 그렇게 합니다.

죄와 싸우는 바울의 전쟁

로마서 7장에서, 사도 바울은 우리 각자 안에서 하나님의 말씀을 따르는 것과 죄의 법을 따르는 것 사이에 격렬한 전쟁이 벌어지고 있음을 설명합니다. 비록 바울이 그리스도를 헌신적으로 따르는 자였지만, 그는 자기 안에 두 개의 법, 즉 하나님의 법과 죄의 법이 그의 영혼을 두고 싸우는 전쟁이 있음을 고백했습니다.

"내가 원하는 바 선은 행하지 아니하고 도리어 원하지 아니하는 바 악을 행하는도다. 만일 내가 원하지 아니하는 그것을 하면 이를 행하는 자는 내가 아니요 내 속에 거하는 죄니라. 그러므로 내가 한 법을 깨달았노니 곧 선을 행하기 원하는 나에게 악이 함께 있는 것이로다. 내 속사람으로는 하나님의 법을 즐거워하되 내 지체 속에서 한 다른 법이 내 마음의 법과 싸워 내 지체 속에 있는 죄의 법으로 나를 사로잡는 것을 보는도다. 오호라 나는 곤고한 사람이로다. 이 사망의 몸에서 누가 나를 건져내랴? 우리 주 예수 그리스도로 말미암아 하나님께 감사하리로다. 그런즉 내 자신이 마음으로는 하나님의 법을 육신으로는 죄의 법을 섬기노라"(롬 7:19-25).

바울 안에서 일어났던 이 죄의 법과 하나님의 법 사이의 전투는 오늘날 우리 안에서도 여전히 일어납니다. 당신이 죄의 법에 의해 유혹받지 않는다거나 유혹을 이기는 데 있어서 바울보다 더 강하다고 말하지 마십시오. 죄의 법은 우리 각자에게 와서 하나님의 법과 경쟁합니다.

하나님의 법은 무엇입니까? 당신은 "우리는 우리가 모세의 율법 아래 있지 않다고 생각했는데요."라고 다시 의문을 제기할지도 모릅니다. 바울이 하나님의 법에 대해 말할 때, 그는 하나님의 '본성'을 언급하는 것입니다. 율법은 하나님의 의를 반영합니다. 하나님은 선하시고, 하나님은 사랑이시며, 하나님은 정의이시고, 하나님은 용서이시며, 하나님은 신실이십니다. 이런 것들과 더 많은 것들이 그분의 본성이며 그분의 의입니다. 그분의 본성이 바로 하나님께서 우리 마음에 기록하겠다고 약속하신 법입니다. 시편 기자는 "나의 하나님이여 내가 주의 뜻 행하기를 즐기오니 주의 법이 나의 심중에 있나이다 하였나이다."(시 40:8)라고 말했습니다. 그리고 히브리서 8장 10절은 "또 주께서 이르시되 그날 후에 내가 이스라엘 집과 맺을 언약은 이것이니 내 법을 그들의 생각에 두고 그들의 마음에 이것을 기록하리라. 나는 그들에게 하나님이 되고 그들은 내게 백성이 되리라." 하고 말했습니다.

죄의 법

전쟁의 반대편에는, 사탄의 본성이 '죄의 법'이라는 범주 안에서 발견됩니다. 반역, 불법, 거짓, 증오, 살인, 악. 죄의 법은 항상 우리에게 임하여 하나님의 법과 경쟁하려고 시도할 것입니다. 바울은 "내가 원하는 바 선은 행하지 아니하고 도리어 원하지 아니하는 바 악을 행하는도다."(롬 7:19)라고 말했습니다. 이것이 바로 우리가 하는 말과 똑같이 들리지 않습니까?

우리는 더 열심히 노력할수록 더 "뒤처진다"는 것을 발견합니까? 그것은 온갖 종류의 것들(상황, 생각, 유혹)로부터 우리의 여정에 방해가 있기 때문입니다. 사도 바울은 우리와 공감했습니다. 그에게는 사도로서 자신만의 극복의 여정이 있었습니다. 그는 때때로 자신이 하고 싶지 않은 바로 그 일들을 했다고 고백하며 그것을 우리와 나누었습니다.

로마서 7장에서 바울은 본질적으로 이렇게 말하고 있었습니다. "만약 내가 용서를 안 했으면, 그것이 나를 사로잡는다. 나는 그것을 미워한다. 나는 항상 용서해야 한다는 것을 알지만, 어떤 이유에서인지 나는 원한과 잘못의 기록을 붙들고 용서하지 않고 있는 나 자신을 발견한다. 내가 용서하지 않음을 미워하면서도 계속 용서하지 않고 있을 때,

그것은 하나님의 법(용서의 법)이 악하고, 용서하지 않는 법이 선하다고 말하는 것과 같다."

> "내가 행하는 것을 내가 알지 못하노니 곧 내가 원하는 것은 행하지 아니하고 도리어 미워하는 것을 행함이라. 만일 내가 원하지 아니하는 그것을 행하면 내가 이로써 율법이 선한 것을 시인하노니 이제는 그것을 행하는 자가 내가 아니요 내 속에 거하는 죄니라"(롬 7:15-17).

당신이 하나님의 법을 안 후에 죄의 법을 따른다면, 그것은 당신의 행동을 통해 하나님의 말씀을 악하다고 부르고 사탄의 말을 선하다고 부르는 것임을 압니까? 나는 당신이 내 말을 정말로 이해하기를 바랍니다. 나는 진리로 당신을 괴롭게 할 의도는 없지만, 당신은 내가 방금 말한 것에 대해 정말로 생각해 볼 필요가 있습니다. 나는 당신이 이 전쟁에서 이기고 당신에게 닥칠 수 있는 질병들로부터 자유로워지기를 원하지만, 여기에는 지켜야 할 규칙이 있습니다.

그래서, 이 두 법이 당신 안에서 싸우고 있습니다. 영적 뿌리에 대한 우리의 탐구에서 보게 되겠지만, 하나님의 법은 건강을 가져옵니다. 죄의 법은 질병을 가져옵니다. 당신이 고려해야 할 질문은 이것입니다. '오늘 당신은 어느 법에 의해 영향을 받고 있습니까?'

6. 불순종과 질병의 연결 고리

나는 30여 년 전에 불순종과 질병에 대한 연결의 여정을 시작했습니다. 내 사역 초기에, 나는 작은 교회의 목사로 청빙받았습니다. 우리는 치유를 위한 기도의 성경적 능력을 믿었습니다. 야고보서 5장 14-15절은 이렇게 말씀합니다.

> "너희 중에 병든 자가 있느냐? 그는 교회의 장로들을 청할 것이요 그들은 주의 이름으로 기름을 바르며 그를 위하여 기도할지니라. 믿음의 기도는 병든 자를 구원하리니 주께서 그를 일으키시리라. 혹시 죄를 범하였을지라도 사하심을 받으리라."

하나님을 대변한 나의 첫 6개월 동안, 기도를 받은 사람들의 약 95%가 치유되었습니다. 그러나 그 후 상황은 급격히 멈추었습니다. 그 수치는 뒤바뀌었고, 다음 몇 달 동안 기도를 받으러 온 사람들 중 5% 미만이 치유되었습니다. 95%의 실패를 겪은 후, 나는 하나님과 대화할 때라고 생각했습니다. 나는 하나님의 성경 말씀이 효과가 없을 때 그것을 대변할 마음이 없었습니다.

만약 당신이 누군가를 위해 기도했는데 그가 낫지 않는다면 어떤 기분이 들겠습니까? 그것은 끔찍한 기분이었습니다. 나는 기도가 효과가 없을 때 다음에 무엇을 해야 할지 아는 목사, 지도자, 또는 사역 책임자를 본 적이 없습니다. 그들은 무엇을 해야 할지 모릅니다. 그들은 그것이 효과가 없는 이유에 대해 온갖 종류의 이유를 댑니다. 예를 들어, "당신에게 믿음이 부족했다", "하나님은 오늘날 치유하지 않으신다" 등이 그것입니다. 그 목록은 점점 더 길어집니다. 나는 젊은 목사로서 그 황무지에 들어섰습니다.

어느 날, 나는 하나님께 나아가 말씀드렸습니다.

"주님, 어째서 주님께서는 짧은 시간 동안 제 기도를 들어주셨지만, 이제는 같은 일이 일어나지 않는 것입니까?

제가 큰 죄를 지었습니까?

주님께서 저에게서 사명을 거두셨습니까?

주님, 솔직히 말씀드리면, 저는 사람들을 위해 기도하고 섬기는데 아무 일도 일어나지 않는 것을 감당할 마음이 정말 없습니다. 아무 일도 일어나지 않는데 제가 어떻게 주님을 대신할 수 있겠습니까?

왜 주님께서는 이 사람들을 치유하지 않으시는 겁니까?"

하나님께서 내 마음에 대답하셨습니다.

"헨리, 만약 네가 나를 대변하고 있고, 네가 누군가를 위해 기도했는데 내가 그들을 치유하지 않는다면, 거기에는 이유가 있다. 내가 그들의 주인이 아니기 때문이다."

하나님께서 다음에 하신 말씀은 내 속을 뒤흔들었습니다. 이것들은 내 마음에서 형성되는 단어들이었다는 것을 이해하십시오.

하나님께서 말씀하셨습니다.

"헨리, 사탄은 내 백성의 삶에 대해 '법적인 권리'를 가질 수 있다." (나는 여기서 모든 질병이 이런 식으로 사람들에게 오는 것은 아니며, 모든 질병이 죄라는 영적 뿌리를 가지고 있다고 믿지 않는다는 점을 다시 한번 강조하고 싶습니다. 그러나 나는 우리가 직면하는 만성 질환의 80%가 영적 뿌리를 가지고 있다는 것을 의심의 여지없이 발견했습니다.)

나는 '어떻게 이것이 내게 말씀하시는 하나님일 수 있을까?'라고 의아했습니다. 나는 구원받았을 때, 저주는 깨지고, 사탄의 왕국은 패배했으며, 우리는 자유롭게 된다고 배웠습니다. 그러나 하나님께서 말씀하셨습니다.

"그래, 그것은 십자가에서 일어났지. 하지만 내 백성 중 많은 이들이 순종으로 대가가 치러진 것에 대해 불순종하며 살려고 하고 있다. 그때가 바로 내가 그들의 주인이 아닐 때다. 헨리, 예수는 나에게 죽기까지 순종했다. 그러나 내 백성은 그렇지 않다."

나는 그분께 여쭈었습니다.

"그럼, 저는 그것으로 무엇을 해야 합니까? 만약 예수님이 십자가에서 하신 일에도 불구하고 마귀가 주님의 백성의 삶에 대해 법적인 권리를 가지고 있다고 주님께서 말씀하신다면, 저는 그것을 성경에서 보아야겠습니다. 부디 보여주십시오."

이것이 바로 하나님과의 정직한 대화라고 불리는 것입니다.

주님께서는 나를 디모데후서 2장 24-26절로 인도하셨습니다.

> "주의 종은 마땅히 다투지 아니하고 모든 사람에 대하여 온유하며 가르치기를 잘하며 참으며 거역하는 자를 온유함으로 훈계할지니 혹 하나님이 그들에게 회개함을 주사 진리를 알게 하실까 하며 그들로 깨어 마귀의 올무에서 벗어나 하나님께 사로잡힌 바 되어 그 뜻을 따르게 하실까 함이라"(딤후 2:24-26).

뭐라고요? "마귀의 올무에서 벗어나?" 나는 "주님, 이 편지는 그리스도인들에게 쓰인 것입니다. 어떻게 이런 일이 일어날 수 있습니까?"라고 기도했습니다.

7. 원수의 올무

내 눈은 디모데후서의 이 구절에서 바울이 무엇을 말하고 있었는지 깨달았을 때 열렸습니다. 그의 말은, 마귀에게 그들의 복을 빼앗고 질병의 저주를 내릴 법적인 권리를 내어주는 무언가가 그리스도인들의 삶에 있을 수 있음을 드러냅니다. 예수님께서는 신약에서 죄의 법과 질병을 여러 번 연결하셨습니다. 요한복음에서 그분은 베데스다 못 가에 누워

있던 중풍병자를 만나십니다. 예수님께서는 그에게 자리를 들고 걸어가라고 말씀하심으로써 그를 치유하십니다. 몇 시간 후, 예수님께서는 바로 그 사람에게 이제 나았으니 다시는 죄를 범하지 말라, 그렇지 않으면 더 심한 것이 그에게 생길 것이라고 말씀하고 계십니다.

> "예수께서 이르시되 일어나 네 자리를 들고 걸어가라 하시니 그 사람이 곧 나아서 자리를 들고 걸어가니라. 이 날은 안식일이니… 그 후에 예수께서 성전에서 그 사람을 만나 이르시되 보라. 네가 나았으니 더 심한 것이 생기지 않게 다시는 죄를 범하지 말라 하시니"(요 5:8-9,14).

이 사람에게 질병은 죄의 법을 통해 왔으며, 예수님께서는 그가 나았다고 말씀하시며 그를 격려하셨습니다. 그는 단지 육체적으로만 나은 것이 아니라, 그의 죄 또한 용서받았고, 그것이 그의 몸의 치유로 이어진 것입니다. 다른 때에 예수님께서 누군가를 치유하실 때, 그분은 "네가 나았다"와 "네 죄가 사해졌다"라는 표현을 함께 사용하셨습니다. 이것은 간과되어서는 안 될 중요한 연결점입니다. 이 둘을 함께 연결하심으로써, 예수님께서는 우리의 죄가 사해지는 것과 우리의 몸이 치유되는 것이 인과 관계에 있음을 나타내고 계십니다. 우리 육신에 임하는 치유의 복은 용서를 통해 우리의 영에서 죄가 깨끗해진 결과입니다.

> "침상에 누운 중풍병자를 사람들이 데리고 오거늘 예수께서 그들의 믿음을 보시고 중풍병자에게 이르시되 작은 자야 안심하라. 네 죄 사함을 받았느니라. 어떤 서기관들이 속으로 이르되 이 사람이 신성을 모독하도다. 예수께서 그 생각을 아시고 이르시되 너희가 어찌하여 마음에 악한 생각을 하느냐? 네 죄 사함을 받았느니라 하는 말과 일어나 걸어

가라 하는 말 중에 어느 것이 쉽겠느냐? 그러나 인자가 세상에서 죄를 사하는 권능이 있는 줄을 너희로 알게 하려 하노라 하시고 중풍병자에게 말씀하시되 일어나 네 침상을 가지고 집으로 가라 하시니"(마 9:2-6).

우리 삶에 죄의 법을 받아들인 결과로 생기는 질병들이 있다는 것은 간단한 사실입니다.

8. 은혜와 자비의 능력

나는 누구도 우리가 죄의 법과 하나님의 법 사이에서 직면하는 싸움에 대해 낙심하는 것을 원치 않습니다. 하나님께서는 우리를 자유롭게 하시려고 우리에게 진리를 보여주고 계십니다. 바울이 자기 삶 속의 싸움의 진실을 보았을 때, 그는 "누가 나를 건져내랴?"라고 부르짖었습니다. 그러고 나서 그는 자신의 질문에 스스로 답했습니다.

"오호라 나는 곤고한 사람이로다. 이 사망의 몸에서 누가 나를 건져내랴! 우리 주 예수 그리스도로 말미암아 하나님께 감사하리로다. 그런즉 내 자신이 마음으로는 하나님의 법을 육신으로는 죄의 법을 섬기노라"(롬 7:24-25).

예수님의 삶과 죽음, 그리고 부활은 우리에게 아버지의 은혜와 자비를 가져다주었습니다. 우리는 오늘날에도 여전히 그 경륜(dispensation) 안에서 살고 있습니다. 하나님의 은혜는 우리에게 올바른 선택을 할 수 있는 능력을 줍니다. 신약 헬라어에서 '은혜'라는 단어에 대한 참된 성경적 정의는 스트롱 성구사전에서 찾을 수 있습니다. 그것은 '[인간의]

마음에 미치는 신적인 영향력이며, 삶 속에서의 [그 마음의] 반영'입니다. 은혜는 하나님께서 우리가 하나님의 자녀로서 알아야 할 것을 가르쳐주시는 것입니다. 은혜는 하나님께서 우리의 삶에서 사탄과 죄의 법의 영향력을 물리칠 능력을 성령께서 주실 것이라고 가르쳐주시는 것입니다.

은혜의 동반자는 자비입니다. 자비는 "하나님께서 그분의 말씀과 그분의 영을 통해 우리에게 하시는 말씀을 우리가 깨달을 수 있도록 주시는 시간의 양"으로 정의될 수 있습니다.

자비는 신약의 중요한 개념입니다. 모세의 율법 아래에서는 특정 죄에 대해 돌로 치거나 죽음이 요구되었습니다. 구약 율법에 따라 돌로 쳐야 했던 한 예가 신약성경에 기록된, 아버지의 아내와 음행하던 고린도의 젊은 남자의 이야기에서 발견됩니다. 죽임을 당하는 대신, 이 남자는 교회에서 내쫓겨 하나님 아버지께 회개하고 죄의 저주 아래 머물지 않을 수 있도록 되었습니다. 그는 죽임을 당하는 대신, 하나님께서 하신 말씀을 깨달을 수 있도록 자비의 시간을 얻었습니다. 하나님께서 자신들에게 하시는 말씀을 깨닫는 데 오랜 시간이 걸리는 어떤 사람들에게는, 그분의 자비가 기하급수적으로 확장됩니다. 그것이 바로 그분의 은혜와 자비의 전부입니다. 우리가 은혜와 자비의 경륜 안에 살고 있다는 것이 기쁘지 않습니까?

9. 사랑으로 하나님께 응답하기

하나님 아버지께서는 예수 그리스도를 통해 죄의 법의 권세를 제거하시고 우리의 양심이 그분께 응답할 기회를 주셨습니다. 우리는 죽음을 피하기 위해 응답하는 대신, 이제 우리가 그분을 사랑하고 그분 안에서 살기를 원하기 때문에 하나님께 응답할 수 있습니다. 우리는 이제 만약 우리 마음에서 죄를 발견하면, 회개하고 돌이켜 하늘에 계신 우리 아버지께서 그분의 은혜와 자비 안에서 우리를 새롭게 하시도록 할 수 있음을 이해합니다.

이것은 매일의 여정입니다. 마귀는 예수님의 십자가에서의 희생적인 순종을 통해 패배했습니다. 그리고 예수님을 죽은 자 가운데서 부활하게 하신 성령의 능력으로, 우리에게는 우리와 함께 거하시며 날마다 사탄의 왕국을 이기는 법을 가르쳐주시는 보혜사(Comforter)가 계십니다.

> "내가 아버지께 구하겠으니 그가 또 다른 보혜사를 너희에게 주사 영원토록 너희와 함께 있게 하리니 그는 진리의 영이라. 세상은 능히 그를 받지 못하나니 이는 그를 보지도 못하고 알지도 못함이라. 그러나 너희는 그를 아나니 그는 너희와 함께 거하심이요 또 너희 속에 계시겠음이라"(요 14:16-17).

사탄의 왕국은 우리의 죄에 대한 책임과 질병에 대한 책임이 하나님께 있다고 믿기를 원한다는 것은 분명한 진실입니다. 만약 사탄이 우리를 질병의 근원에 대해 혼란스럽게 만들고, 죄에 대한 저주나 결과가 없다고 설득할 수 있다면, 우리는 결코 자유로워질 수 없습니다. 'For My Life' 컨퍼런스를 거쳐간 수천 명의 사람이 의료계로부터 희망이 없다는 말을 들었습니다. 그들은 질병이라는 사형 선고를 받았고, 대신 하나님께로 향했습니다. 그들이 하나님 말씀의 진리를 붙잡고 사탄의 거짓말을 믿었던 것을 회개했을 때, 그들은 삶의 두 번째 기회를 얻었습니다.

그렇다면 진실은 무엇입니까? 하나님께서는 질병을 통해 우리를 죽이기를 원치 않으십니다. 그분은 우리가 구원받고 회복되기를 원하십니다. 그분은 죄를 미워하시지만, 우리를 미워하시지는 않습니다. 우리는 죄가 아니며, 일단 죄를 회개하면 자유로워지고 치유될 수 있습니다.

우리 팀은 이 여정을 함께 계속해 나가면서 기독교에 스며든 신화와 미신들을 타파할 것입니다. 치유받고 복받고자 하는 사람들의 절박함 때문에 잘못 다루어지고 잘못 적용된 성경의 놀라운 부분들이 많이 있으며, 나는 우리 모두의 자유를 위해 그것들에 도전하고자 합니다. 참으로 오직 좋은 선물만이 빛들의 아버지(하나님)로부터 온다는 것을 우리 마음에 확정하는 것이 중요합니다. 그분은 변덕스럽지 않으시며, 우리에 대한 그분의 생각은 날마다 바뀌지 않습니다. 그분의 말씀은 우리를 저주하고 질병을 주기 위한 것이 아니라, 우리의 덕을 세우고 자유를 주기 위한 것입니다.

> "내 사랑하는 형제들아 속지 말라. 온갖 좋은 은사와 온전한 선물이 다 위로부터 빛들의 아버지께로부터 내려오나니 그는 변함도 없으시고 회전하는 그림자도 없으시니라. 그가 그 피조물 중에 우리로 한 첫 열매가 되게 하시려고 자기의 뜻을 따라 진리의 말씀으로 우리를 낳으셨느니라"(약 1:16-18).

“너희 중에 병든 자가 있느냐? 그는 교회의 장로들을 청할 것이요 그들은 주의 이름으로 기름을 바르며 그를 위하여 기도할지니라. 믿음의 기도는 병든 자를 구원하리니 주께서 그를 일으키시리라. 혹시 죄를 범하였을지라도 사하심을 받으리라”(약 5:14-15).

“내 이름을 경외하는 너희에게는 공의로운 해가 떠올라서 치료하는 광선을 비추리니 너희가 나가서 외양간에서 나온 송아지 같이 뛰리라”(말 4:2).

제3장

치유에 있어서 성경적 기도의 역할

사역 초기에, 나는 사람들의 치유를 위한 나의 모든 기도에 하나님께서 모두 응답하지 않으셨을 때 낙심했었습니다.

나는 다중화학물질과민증/환경질환(MCS/EI)과 같은 쇠약성 질환에 대해 조사하기 시작하면서, 기도를 넘어 치유에 관해 하나님께서 주실 만한 다른 방향이 있는지 말씀을 탐색해야만 했습니다. 사람들은 생명을 위협하는 많은 알레르기와 과민증으로 고통받고 있었습니다. 그들의 화학적 불균형과 손상된 면역 반응이 스트레스와 두려움에 가득 찬 삶을 사는 것과 직접적으로 관련이 있다는 것이 분명해졌습니다. 그들의 몸이 건강한 방식으로 반응하기 위해서는, 평안으로 돌아오기 위한 영성의 변화가 필요했습니다. 그들에게는 두려움의 영이 주는 거짓말을 믿었던 것에 대한 '회개'가 필요했습니다.

'For My Life' 수련회는 이러한 이들을 비롯한 많은 아픈 사람들이 치유에 필요한 영적 변화를 찾도록 돕고자 하는 열망에서 탄생했습니다. 우리는 기도로 사람들이 치유되는 것을 본 것도 사실이지만, 또한 우리의 기도 없이 그들 스스로 하나님 아버지께 회개했을 때 치유되는 사람들도 보았습니다. 수년간의 이러한 경험 후에, 우리는 기독교의 많은 이들과는 매우 다른 관점으로 기도와 치유를 바라보게 되었습니다.

호텔, 사역 센터, 교회 등 전 세계에서 'Be in Health' 컨퍼런스를 개최하면서, 나는 교회의 많은 곳에서 기도가 질병과 육체적 문제를 다루는 거의 유일한 수단이라는 것을 발견했습니다. 기도로 치유가 되지 않을 경우에 대비한 "플랜 B"는 없었습니다. 장로들은 야고보서 5장에 나오는 말씀에 따라 치유에 대한 유일한 희망의 수단으로 사람에게 안수합니다.

> "너희 중에 병든 자가 있느냐? 그는 교회의 장로들을 청할 것이요 그들은 주의 이름으로 기름을 바르며 그를 위하여 기도할지니라. 믿음의 기도는 병든 자를 구원하리니 주께서 그를 일으키시리라. 혹시 죄를 범하였을지라도 사하심을 받으리라"(약 5:14-15).

나는 지금 치유를 위해 사람들에게 안수하는 것에 잘못된 것이 있다고 말하는 것이 아닙니다. 그것은 하나님의 말씀에 있습니다. 우리도 똑같이 합니다. 하지만, 야고보서의 이 구절의 나머지 부분을 생각해 본 적이 있습니까? 거기에는 "혹시 죄를 범하였을지라도 사하심을 받으리라"고 되어 있습니다. 어쩌면 교회가 치유를 위해 기도할 때 문제의 일부만을 다루고 있는 것은 아닐까요? 아마도 기도는 치유와 건강이라는 전체 그림의 일부로서 재맥락화될 필요가 있을 것입니다.

부디 이해해주기를 바랍니다. 나는 질병의 영적 뿌리를 드러낸다는 이유로 내 평생에 걸쳐 상당한 반대에 부딪혀왔습니다. 이는 내가 만성 질환을 앓는 사람들의 80%의 상태가 그들이 생각하고, 말하고, 행동하는 방식과 직접적으로 관련이 있음을 인식하기 때문입니다. 과학, 의학, 그리고 성경에서 얻은 나의 관찰 결과로 볼 때, 내 입장은 나에게는 논란의 여지가 없어 보이지만, 많은 그리스도인은 이 통찰에 대해 심하게 불쾌해합니다. 왜일까요?

왜냐하면 많은 그리스도인이 자신에게 "회개"가 필요하다는 것을 믿고 싶어 하지 않기 때문입니다. 교회와 심지어 세상에서도, '회개'라는 단어는 오직 "악한 사람들"이 그들의 악한 길에서 돌이키도록 죄를 깨닫게 하는 데에만 사용됩니다. 진실은, 우리 모두(신자든 불신자든 마찬가지로)가 죄를 지었다는 것입니다. 그렇지 않다고 가정하는 것은 현실을 부정하며 사는 것입니다.

> "모든 사람이 죄를 범하였으매 하나님의 영광에 이르지 못하더니" (롬 3:23).

'For My Life' 수련회에는 그리스도인만큼이나 많은 비그리스도인이 참석합니다. 우리가 즐겨 말하듯이, "우리는 문 앞에서 당신의 '거듭남' 카드를 확인하지 않습니다." 그리고 그것은 사실입니다. 인간의 문제들은 보편적입니다. 왜냐하면 모든 사람의 삶에 죄가 있기 때문입니다. 불행하게도, 그들이 생각하고, 말하고, 행동하는 방식이 그들을 병들게 했다고 제안하는 것은 많은 사람을 불쾌하게 합니다. 그들은 그것이 단지 불운한 우연(우발적인 사건으로 인한 문제)이었다고 믿고 싶어 합니다. 아마도 많은 목회자가 이 문제를 다루지 않는 이유는 누군가를 불쾌하게 만들까 두려워하기 때문일 것입니다. 하지만 나는 그것이 당신의 자유와 치유로 이어짐을 알고 있기 때문에, 당신을 불쾌하게 할 위험을 감수할 가치가 있다고 믿습니다. 당신도 동의하지 않습니까?

1. 회개와 치유

거의 20년 전, 뉴스위크(Newsweek)지는 과학계를 놀라게 한 기사를 실었습니다. 용서와 용서하지 않음이 인간의 건강에 영향을 미친다는 연구 결과가 밝혀진 것입니다.[1] 의학이 이것을 발견했을 때, 어떤 사람들은 용서하지 않음이 인체에 미치는 영향을 인식하고 그것을 질병이라고 선언했습니다. 그러나 성경은 그것을 그렇게 부르지 않습니다. 성경은 용서하지 않음을 '죄'라고 부릅니다. 우리의 가장 큰 문제는 사람들이 질병의 뿌리에 있는 죄들을 제거하지 않고 치유받기를 원한다는 것입니다. 용서가 먼저 와야 합니다. 다른 사람들이 저지른 잘못에 매달리지 마십시오. 말씀을 실행하는 자가 되십시오. 용서하는 자가 되십시오.

내 주장을 증명하기 위해, 희망의 이야기 하나를 나누며 시작하고 싶습니다. 이것은 용서하지 않음에서 회개의 능력을 통해 생명을 위협하는 질병으로부터 기적적으로 치유된 한 사람의 이야기입니다.

몇 년 전, 나는 4기 유방암 진단을 받은 한 목사의 아내를 섬길 기회가 있었습니다. 그녀에게는 암이 전이되어 생존의 희망이 없었습니다. 그녀는 남편과 교회 장로들에게 기도를 받았지만, 아무런 변화가 없었습니다. 그녀의 교회에 다니던 의사는 질병, 특히 암으로부터의 치유에 관한 내 사역에 대해 듣고 그녀에게 말했습니다.

"라이트 목사님께 전화해 보는 게 어때요? 그분이 당신의 마지막 희망입니다."

어느 날 오후, 나는 그 여성의 남편으로부터 전화를 받았습니다. 그는 그녀가 의사의 소개로 나에게 연락하게 되었으며, 암으로 죽어가고 있다고 말했습니다. 잠시 후, 그녀가 전화를 건네받고 "라이트 박사님, 나를 위해 기도해 주시겠어요?"라고 조용히 물었습니다. 진실한 그리스도인들이 이미 그녀를 위해 여러 번 기도했습니다. 그녀가 치유되었습니까? 아닙니다. 만약 내가 그저 그녀를 위해 기도만 했다면, 그녀는 지금쯤 죽었을 것입니다. 이럴 때 하나님의 말씀을 아는 것이 절대적으로 중요합니다. 우리가 필요로 하는 만큼 그것을 이해하지 못할 때가 있습니다.

나는 그녀에게 "아니요. 당신을 위해 기도하지 않겠습니다."라고 대답했습니다.

충격을 받은 그녀는 "하지만 기도해주셔야 하잖아요. 만약 저를 위해 기도하지 않으실 거라면 제 의사 선생님이 왜 저를 당신에게 보내셨을까요?"라고 말했습니다.

이것은 타당한 질문이라고 생각합니다. 나는 "아니요. 저는 당신을 위해 기도할 필요가 없습니다. 저는 말씀을 따라야 합니다."라고 대답했습니다.

그녀는 "말씀을 따른다고요? 말씀에는 저를 위해 기도해야 한다고 기록되어 있잖아요. 왜 저를 위해 기도하지 않으시죠?"라고 말했습니다.

나는 솔직하게 "당신이 사망에 이르는 죄를 지었기 때문입니다. 그리고 말씀에 보면, 만일 내 형제나 자매가 사망에 이르는 죄를 짓는 것을 보거든, 나는 그것을 위해 기도하지 말라고 되어 있습니다."라고 말했습니다. 나는 요한일서 5장 16-17절을 언급한 것이었습니다.

> "누구든지 형제가 사망에 이르지 아니하는 죄 범하는 것을 보거든 구하라. 그리하면 사망에 이르지 아니하는 범죄자들을 위하여 그에게 생명을 주시리라 사망에 이르는 죄가 있으니 이에 관하여 나는 구하라 하지 않노라. 모든 불의가 죄로되 사망에 이르지 아니하는 죄도 있도다."

용서하지 않음은 죄이다

간증을 계속하기 전에, 이것에 대해 생각해 보시기 바랍니다. 만약 모든 불의가 죄라면, 용서하지 않음은 의라고 생각합니까, 아니면 불의라고 생각합니까? 그것은 불의입니다. 그러므로 그것은 죄입니다. 따라서, 만약 당신이 용서하지 않음을 따랐다면, 당신은 죄의 법을 따르고 있는 것입니다. 내 말을 이해했습니까? 용서하지 않음을 키워온 사람은 죄의 법을 따르고 있으며, 그것이 "사망에 이르는" 질병을 낳은 것입니다. 내가 "사망에 이른다"고 말할 때, 나는 치명적인 육체적 질병으로 이어진 근본적인 영적 문제가 다루어지지 않으면 치유가 막힐 수 있다는 것을 의미합니다. 만약 그것이 다루어지지 않으면, 질병의 자연스러운 경과가 그 사람을 죽음으로 이끌 것입니다. 그것은 영적인 뿌리이며, 치유가 일어나기 전에 반드시 다루어져야 합니다.

나는 암으로 죽어가던 그 사모에게 요한일서 5장 16-17절을 읽어주었고, 그녀는 나에게 "그럼, 저의 죄는 무엇인가요?"라고 물었습니다. 그것 또한 타당한 질문이었지만, 나는 그녀에게 말해주지 않았습니다.

왜일까요? 나는 그녀가 죽음에 대한 두려움 때문에 그저 "정답"을 나에게 말하는 것을 원치 않았기 때문입니다. 나는 죄에 대한 깨달음이 그녀 내면에서, 그녀 자신의 마음에서 우러나오기를 원했습니다. 나는 그녀를 코치하고 싶지 않았습니다. 누군가 당신에게 코치해 주는 말에 당신이 '예'라고 말하기는 쉽습니다. 그러나 진실을 찾아 자기 자신의 마음을 살피는 것은 전혀 다른 문제입니다.

비록 내가 그녀에게 말해주지는 않았지만, 나는 30년간 질병과 싸워온 나의 여정을 통해, 유방암에 걸리는 여성은 그 삶에 쓴 뿌리와 용서하지 않음이 있는 사람이라는 것을 높은 비율의 사례 기록들이 보여준다는 것을 알았습니다. 그 사례들의 80% 이상에서, 그녀는 다른 여성을 용서하지 못했습니다.

마침내, 나는 그녀에게 "질문 하나 드리겠습니다. 혹시 다른 여성을 향해 용서하지 못하는 마음이나 쓴 뿌리를 품고 계십니까?"라고 물었습니다. 그녀는 아주 조용해졌습니다. 얼마 후, 그녀는 "네, 그렇습니다." 라고 시인했습니다. 나는 속으로 흥분하기 시작했지만, 그것을 드러내고 싶지는 않았습니다. 내가 왜 그렇게 흥분했을까요? 왜냐하면 야고보서 5장 16절에 "그러므로 너희 죄를 서로 고백하며 병이 낫기를 위하여 서로 기도하라"고 되어 있기 때문입니다. 나는 그녀가 치유받기 위해서는 고백이 필요하다는 것을 알았습니다.

자신에게 정직해야 한다

여기서 분명히 하고 싶습니다. 만약 그녀가 '아니요'라고 말했다면, 통화는 끝났을 것이고, 그녀는 아마 오늘날 죽었을 것입니다. 그러나 그녀는 용서하지 않음을 품고 있었다고 시인했고, 그래서 나는 "좋습니다. 정직하게 말씀해주셔서 감사합니다. 다음에는 무엇을 해야 한다고 생각하십니까?"라고 응답했습니다.

"저는 그 용서하지 않음을 죄라고 불러야 할 것 같아요."

"알겠습니다. 그거 좋군요. 그 여성에 대해 당신이 용서하지 않음의 그 죄를 가지고 무엇을 해야 한다고 생각하십니까?" 내가 대답했습니다.

"저는 아버지께 나아가 저를 용서해 달라고 구해야 할 것 같아요."

만약 내가 "좋습니다. 그렇게 하세요!"라고 말하고 거기서 끝냈다면, 그녀는 여전히 곤경에 처했을 것입니다. 그 이상이 있었습니다.

다른 사람을 용서하는 것은 하나님으로부터 치유를 받기 위한 주요 열쇠 중 하나입니다. 이 여성이 "저는 아버지께 회개해야 할 것 같아요." 라고 말했을 때, 나는 "아주 좋습니다."라고 말했습니다. 나는 점점 더 흥분되었지만, 그녀에게는 알리지 않았습니다. 나는 그녀에게 "그 밖에 무엇을 해야 할까요?"라고 물었습니다. 왜냐하면 내 마음속에는 두 개의 성경 구절이 들려오고 있었기 때문입니다.

예수님께서는 마태복음 6장 15절에서 "너희가 사람의 잘못을 용서하지 아니하면 너희 아버지께서도 너희 잘못을 용서하지 아니하시리라." 하고 말씀하셨습니다. 그리고 마가복음 11장 26절에서 그분은 "그러나 너희가 만일 용서하지 아니하면 하늘에 계신 너희 아버지께서도 너희 잘못을 용서하지 아니하시리라." 하고 말씀하셨습니다

그녀는 잠시 생각하더니 말했습니다. "제가 해야 할 일은 단지 아버지께 고백하는 것만이 아닌 것 같아요. 저는 이 여성에게 연락해서, 제가 이 쓴 뿌리를 가지고 있었다고 고백하고, 저를 용서해 달라고 그녀에게 구해야 할 것 같아요."

삶에 책임을 지라

그 사모는 다른 여성을 용서하고 자신 또한 용서를 구함으로써, 그 여성에 대한 자신의 쓴 뿌리에 대해 책임을 지기로 하고, 인생을 바꾸는 결정을 내렸습니다. 그녀는 다른 여성에게 연락해서 "제가 이런 쓴 뿌리를 가지고 있었어요. 저는 그것을 미워해요. 그것은 저의 죄에요. 저를 용서해 주시기를 바라요."라고 말하기로 결심했습니다. 나는 그녀가 아버지께 고백하고 그 여성으로부터 용서를 구할 때, 그녀가 용서받을 것임을 알았습니다. 나는 십자가의 능력이 그녀의 삶에서 역사할 것임을 알았습니다. 그것이 전이된 암이라는 것은 중요하지 않았습니다. 그녀를 덮고 있던 원수의 권세는 깨졌습니다. 아무것도 그녀의 치유를 방해할 수 없었습니다. 만약 그녀가 순수한 깨달음으로 용서한다면, 어떤 차원에서든 아무것도 그녀를 하나님의 치유으로부터 막을 수 없었을 것입니다.

그녀가 하나님 아버지께 회개하고 그 여성에게 연락하겠다고 나에게 말했을 때, 나는 그녀에게 "전화해주셔서 정말 기쁩니다."라고 말했습니다.

그녀는 "이제 저를 위해 기도해 주실 건가요?"라고 물었습니다.

"그럴 필요 없습니다. 만약 당신이 진심으로 회개했다면, 당신은 십자가의 조건을 충족시켰고, 죽음의 권세는 당신의 삶에서 패배했습니다. 가서 다시는 죄를 짓지 마십시오."

나는 그녀로부터 다시는 소식을 듣지 못했습니다. 그러나 몇 달 후, 나는 우편으로 『대체 의학에 대한 성경적 안내서』(The Biblical Guide to Alternative Medicine)라는 책 한 권을 받았는데, 저자인 마이클 제이콥슨 박사의 사인이 되어 있었습니다. 그는 신시내티에 있는 그들의 교회에 다니는 교인이자 그 사모의 주치의였고, 나에게 전화하라고 조언했던 사람이었습니다.

그의 책의 한 장은 과학이 '심신 의학'(mind-body medicine)이라고 부르는 것에 할애되어 있습니다. (이 주제를 나중에 더 자세히 다룰 것입니다.) 나는 이 장을 읽었을 때 그 사모가 암으로부터 완전히 치유되었다는 것을 발견했습니다. 그 사례 연구에서, 제이콥슨 박사는 이 여성의 치유 사역을 했던 "조지아의 한 목사"를 언급했습니다. 비록 내 이름이 거론되지는 않았지만, 나는 암이 구조적으로 완전히 사라졌고, 하나님께서 또한 이전에 질병으로 인해 그녀의 몸에 가해졌던 모든 손상도 치유하셨다는 소식을 듣고 기뻤습니다. 이 여성은 오늘날까지 암 없이 지내고 있습니다. 하나님께서는 그분의 말씀에 신실하셨습니다.

그녀의 치유는 어떻게 일어났을까요? 그녀는 순종해야만 했습니다. 그녀의 마음은 열려 있었고 말씀에 복종했습니다. 그녀는 먼저 하나님 아버지께, 그러고 나서 자신이 쓴 뿌리를 품고 있던 사람에게 자신의 죄를 고백하고 회개했습니다. 그녀는 성경이 경고하는, 듣기만 하는 자가 아니라 '말씀을 행하는 자'가 되었습니다.

"너희는 말씀을 행하는 자가 되고 듣기만 하여 자신을 속이는 자가 되지 말라"(약 1:22).

왜 그녀가 말씀을 행하는 자가 되는 것이 중요했을까요? 그녀가 자신을 더는 속이지 않고, "마귀의 올무"에서 벗어날 수 있도록 하기 위함이었습니다.

"그들로 깨어 마귀의 올무에서 벗어나 하나님께 사로잡힌 바 되어 그 뜻을 따르게 하실까 함이라"(딤후 2:26).

나는 하나님 말씀의 진리에 대해 정말로 흥분합니다. 사람들은 나에게 "헨리, 좀 진정하세요."라고 말할 것입니다. 왜 그들은 내가 진정하기를 원할까요? 내 삶의 부르심에 대해 내가 가진 열정에 많은 사람이 문제를 제기하는 것이 놀랍습니다. 그러나 나는 내 형제를 지키는 자입니다. 내 형제의 피가 교회로부터 부르짖으며, 정의를 요구하고, 질병 치유에 대한 진리를 요구하고 있습니다. 내 역할은 사람들이 하나님의 말씀에 기록된 대로 "마귀의 올무에서 벗어나도록" 그들에게 지식을 주는 것입니다. 나는 당신이 마귀의 올무에서 벗어나도록 돕고 싶습니다.

바울이 위의 구절을 우리와 나눈 이유는 우리가 회개에 이르기 위해 진리를 알아야 하기 때문입니다. 회개는 나쁜 단어가 아닙니다. 회개해야 한다는 대상이 그리스도인이 아니거나 악한 사람이라는 것을 의미하지는 않습니다. 바울이 회개에 대해 말한 것은 신약의 신자들에게 말한 것입니다.

2. 기도, 회개, 성화

나는 당신이 특히 회개와 관련하여 기도의 역할을 다시 한번 생각해 보시기를 바랍니다. 만약 당신이 의미 있고 오래 지속되는 관계를 맺고자 한다면, 성공하기 위해 두 가지를 해야 한다고 믿습니다. 그것은 바로 '소통'과 '회개'입니다. 이는 하나님 아버지와의 관계에서도 마찬가지입니다. 우리는 모든 영의 아버지이시며 창조주이신 분께 나아가 이렇게 말씀드리는 것을 두려워해서는 안 됩니다.

> "아버지, 죄송합니다. 저는 예수님의 이름으로 아버지께 나아옵니다. 아버지, 제가 사탄의 죄의 법에 굴복했습니다. 저는 그것을 따라왔지만, 그것을 미워했습니다. 더는 그렇게 하고 싶지 않습니다. 성경에 기록된 대로, 그것은 저에게 좋지 않습니다. 저는 책임을 지기 위해 주님께 나아오며, 죄의 법이 제 삶을 지배하도록 허용한 것에 대해 주님께 회개합니다. 저를 용서해주세요."

이것이 어렵습니까? 이런 종류의 처방전을 받을 때는 본인 부담금이 없습니다. 보험도 필요 없습니다. 하지만 이것이 우리를 불치병으로부터 구해줄 수 있습니다. 우리가 죄에 빠졌을 때를 인정하며 하나님 아버지와 솔직하게 소통할 때, 우리는 삶에서 질병을 예방하기 위해 많은 것을 할 수 있습니다. 지금은 그분을 피해 숨을 때가 아니라, 우리가 과녁을 빗나갔을 때 투명하게 드러낼 때입니다.

회개와 성화의 기도는 질병 예방이나 질병으로부터 자유로워지는 데 중요한 역할을 합니다. 그래서 우리 팀은 이 두 가지를 모두 고려할 것입니다. 우리는 증상과 질병 프로파일을 쫓느라 너무 바빠서, 애초에 우리가 왜 병들었는지조차 고려하지 않습니다. 종종, 우리의 치유가 일어나기 전에 우리 마음에 영향을 미치는 죄와 영적인 문제들을 먼저 다루어야 합니다.

우리가 처음 하나님께로 돌이켜 우리를 대신하신 예수 그리스도의 죽음과 부활을 인정할 때, 우리는 죄로부터의 '회개'를 경험합니다. 그것이 우리의 '구원'입니다. 우리는 그리스도인으로서 여전히 우리 삶에서 하나님께 속하지 않은 것들에 대해 추가적인 회개가 필요합니다. 우리는 하나님께서 우리를 계속해서 변화시키시도록 허락해야 합니다. 그것이 우리의 '성화'입니다. 성화는 그리스도인에게 평생에 걸친 과정으로, 삶의 영광과 시련을 통해, 그리고 하나님께 대한 우리의 순종을 통해, 우리는 "새 생명 가운데서 행하는 법"을 배웁니다.

> "이는 아버지의 영광으로 말미암아 그리스도를 죽은 자 가운데서 살리심과 같이 우리로 또한 새 생명 가운데서 행하게 하려 함이라"(롬 6:4).

우리가 그리스도인이 된 후에 다시는 죄를 짓지 않는다면 좋겠지만, 현실은 그렇지 않습니다. 요한일서는 그리스도인들도 여전히 죄를 짓지만, 하나님께서는 항상 은혜로우셔서 우리의 죄를 용서하신다고 말씀합니다.

> "만일 우리가 죄가 없다고 말하면 스스로 속이고 또 진리가 우리 속에 있지 아니할 것이요 만일 우리가 우리 죄를 자백하면 그는 미쁘시고 의로우사 우리 죄를 사하시며 우리를 모든 불의에서 깨끗하게 하실 것이

요 만일 우리가 범죄하지 아니하였다 하면 하나님을 거짓말하는 이로 만드는 것이니 또한 그의 말씀이 우리 속에 있지 아니하니라"

(요일 1:8-10).

3. 그것은 정죄가 아니라, 깨닫게 하심이다

이제, 우리의 삶에 있는 죄에 대하여 하나님의 진리로 정죄감을 느끼거나 성경으로부터 도망하지 않는 것이 중요합니다. 성령께서는 우리를 정죄하시기 위함이 아니라, 우리를 회개와 자유로 이끄시기 위해 우리의 죄를 깨닫게 하십니다. 성령의 깨닫게 하심은 우리가 죄를 인식하여 그것을 회개하고 예수 그리스도의 자유 안에서 행할 수 있도록 돕습니다. 로마서 8장 1절은 이렇게 말씀합니다.

"그러므로 이제 그리스도 예수 안에 있는 자에게는 결코 정죄함이 없나니 이는 그리스도 예수 안에 있는 생명의 성령의 법이 죄와 사망의 법에서 너를 해방하였음이라."

성화는 우리의 자유 의지와 인격을 제거하는 것을 의미하지 않습니다. 하나님 아버지께서는 우리가 로봇이 되기를 원치 않으십니다. 대신, 성화는 고통과 하나님과의 분리를 가져오는 죄를 제거함을 의미합니다. 그분은 우리가 그분을 따르고 변화되기를 바라시지만, 우리에게 그렇게 하도록 강요하지는 않으십니다. 하나님께서는 성경의 여러 곳에서 우리에게 성화를 드러내십니다. 예를 들어, 고린도후서 3장 18절은 이렇게 말씀합니다.

> "우리가 다 수건을 벗은 얼굴로 거울을 보는 것 같이 주의 영광을 보매 그와 같은 형상으로 변화하여 영광에서 영광에 이르니 곧 주의 영으로 말미암음이니라."

"그와 같은 형상으로 변화하여"라는 말은 진행형 현재 시제입니다. 이는 그리스도의 형상으로 변화되는 것이 계속 진행 중인 과정임을 의미합니다. 우리는 날마다 그리스도를 따르는 법을 배우고 있습니다. 사람들이 내가 어떻게 지내는지 물으면, "저는 곧은 물결 모양의 선으로 걷고 있습니다"라고 나는 대답합니다. 이것이 무슨 의미일까요? 이는 내가 직선으로 하나님을 따르기를 원하지만, 내 여정의 현실은 때때로 꽤 물결치는 것처럼 보인다는 의미입니다. 내가 하나님을 "완벽하게" 따르는 법을 알까요? 물론 아닙니다. 나는 실수를 하고, 성령께서는 내가 회개할 수 있도록 내 죄를 깨닫게 하십니다.

데살로니가전서 5장 23절이 "평강의 하나님이 친히 너희를 온전히 거룩하게 하시고"라고 말씀하며, 주 예수 그리스도께서 오실 때까지 우리의 영과 혼과 몸이 흠 없게 보전될 것을 상기시켜 주었던 것을 기억합니까? 예수님께서는 아직 재림하시지 않았습니다. 그러니, 우리가 무엇을 하고 있을까요? 우리는 여전히 우리의 영이 거룩해지고, 우리의 혼이 거룩해지며, 우리의 몸이 거룩해져 가고 있습니다. 우리의 마음은 새로워지고 있습니다. "너희는 이 세대를 본받지 말고 오직 마음을 새롭게 함으로 변화를 받아"(롬 12:2). 우리는 영적으로 변화되고 있습니다. 그 결과, 우리의 몸은 노래하고 기뻐하며 즐거움으로 뛸 것입니다. 우리는 건강할 것입니다.

이것이 우리를 향한 하나님의 계획입니다. 우리의 역할은 그분의 진리를 받아들이고, 죄의 법의 어떤 측면이라도 따랐던 것을 회개하며, 그분께서 우리를 그분의 형상으로 변화시키시도록 허락하는 것입니다. 우리는 하나님의 용서와 자비로 구원받지만, 우리의 성화는 매일의 삶 속에서 이루어집니다. 그것이 바로 하나님께서 우리의 건강과 치유에 관해서는 말씀의 진리를 믿는 책임을 우리에게 주시는 이유입니다.

하나님께서는 우리을 대신해서 우리의 삶을 살아주시지는 않을 것입니다. 우리는 승리하기 위해 우리의 삶에 대한 주인의식을 가져야 합니다. 우리에게는 하나님 아버지를 따를 것인지, 아니면 죄를 따를 것인지 선택권이 있습니다.

나는 당신이 깨어나기를 간청합니다. 나는 당신 편에서, 당신이 죄를 하나님 아버지께 회개하는 양질의 결정을 내리도록 응원하고 있습니다. 당신은 이기는 자가 되어, 삶의 도전들에 맞서고 예수님의 이름으로 그것들을 물리치기로 결심해야 합니다.

4. 하나님께서 마음을 살피시게 하라

사람들이 이 가르침에 대해 나에게 화를 내거나 도전할 때, 그들은 내가 율법주의로 겁주는 전술을 사용한다고 말합니다. 그들은 내가 모든 질병이 영적으로 뿌리를 두고 있다고 말한다고 비난합니다. 다시 말하지만, 나는 불치병의 80%가 영적으로 뿌리를 두고 있다고 믿는다고 말했습니다. 그러므로, 나는 그렇지 않은 20%도 있다고 믿습니다. 그러나, 만약 당신이 우리가 말하는 그 80%에 포함되는 질병을 가지고 있다면, 당신은 왜 아픈지 알아내기 위해 성경을 탐구하고 싶지 않겠습니까? 당신이 왜 아픈지 그 이유를 하나님께 기도하고 여쭈며, 그분께서 그분의 말씀 안에서 보여주실 것을 신뢰하는 것이 중요합니다. 우리는 아플 때 하나님 아버지께 치유를 간구하는 것 이상을 해야 합니다. 우리는 또한 기도하며 그분께서 우리의 마음을 우리에게 드러내 주시도록 구해야 합니다.

다윗 왕은 이것을 이해하고 하나님께 자신의 마음을 살펴달라고 구하며 이렇게 말했습니다.

> "하나님이여 나를 살피사 내 마음을 아시며 나를 시험하사 내 뜻을 아옵소서. 내게 무슨 악한 행위가 있나 보시고 나를 영원한 길로 인도하소서"(시 139:23-24).

만약 당신의 치유를 가로막고 있는 것이 하나님의 말씀과 정반대되는 죄의 법을 선택한 것이라면, 당신은 그것을 깨닫고, 고백하고, 온전함과 건강의 삶으로 나아가고 싶지 않겠습니까? 나는 그러고 싶어 했고, 또 그렇게 했습니다. 나는 당신이 이 진리들을 배울 때, 아버지께서 예수님의 이름으로 성령을 주셔서 당신에게 성경을 더욱더 탐구하고자 하는 갈망을 주시기를 기도합니다. 당신은 하나님의 말씀 안에서 인생 여정을 위한 등불을 가지고 있습니다. 시편 119편 105절은 이렇게 말씀합니다.

> "주의 말씀은 내 발에 등이요 내 길에 빛이니이다."

5. 하나님의 본성을 반영하는가, 사탄의 본성을 반영하는가?

우리는 왜 서로 이야기하고 소통할까요? 이러한 실천은 우리가 서로 협력하고 돌볼 수 있도록 신뢰를 쌓습니다. 이것은 다른 인간과의 올바른 관계의 기초입니다. 하나님 아버지와의 관계에서도 마찬가지입니다. 만약 우리가 그분을 알기를 원한다면, 우리는 그분께 이야기하고(기도하고), 그분의 말씀을 듣고(성경을 읽고), 그분의 지시를 적용해야 합니다. 우리가 이것을 배우면서, 우리는 우리의 본성의 일부로서 그분의 본성을 반영하게 될 것입니다. 이것은 성화의 필수적인 열매입니다.

그러나 우리가 대신 그 반대로 행하고 사탄의 왕국에 귀를 기울이면 어떻게 될까요? 만약 우리가 원수의 말에 우리의 마음을 둔다면, 우리가 원수의 왕국을 반영하는 존재가 될 가능성이 없을까요?

쓴 뿌리의 죄는 우리가 사탄의 왕국을 반영하는 존재가 될 수 있는 한 가지 주요 영역입니다. 우리는 'For My Life'에서 사람들을 섬길 때, 그들이 쓴 뿌리를 품고 있는지를 "아무개가 나에게 상처를 줬어요."라는 한 마디 때문에 알 수 있습니다. 만약 어떤 사람이 이 한마디 말을 사용한다면, 우리는 그들의 삶에 용서하지 않음이 있다는 것을 인식합니다. 우리가 누군가에게 부당한 대우를 받았을 때, 우리는 그 순간에 결정을 내려야 합니다. 나는 "우리는 '찔릴' 수는 있지만, '상처 입도록' 확정되지는 않았다"고 믿습니다. 이것이 무슨 의미일까요? 이는 우리가 로봇이 아니라는 의미입니다. 만약 누군가 우리에게 악한 말을 하거나 나쁜 행동을 한다면, 우리는 "찔린" 느낌을 받을 수 있고, "상처받은" 느낌을 받을 수 있습니다. 그러나 그 후에 우리가 무엇을 하느냐가 죄와 유혹의 차이입니다. 만약 우리가 그 상처를 하나님 아버지께 내어드리고 그 사람을 용서하기로 선택한다면, 우리는 쓴 뿌리로부터 자유로울 것입니다. 그러나 만약 우리가 그 찔림을 품고 "상처"를 붙들고 있다면, 우리는 그 찔림을 일종의 영적인 "상처"로 받아들이게 될 것입니다. 그것은 우리가 마침내 하나님 아버지께 회개하고 우리에게 상처를 준 사람을 용서할 때까지 계속해서 우리를 괴롭힐 것입니다.

우리가 상처를 받아들이고 용서하지 않기로 결심할 때, 우리는 스스로 옳고 그름을 판단하는 것을 목표로 그 상황에서 "신"(god)이 됩니다. 우리는 복수할지 아니면 자신을 보호할지를 결정합니다. 쓴 뿌리는 산(acid)처럼 부식시키는 추악한 죄이며, 우리의 영혼을 갉아먹습니다. 먼저, 그것은 마음을 독살하고, 그런 다음 몸을 독살합니다.

용서하지 않음의 뿌리가 자리 잡으면 발전하고 악화되는 정도의 쓴 뿌리가 있습니다. 쓴 뿌리는 용서하지 않음으로 시작하여 원한, 보복, 분노, 격분, 증오, 폭력, 그리고 마침내 살인으로 이어집니다. 비록 그것이 우리가 쓴 뿌리를 품고 있는 사람에 대한 육체적 살인이 아닐지라도, 혀로 하는 살인일 수 있습니다. 나는 예외 없이, 만약 누군가 더 진행된 정도의 쓴 뿌리 중 하나를 가지고 있다면, 다른 정도의 쓴 뿌리들도 반드시 그 사람의 삶의 일부가 된다는 것을 발견했습니다.

예를 들어, 만약 어떤 사람이 분노한다면, 나는 그가 또한 보복, 원한, 용서하지 않음으로 어려움을 겪을 것이라고 예측할 수 있습니다. 히브리서 12장 15절이 이에 대하여 경고하고 있습니다.

> "너희는 하나님의 은혜에 이르지 못하는 자가 없도록 하고 또 쓴 뿌리가 나서 괴롭게 하여 많은 사람이 이로 말미암아 더럽게 되지 않게 하며."

6. 암과 쓴 뿌리

앞서 언급한 사모의 간증을 확장하여, 유방암의 영적 뿌리에 대해 우리가 이해하게 된 완전한 통찰을 나누고 싶습니다. 30년 이상 암과 맞서 싸우면서, 우리는 입증된 통계와 많은 치유의 간증을 보아왔습니다. 물론, 항상 예외는 있다는 것을 알지만, 우리는 수년에 걸쳐 높은 비율의 간증과 사례 기록에서 다음과 같은 결과를 보아왔습니다.

만약 한 여성이 오른쪽 유방의 유방암으로부터 치유를 받으러 온다면, 우리의 경험상, 그녀의 용서하지 않음은 혈연 관계가 아닌 친척을 향한 것입니다. 그래서 내가 그녀에게 가장 먼저 묻는 것은 "결혼하셨습니까?"입니다. 만약 그녀가 "네"라고 대답하면, 나는 더 나아가 묻습니다. "시어머니와의 관계는 어떻습니까?" 대부분의 경우, 그다지 좋지 않습니다. 왜냐하면 통계적으로, 오른쪽 유방의 유방암의 첫 번째 원인은 여성과 그녀의 시어머니 사이의 해결되지 않은 쓴 뿌리와 용서하지 않음이라는 것을 발견했기 때문입니다. 들을 귀가 있는 여성들이라면, 시어머니와 잘 지내고 있는지 확인하십시오.

몇 년 전, 오른쪽 유방에 암을 앓고 있는 여성과 그녀의 남편이 우리 선교회의 사무실에 찾아왔습니다. 나는 그들을 내 사무실에 앉히고 그녀에게 "시어머니와는 어떻습니까?"라고 물었습니다. 그녀의 남편이 바로 옆에 앉아 있었습니다. 그녀는 씩씩거리며 "시어머니께서 우리 집에 와서 사시기 전까지는 꽤 좋았어요!"라고 말했습니다. 나는 "그 다음은요?"라고 물었습니다. "남편이 차고 위에 멋진 집을 지어줬어요." "좋아요. 그게 뭐가 문제죠?" "우리가 저녁 식사를 하려고 앉아 있을 때, 시어머니가 남편을 부르는데, 그게 자주 있어요. 그는 저를 남겨두고 저녁 식사가 식도록 내버려 둔 채 시어머니를 돌보러 가요. 제 생각에 그는 자기 어머니랑 결혼한 것 같아요!" 당신은 그녀에게 쓴 뿌리가 좀 있었다고 생각하십니까? 당신이 사역자가 아니고 그런 경험이 없더라도, 이미 답을 알고 있습니다.

만약 암이 여성의 심장 위 왼쪽 유방에 나타난다면, 통계적으로, 그것은 그 여성과 혈연 관계인 다른 여성과의 해결되지 않은 쓴 뿌리와 관련이 있습니다. 그 목록의 최상위에는 생모나 친자매가 있습니다. 나는 이것이 통계적 관찰로 삼을 만큼 충분히 여러 번 사실로 입증되었다고 확신합니다.

나는 진심 어린 회개와 용서의 결과로 이러한 암들이 사라지는 것을 보아왔습니다. 나는 수십 년간 질병에 대해 사역한 후, 유방암 사례의 80%가 오른쪽이든 왼쪽이든 우연의 일치가 아니라고 당신에게 말할 만큼 충분한 자신감을 가지고 있습니다. 그것은 원수의 소행입니다. 왜냐하면 용서하지 않음과 쓴 뿌리는 죄의 법이며, 당신은 누구에게도 쓴 뿌리를 품어서는 안 되기 때문입니다.

7. 다른 사람의 죄를 저항한다고?

당신이 다른 사람의 잘못에 대하여 용서하지 않고 죄의 법을 따라 행하면, 그것은 당신의 몸에 질병이 생길 가능성이 매우 높습니다. 그것은 그 사람이 정말로 당신에게 죄를 지었을 때, 당신에게 상처를 주는 말을 하거나 행동을 했다면 그는 당신을 배신했습니다. 그가 당신에게 소중한 인간관계를 파괴했습니다. 그것은 그의 죄입니다. 그러나 당신이 그에게 당신의 쓴 뿌리의 영으로 죄를 품으면 이제 당신은 질병을 갖게 됩니다.

나는 당신에게 매우 심각한 질문을 해야겠습니다. 나는 당신이 사는 동안 이 질문을 절대로 잊지 않기를 바랍니다. 왜냐하면 당신의 삶이 그것에 달려 있기 때문입니다.

왜 당신은 다른 사람의 죄를 당신의 몸 안으로 가져옵니까?

"다른 사람의 죄를 당신의 몸 안으로 가져온다"는 것이 무슨 의미일까요? 당신이 쓴 뿌리를 품고 상처에 대해 곱씹기를 선택할 때, 그것은 결국 당신의 몸에 암과 같은 질병을 낳을 수 있습니다. 그 사람이 당신에게 잘못했을지 모르지만, 이제 당신은 그를 용서하지 않은 것에 대한 결과를 영혼과 몸에서 경험하게 될 수 있습니다. 그것은 그들에게 해를 끼치지 않습니다. 그것은 당신에게 해를 끼칩니다. 예수님께서 그 죄의 대가를 치르셨습니다. 그분은 십자가에 가셔서 당신의 죄와 당신에게 상처를 준 사람의 죄를 포함한 모든 죄의 용서를 위해 그분이 피를 흘리셨습니다. 왜 당신은 당신에게 행한 다른 사람의 죄 때문에 질병으로 죽어야 합니까?

우리에게는 패러다임의 전환이 필요합니다. 만약 우리의 관점이 단순히 사람들이 우리에게 상처를 줄 때 쓴 뿌리에 저항하는 것이라면, 그것은 온전한 사역이 아닙니다. 그들은 당신이 사랑이 많은 사람임을 볼 수 있어야 합니다. 당신은 중요한 결정을 내려야 합니다. 당신에게 행해진 어떤 잘못에도 불구하고 기꺼이 용서하겠습니까?

> "오직 너희는 원수를 사랑하고 선대하며 아무 것도 바라지 말고 꾸어 주라. 그리하면 너희 상이 클 것이요 또 지극히 높으신 이의 아들이 되리니 그는 은혜를 모르는 자와 악한 자에게도 인자하시니라 너희 아버지의 자비로우심 같이 너희도 자비로운 자가 되라 비판하지 말라. 그리하면 너희가 비판을 받지 않을 것이요 정죄하지 말라. 그리하면 너희가 정죄를 받지 않을 것이요 용서하라. 그리하면 너희가 용서를 받을 것이요"(눅 6:35-37).

우리는 어떻게 원수를 용서하라는 이 명령을 실천하며 살아갑니까? 첫 번째 단계는 용서가 무엇이고 무엇이 용서가 아닌지를 이해하는 것입니다. 용서는 죄를 "묵인하는 것"으로 만드는 것이 아닙니다. 어떤 사람들은 용서가 우리에게 저질러진 죄를 합리화하는 것이라고 생각합니다. 그러한 사람들은 심하게 학대받았고 그들에게 행해진 일에 대해 합리화할 방법을 찾을 수 없기 때문에 고통받습니다. 좋은 소식은 우리가 죄를 선하다고 말할 필요가 없다는 것입니다. 죄는 악입니다.

우리가 내려야 할 다음의 중요한 결정은 그 사람의 죄를 하나님 아버지께 내어드리는 것입니다. 문제의 진실은 모든 인간이 죽은 후에 자신의 삶과 결정에 대해 하나님께 심문을 받아야 한다는 것입니다. 아무도 어떤 것도 그냥 넘어가지 못합니다. 만약 누군가 우리에게 해를 끼치려 한다면, 그들은 그들이 우리에게 나타내는 것과 동일한 고통 속에서 살고 있는 것입니다. 선과 악 모두 마음에 가득할 때 나온다는 것을 기억하십시오. 우리가 먹는 것들이 우리를 더럽히는 것이 아니고, 우리가 말하는 것들이 우리를 더럽히고 우리를 부끄럽고 죄책감 들게 만드는 것입니다.

> "독사의 자식들아! 너희는 악하니 어떻게 선한 말을 할 수 있느냐? 이는 마음에 가득한 것을 입으로 말함이라. 선한 사람은 그 쌓은 선에서 선한 것을 내고 악한 사람은 그 쌓은 악에서 악한 것을 내느니라. 내가 너희에게 이르노니 사람이 무슨 무익한 말을 하든지 심판 날에 이에 대하여 심문을 받으리니"(마 12:34-36).

우리의 결정은 다른 사람들의 죄를, 하나님께서 우리와 그들을 돌보실 것이라는 이해와 함께 하나님 아버지께 내어드리는 것을 요구합니다. 용서는 통제권을 하나님 아버지께 양도하고 우리가 스스로 방어자가 되지 않는 것을 요구합니다.

8. 암 환자의 특징

'Be in Health'에서의 수십 년간의 경험은 일반적으로 암과 씨름하는 많은 사람에 대한 몇 가지 중요한 관찰로 우리 팀이 발견한 특징들입니다.

① 분노와 스트레스에 대해 좌절할 정도로 절망감과 낙담으로 반응하는 경향
② 용서하는 능력이 현저하게 부족함
③ 자기 연민과 자기반성에 대한 경향
④ 두려움 없이 의미 있는 장기적 관계를 발전시키고 유지하는 능력이 부족함
⑤ 원한을 품는 경향이 큼
⑥낮은 자존감
⑦ 암 발병 전 최대 24개월 이내에 중요한 사랑의 대상을 잃었거나, 그 사랑의 대상과 관련된 지속적인 슬픔과 해결되지 않은 문제들
⑧ 삶에서 중요한 역할이나 목적을 상실함
⑨ 직장에서 해고되거나 사회에서 거부당함
⑩ 소망의 상실
⑪ 미뤄진 소망
⑫ 개인적인 부정적 감정과 필요에 대한 부인

만약 당신이 암 진단을 받았다면, 이 특징들은 낙담을 주기 위한 것이 아닙니다. 그러나 만약 이 목록의 어떤 부분이 당신 삶의 경험과 일치한다면, 바라건대 우리는 이러한 특징들이 무엇을 나타내는지, 그리고 하나님 아버지께서 어떻게 당신의 삶과 건강을 회복시키실 수 있는지에

대해 답을 줄 수 있을 것입니다.

이 목록에 있는 경험과 경향들을 함께 묶는 가장 중요한 실마리는 한 사람의 삶에 희망과 사랑이 부족하다는 것입니다. 열쇠는 첫 번째 항목에서 발견됩니다. 한 사람이 자신의 삶에서 스트레스와 분노에 대처할 수 없을 때, 일반적인 결과는 "셧다운"(shut down)되는 것입니다. "셧다운"이란, 내가 말하고자 하는 바로 그것입니다. 이 사람은 내면으로 향하거나 문제를 완전히 피하지 않고는 갈등이나 실망을 다룰 수 없습니다. 그는 상황을 차단하고 감정을 내면에 "쑤셔 넣으며", 종종 특정 문제들이 자신을 전혀 괴롭히지 않는 척합니다. 그러나 진실은 이러한 상황들이 내부에서 그를 갉아먹고 있다는 것입니다.

사탄의 왕국으로부터의 유혹은 부정적인 생각, 느낌, 감정의 형태로 오기 때문에, 우리가 상처를 받았다고 느낄 때 쓴 뿌리를 품고 분노하게 되는 것을 절제할 수 있는 유일한 방법은 진리를 붙잡는 것입니다. 하나님의 말씀은 우리가 감정과 느낌에 따라 이끌려 가야 한다고 말하지 않습니다. 대신, 우리는 우리가 느끼는 것에도 불구하고 하나님의 말씀에 따라 인도되기를 선택해야 합니다.

9. 인생은 공식이 아니다

때때로 인생에는 쉽게 해결될 수 없는 불행이나 고통스러운 상황들이 있는 것이 현실입니다. 사랑하는 사람이나 삶의 목적이나 역할의 상실이 한 예입니다. 다른 사람들도 결코 이루어지지 않았거나 "미뤄진" 소망을 가지고 있습니다. 아마도 한 여성은 가임기가 지났음에도, 만약 그녀가 엄마가 될 수만 있었다면 그녀의 삶은 행복이 충만했을 것이라고 항상 믿어왔을 것입니다. 다른 상황에서는, 사람들은 자신의 성취를

중심으로 경력을 쌓아왔고, 일단 은퇴하거나 거짓 고발이나 해고로 명예가 손상되면 소망을 잃습니다. 절망감과 우울감이 그들에게 올 수 있습니다.

아이러니하게도, 핵심 문제는 종종 미뤄진 소망에 있습니다. 성공적인 경력을 갖거나, 결혼하거나, 자녀를 갖는 것과 같은 우리의 기대와 소망이 우상이 되기 쉽습니다. 소망과 욕망을 갖는 것이 악한 것은 아니지만, 우리의 궁극적인 소망은 주님 안에 있어야 합니다. 비록 우리가 가진 모든 것을 잃더라도, 우리는 기꺼이 우리의 삶을 하나님 아버지께 맡기고 우리의 소망을 그분께 내어드려야 합니다. 우리가 이러한 소망에 우리의 삶을 집중시켜왔기 때문에 그것이 벅차게 보일 수 있지만, 이루어지지 않거나 우리의 생각을 지배하는 바로 이 욕망들이 사실상 우리를 죽이고 있을 수 있습니다.

인생은 공식이 아닙니다. 어려운 부분을 피하기 위한 일련의 단계는 없습니다. 그러나 성경에는 우리에게 믿음과 소망으로 가는 길을 제시하는 중요한 열쇠들이 있습니다. 우리의 소망은 우리가 볼 수 있는 것과 통제할 수 있는 것에 기반을 둘 수 없습니다. 믿음은 우리가 볼 수 있는 것의 실체가 아닙니다. 믿음은 우리가 볼 수 없는 것의 실체입니다. 성경이 묘사하듯이, "믿음은 바라는 것들의 실상이요 보이지 않는 것들의 증거입니다"(히 11:1). 성경은 "그러나 무릇 여호와를 의지하며 여호와를 의뢰하는 그 사람은 복을 받을 것이라"(렘 17:7) 하고 믿음을 칭찬합니다.

10. 기도는 치유 그 이상이다

우리는 이 장을 치유에 있어서 기도의 목적을 다루며 시작했습니다. 기본적인 수준에서, 나는 기도를 '하나님과 대화하는 것'으로 간단히 정의합니다. 슬프게도, 많은 사람은 기도가 특정 상황에서만 수행되어야 하는 종교적 의무라고 믿습니다. 우리는 너무나 자주 우리를 사랑하시는 우리 아버지 하나님과의 열린 소통과 대화인 기도의 단순성을 포기해 버립니다. 그리스도인들이 하나님 아버지를 단지 자신의 필요를 채워주시는 분으로만 볼 때, 그 필요들이 그들의 기도 시간의 대부분을 차지합니다. 우리는 우리 자신에게서 눈을 떼야 합니다. 세상은 상처받고 외로운 사람들로 가득 차 있습니다. 그들은 하나님을 알지 못하고, 서로를 사랑하고 돌보는 법을 알지 못합니다.

질병은 다른 사람들로부터의 분리를 포함한 분리의 결과라는 것을 기억하십시오. 우리의 육체를 위한 치유에 주로 초점을 맞추는 대신, 아마도 우리의 기도 생활은 죄라는 영적 오염에서 영적 해결책의 일부가 되는 데 초점을 맞춰야 할 것입니다. 이제 하나님 아버지와 관계를 맺고, 우리를 사랑하지 않을 수도 있는 세상을 사랑하는 법을 가르쳐달라고 그분께 구할 때입니다. 우리는 과거에 우리에게 해를 끼쳤을 수도 있는 사람들과도 용서하고 다시 관계를 맺는 법을 보여달라고 그분께 구해야 합니다. 우리는 성령께서 우리 삶에 깨닫게 하심에 근거하여 그들과 얼마나 가깝게 지낼지에 대한 지혜를 주실 것에 대하여 그분을 신뢰해야 합니다. 주변에는 너무 해로운 사람들이 있을 수 있지만, 질문은 이것입니다. 당신은 멀리서라도 그들을 사랑하고 관계 회복을 위해 기도할 의향이 있습니까?

나는 하나님께서 우리에게 다른 사람들을 위해 기도하는 법과 매일 그분을 신뢰하는 법을 가르쳐주실 것이라고 믿습니다. 나는 예수님께서 제자들에게 주신, 흔히 '주기도문'이라고 불리는 기도 모델을 남기며, 하나님 아버지께서 우리가 기도에서 집중해야 할 중요한 것으로 보시는 것이 무엇인지 상기시켜 주고자 합니다.

"예수께서 이르시되 너희는 기도할 때에 이렇게 하라.

아버지여 이름이 거룩히 여김을 받으시오며

나라가 임하시오며

뜻이 하늘에서 이룬 것 같이 땅에서도 이루어지이다.

우리에게 날마다 일용할 양식을 주시옵고

우리가 우리에게 죄 지은 모든 사람을 용서하오니

우리 죄도 사하여 주시옵고

우리를 시험에 들게 하지 마시옵소서 하라"(눅 11:2-4).

이틀 만에 치유되다

톰

나는 항상 건강한 사람이었지만, 어느 날 극심한 육체적 고통을 겪기 시작했습니다. 내 뼈가 안에서부터 삭기 시작했습니다. 발의 뼈에서부터 엉덩이를 거쳐 모든 것이 부서지고 있었고, 심지어 갈비뼈도 닳아 없어지고 있었습니다. 의사는 '종양성 골수염'이라는 희귀 질환을 진단했습니다. 내게는 수술 불가능한 종양이 있었는데, 그것이 내 신장에 신호를 보내 비타민 D를 처리하지 못하게 막고 있었습니다. 나는 절망적인 상태였고, 거의 걸을 수 없었습니다. 나는 수년간 신앙생활을 해왔고 주님을 따르려 노력했지만, 이제 내 건강은 무너져 내리고 있었습니다.

어느 날, 한 단순한 만남이 내 삶을 바꾸었습니다. 내 아내가 앞마당에 있을 때 한 이웃이 길을 따라 걸어오고 있었습니다. 그 이웃은 내가 얼마나 아픈지 알게 되자 "톰 씨가 읽어야 할 책이 있어요."라고 말했습니다. 그 책은 라이트 박사의 『더욱 탁월한 길』(A More Excellent Way)이었습니다. 나는 일주일 만에 그 책을 탐독했고, 일주일 후, 아내와 나는 조지아주 토마스턴의 'For My Life' 수련회에 참석했습니다.

내 마음은 내가 이전에 전혀 깨닫지 못했던 건강에 대한 성경적 진리에 활짝 열려 있었습니다. 나는 내 건강이 변하기 위해 고백하고 버려야 할 것들이 있다는 것을 전혀 이해하지 못했습니다. 이틀 후에, 나는 겨우 걸을 수 있는 상태에서 목발을 버리게 되었습니다. 나는 치유되었습니다.

나는 집으로 돌아와 내분비과 의사에게 다시 갔습니다. 깜짝 놀란 그는 나에게 "톰 씨, 당신에게 무슨 일이 일어났든, 이건 제가 한 것이 아닙니다."라고 말했습니다. 오늘날, 나는 주님과 동행하며 계속 성장하고 있습니다. 나는 내 아버지와의 관계에 꾸준한 자신감을 가지고 있습니다. 나는 이제 나를 향한 그분의 사랑 안에서 안식하고 신뢰할 수 있게 되었습니다.

“사랑하는 자여 네 영혼이 잘됨 같이 네가 범사에 잘되고 강건하기를 내가 간구하노라”(요삼 1:2).

“그가 찔림은 우리의 허물 때문이요 그가 상함은 우리의 죄악 때문이라 그가 징계를 받으므로 우리는 평화를 누리고 그가 채찍에 맞으므로 우리는 나음을 받았도다”(사 53:5).

제4장

영–혼–몸의 연결

우리의 생각은 어디서 오는 것일까요? 우리가 생각하는 모든 생각이 우리 자신에게서 나오는 것일까요? 더 중요하게는, 하나님과 마귀는 어떻게 우리에게 말하는 것일까요? 이 질문들은 질병의 영적 뿌리를 이해하기 위해 우리가 답해야 할 필수적인 것들입니다. 그리스도인들인 우리 생각의 일부는 성령님에게서 오고, 일부는 우리 자신의 생각입니다. 그러나 원수에게서 비롯되는 다른 생각들도 있습니다.

영-혼-몸의 연결에 대한 가르침은 사탄의 왕국이 어떻게 인간에게 말하고 영향을 미치는지에 대한 주제와 관련된 많은 미신을 제거해 줍니다. 내가 불순종을 통해 사탄이 질병을 가져다줄 수 있다고 말했을 때 어떤 사람들은 화를 낸다고 언급한 바 있습니다. 'For My Life'에 참석하는 신자들은 비록 두려움과 쓴 뿌리와 같은 영적인 문제와 관련된 질병으로 고통받고 있음에도 불구하고, 처음에는 이 개념을 받아들이기 힘들어하는 경우가 많습니다. 그들은 "나는 그리스도인이고, 성경은 내가 그리스도의 마음을 가졌다고 말합니다. 그러니 어떻게 이것이 가능합니까?"라고 말할지도 모릅니다. 그들은 바울이 고린도인들에게 보낸 첫 번째 편지를 언급하는 것인데, 거기서 바울은 이렇게 썼습니다.

"누가 주의 마음을 알아서 주를 가르치겠느냐? 그러나 우리가 그리스도의 마음을 가졌느니라"(고전 2:16).

문제는, 그리스도의 마음을 가졌다는 것이 무엇을 의미하느냐는 것입니다. 사람은 어떻게 그리스도의 마음을 가질 수 있을까요? 이 개념을 이해하기 위해서는 고린도전서의 몇몇 구절을 추가로 읽는 것이 중요합니다. 고린도전서 2장 14절은 이렇게 말씀합니다.

"육에 속한 사람은 하나님의 성령의 일들을 받지 아니하나니 이는 그것들이 그에게는 어리석게 보임이요, 또 그는 그것들을 알 수도 없나니 그러한 일은 영적으로 분별되기 때문이라."

육에 속한 사람, 즉 비신자는 성령의 일들을 받지 못하지만, 그리스도인들은 받을 수 있습니다. "그리스도의 마음"을 갖기 위해, 바울은 고린도전서 2장 16절에서 그리스도인들이 성령께서 그들에게 하시는 말씀에 주의를 기울이고 있다고 전제합니다. 진실은, 성령께서 신자들에게 말씀하고 계시지만, 우리가 그분의 말씀을 듣고 있느냐는 것입니다. 성령께서는 인류에게 죄를 깨닫게 하십니다. 만약 그리스도인들이 세상과 똑같은 죄와 질병으로 고통받고 있다면, 아마도 우리는 여전히 죄에 대한 깨달음과 회개를 위해 성령의 말씀에 귀 기울일 필요가 있을 것입니다. 예수님께서는 성령에 관해 말씀하셨습니다.

"그가 와서 죄에 대하여, 의에 대하여, 심판에 대하여 세상을 책망하시리라"(요 16:8).

이것을 생각해 보십시오. 당신의 생활 방식, 결정, 그리고 겪고 있을지 모를 가족과의 갈등을 포함하여 당신의 삶이 그리스도의 마음을 반영하고 있습니까? 만약 당신이 진정으로 그리스도의 마음을 가졌다면, 말씀을 알고 말씀을 행하는 자입니다. 우리는 성경을 읽고, 우리의 생각을 하나님의 말씀에 다시 맞추며, 죄를 회개하고, 하나님의 길과 본성을 받아들임으로써 "그리스도의 마음"을 얻습니다. 우리는 하나님의 말씀 안에서 앞으로 나아가야 합니다. 우리가 어떻게 유혹받는지를 이해하는 것은 질병의 영적 뿌리를 드러내는 데 있어 중요한 단계입니다. 그것이 바로 우리가 질병에서 우리의 마음이 하는 역할을 살펴보아야 하는 이유입니다. 이것이 영-혼(마음)-몸의 연결입니다.

1. 생각의 기원

우리는 이미 하나님의 성령께서 영이심을 인정했습니다. 원수도 영입니다. 우리는 영과 혼과 몸을 가진 사람입니다. 우리의 몸은 물리적 세계와 상호작용하는 것이지만, 영원한 부분은 영입니다. 우리는 육신의 눈으로 우리의 영을 볼 수 없지만, 영은 우리 안에 있습니다. 신자인 우리의 몸은 또한 성령의 전입니다.

하나님께서는 영 대 영으로 우리와 소통하십니다. 불행하게도, 사탄도 영 대 영으로 우리와 소통합니다. 우리는 영의 차원에서 생각을 받고 혼(마음)의 차원에서 그것을 기록합니다. 다시 말하지만, 생각들은 우리 자신의 생각일 수도 있고, 성령님에게서 올 수도 있으며, 원수로부터 올 수도 있습니다. 그리고 원수에게서 오는 것들은 질병의 뿌리를 동반하는데, 이는 우리 몸에 영향을 미칠 수 있습니다.

어떤 생각이 우리 마음을 스쳐 지나갈 때, 우리는 그것이 우리 자신에게서 온다고 생각합니다. 그러나, 그것은 보이지 않는 왕국에서 온 보이지 않는 원수에 의해 우리에게 주어졌을 수 있으며, 그 원수는 1인칭 화법을 사용하여 마치 우리 자신에게서 나온 것처럼 들리게 만들 것입니다. 원수는 "나 지금 너무 화가 나", 또는 "내 인생이 정말 걱정돼", 또는 "나는 제대로 하는 게 하나도 없어."라고 말할지도 모릅니다. 사탄은 생각으로 우리를 유혹하고, 그 생각을 계속해서 반복하며, 우리가 그것을 우리 자신의 것으로 받아들이도록 속입니다. 우리는 그 생각을 받아들이고 그것의 소유권을 취합니다. 그러면, 원수는 그 생각을 사용하여 우리를 영적으로, 심리적으로, 그리고 생물학적으로 통제합니다. 그러한 생각들이 바로 성경이 '유혹'이라고 부르는 것입니다. 그렇기 때문에 우리의 마음에 떠오르는 모든 생각이 우리 자신의 것이 아니라는 것을 이해하는 것이 중요합니다.

세타(θ) 뇌파와 영성

수십 년간의 연구와 사례 연구를 통해, 나는 성경으로부터 영, 혼, 몸의 온전함에 대한 이해를 종합하고 그것을 우리의 뇌파와 연결했습니다. 이 섹션에서의 나의 관찰은 개인적인 통찰이며 과학 문헌으로 전적으로 입증할 수 있는 것은 아니라는 점이 중요합니다. 이것들은 'For My Life'에서 그리스도인들에게 성령님과 사탄의 왕국이 어떻게 인간에게 말하고 우리 삶에 영향을 미칠 수 있는지에 대한 이해를 제공하기 위해 가르치는 개인적인 관찰 결과입니다.

우리 모두는 인지의 일부로서 뇌파를 가지고 있습니다. 뇌파는 뇌 속의 전기적 신경 경로이며, 각각 하나님께서 목적을 가지고 창조하셨습니다. 비록 우리가 세 가지 이상의 뇌파를 가지고 있음을 인정하지만, 나는 세 가지 특정 뇌파에 초점을 맞추고 싶습니다. 왜냐하면 나는 이 뇌파들을 인간에 대한 우리의 성경적 이해, 즉 우리는 영이며, 혼(마음)을 가지고 있고, 몸 안에 산다는 이해와 관련지으려 하기 때문입니다.

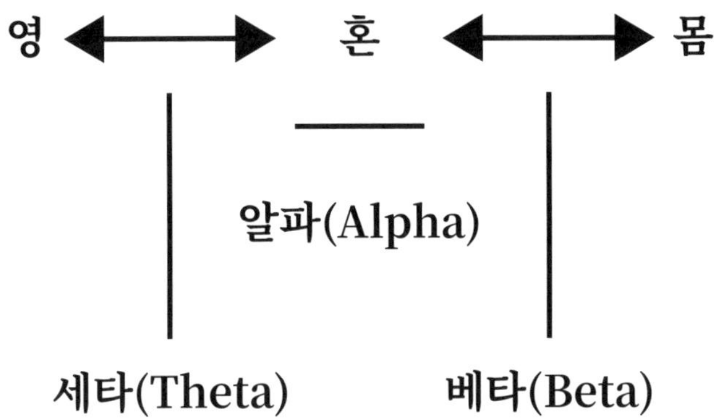

차트 1

우리가 창조된 이 세 가지 별개 구성 요소에 대한 이해를 바탕으로, 나는 우리의 영, 혼, 몸에 연결되는 연결점으로서 상응하는 세 가지 뇌파를 관찰했습니다. 이 세 가지는 무엇일까요?

* 첫 번째는 베타(beta) 뇌파입니다. 이것은 우리의 오감과 관련된 깨어 있는 상태의 기능들을 담당합니다. 우리는 베타 뇌파를 통해 세상에 반응하고 대응합니다. 이것들은 우리의 몸과 우리의 혼, 즉 마음 사이의 연결점 또는 접속을 형성합니다.
* 알파(alpha) 뇌파는 더 편안하고 사려 깊은 사고방식의 일부입니다. 이것이 우리 혼의 특정 영역을 형성한다는 것이 내 입장입니다. 이곳에서 우리는 창의적이며 우리의 삶, 개인적인 결정, 그리고 성찰

적인 사고 과정을 고려합니다.

* 영-혼-몸 연결에 대한 이 논의에서 중심적으로 중요한 것은 세타(theta) 뇌파입니다. 세타 뇌파는 혼과 영 사이의 연결점을 형성합니다. 세타 뇌파는 성령님과 악한 영들이 모두 인간과 소통하는 수단입니다.

하나님께서는 그분의 영과 말씀으로 내면에서부터 우리에게 영향을 미치기를 원하십니다. 그분은 이 세타 뇌파를 사용하여 내면에서 우리에게 말씀하시고, 그분의 본성과 의로 우리를 훈련시키십니다. 불행하게도, 사탄과 그의 어둠의 나라도 내면에서 우리에게 영향을 미치기를 원합니다. 원수는 성령님과 동일한 경로인 세타파를 사용하여 우리를 죄의 법으로 훈련시킵니다. 사탄은 아담과 하와 시대부터 인류를 죄의 법으로 훈련시켜 왔습니다. 유혹은 당신을 훈련시키기 위해 오므로, 무엇을 듣고 보고 묵상하는지에 주의하십시오.

장기 기억의 중요성

이 시점에서, 우리가 다루어야 할 영-혼-몸 연결의 특정 부분이 있는데, 그것은 바로 '장기 기억'의 개념입니다. 우리가 생각하고 묵상하는 것들이 실제로 우리 자신의 일부가 된다는 것은 생물학적인 진실입니다. 만약 우리 마음이 어떻게 우리 몸에 영향을 미치는지에 대한 생물학을 이해하지 못한다면, 우리는 결코 질병의 영적 뿌리에 도달할 수 없을 것입니다.

만약 우리가 오늘 누군가를 만난다면, 우리의 마음은 그들의 정신적 사진, 즉 "스냅샷"을 찍을 것입니다. 우리의 눈은 사진을 찍는 카메라이고, 우리의 귀는 소리를 녹음하는 녹음기입니다. 우리는 오감을 통해 주변 세상을 경험하고 있습니다. 우리의 뇌는 항상 수백만 장의 사진을 찍고 있습니다. 그 사진들은 우리가 방금 보고, 듣고, 맛보고, 냄새 맡고, 만진 것의 이미지를 반영하기 위해 뇌세포의 다른 전기 화학 물질을 사용하는 전기 화학적 현상입니다.

처음에, 우리가 주변에서 인지하는 것은 우리의 단기 기억에 기록됩니다. 그것이 장기 기억으로 이동하기 위해서는, 우리의 뇌에서 '단백질 합성'이라고 불리는 생물학적 사건이 일어나야 합니다. 단백질 합성에는 RNA(Ribonucleic Acid=리보핵산)로 알려진 과정에서 역할을 하는 우리의 유전학의 한 구성 요소가 있습니다. 이 RNA 구성 요소는 전기 화학적 사진을 가져와 그것을 우리의 뇌세포에 영구적으로 장기 기억의 일부로 통합합니다. 그 이미지, 즉 생각은 이제 어딘가에 저장된 거울 이미지가 아니라 생물학적으로 우리의 일부가 됩니다.

생각과 이미지는, 선하든 악하든, 우리의 마음과 인격, 그리고 우리가 생각하고 행동하는 방식의 영구적인 부분이 됩니다. 그 때문에, 하나님과 사탄은 모두 자신들의 생각과 이미지가 우리의 장기 기억에 저장되기를 원합니다. 사탄은 장애와 질병을 가져오기 위한 유혹으로 장기 기억을 통해 우리를 훈련시킬 것입니다. 하나님께서는 우리가 그분의 말씀을 묵상하거나 깊이 생각할 때 장기 기억을 통해 우리를 훈련시키셔서 건강과 자유 가운데 살 수 있도록 하실 것입니다.

"내가 주의 법을 어찌 그리 사랑하는지요. 내가 그것을 종일 작은 소리로 읊조리나이다"(시 119:97).

2. 눈에서 멀어지면, 마음에서도 멀어진다?

우리가 하나님 말씀의 진리를 받아들이는 대신 원수의 유혹과 생각을 받아들일 때 무슨 일이 일어날까요? 그때가 바로 우리의 마음이 두려움, 분노, 자기 증오, 우울, 절망 등으로 압도될 때입니다.

질문 하나 하겠습니다. 예수님께서 복음서에서 사람들의 '감정'을 쫓아내셨습니까? 아닙니다. 예수님께서는 악한 영들을 쫓아내셨습니다.

> "마침 그들의 회당에 더러운 귀신 들린 사람이 있어 소리 질러 이르되 나사렛 예수여 우리가 당신과 무슨 상관이 있나이까? 우리를 멸하러 왔나이까? 나는 당신이 누구인 줄 아노니 하나님의 거룩한 자니이다. 예수께서 꾸짖어 이르시되 잠잠하고 그 사람에게서 나오라 하시니 더러운 귀신이 그 사람에게서 경련을 일으키고 큰 소리를 지르며 나오는지라"(막 1:23-26).

많은 그리스도인은 악에 대해 심히 두려워하기 때문에 악한 영들의 존재를 다루기를 원치 않습니다. 그러나 나는 이것을 솔직하게 말해야겠습니다. "눈에서 멀어지면, 마음에서도 멀어진다"는 것은 영적인 원리가 아닙니다. 아마도 많은 사람이 악한 영들의 영향을 복음서에 묘사된 가다라 지방의 귀신 들린 자의 렌즈를 통해서만 인지할 것입니다. 공포 영화와 텔레비전의 자극적인 이미지 또한 우리가 악한 영들을 두려워하도록 훈련시켜, 우리가 진리를 배우고 자유롭게 사는 것을 막아왔습니다.

그러나, 나는 교회가 악한 영들에 대해 가지고 있는 가장 큰 문제는 'possessed'(소유하다)라는 단어에서 온다고 믿습니다. 이것은 킹제임스역 성경에 사용된 단어입니다.

"And his fame went throughout all Syria: and they brought unto him all sick people that were taken with divers diseases and torments, and those which were possessed with devils, and those which were lunatick, and those that had the palsy; and he healed them."

(마 4:24 KJV)

"그리고 그분의 명성이 온 시리아 전역으로 나갔다. 이에 그들이 모든 아픈 사람들을 그분에게 데려왔으니, 곧 여러 가지 질병들과 고통들에 사로잡힌 자들, 마귀들에게 소유된(possessed) 자들, 미친 자들, 그리고 중풍병을 앓는 자들이라. 그리고 그분이 그들을 고치셨다."

(마 4:24 역자의 사역)

많은 사람은 킹제임스역에 사용된 'possessed'라는 단어를 '귀신들에 소유되었다'(owned)라고 생각합니다. 스트롱 성구사전에 따르면, 이 문맥에서 'possessed'는 헬라어 1139번입니다. 그것에 대한 다른 번역은 "…에 시달리는"(vexed with)이 될 수 있습니다. 다시 말해, 그것은 "…로 인해 괴로움을 당하는" 것을 의미합니다. 악한 영들이 우리를 괴롭힙니까? 만약 그들이 두려움, 용서하지 않음, 그리고 쓴 뿌리를 가져온다면, 그렇습니다. 나는 그것을 괴로움이라고 생각합니다. 'Be in Health'에서, 우리는 그리스도인들이 귀신들에게 소유되었다고 믿지 않습니다. 그러나 우리는 그들이 귀신들로 인해 때로는 심하게 괴로움을 당한다는 분명한 증거를 봅니다.

우리는 악한 영들이 존재한다는 진실을 받아들일 필요가 있습니다. 디모데후서 1장 7절은 하나님께서 우리에게 두려움의 영(spirit of fear)을 주지 않으셨다고 말씀합니다. 분명히, 이것은 두려움의 영이 존재하며, 만약 우리가 허락한다면 두려움의 영이 우리 삶의 어떤 영역에서든 우리를 괴롭히고 고통스럽게 하기 위해 주어질 수 있다는 것을 의미합니다. 그리고 그 고통은 질병으로 이어질 수 있습니다. 교회의 많은 사람은 이 성경 구절을 단지 심리적 두려움의 상태를 언급하는 것으로 얼버무려 설명하지만, 이 구절은 그것이 "두려움의 영"이라고 분명히 명시합니다.

> "하나님께서는 우리에게 두려움의 영을 주지 아니하시고 권능과 사랑과 건전한 생각의 영을 주셨느니라"(딤후 1:7 흠정역).

악한 영들이 그리스도인을 괴롭힐 수 있는지에 관해 우리가 마주치는 주된 논쟁은 그리스도인은 악한 영이 들어올 수 없거나 악한 영에 의해 유혹받을 수 없다는 믿음에 근거합니다. 그들은 "그리스도인은 거듭난 후에 성령께서 함께 거하시기 때문에, 악한 영에 의해 영향을 받거나 유혹받을 수 없습니다."라고 주장합니다. 문제는, 나는 이 입장을 지지하는 성경적 증거를 찾을 수 없다는 것입니다.

'Be in Health'에서 우리는 실제로 그리스도인들이 악한 영들에 의해 크게 영향을 받을 수 있음을 관찰했습니다. 당신은 두렵거나 스트레스를 받을 때 마음이 흩어지거나 억눌리는 느낌을 받은 적이 있습니까? 힘든 시기에 생각을 정리하기 어렵거나 도망치고 싶은 느낌을 받은 적이 있습니까? 인생에서 일어나는 "투쟁-도피" 상황에 대한 건강한 반응이 있는 반면, 지속적으로 두려워하는 건강하지 못한 생활 방식으로 사는 많은 그리스도인이 있습니다. 그때가 바로 두려움의 영이 그들 삶의 일부를 장악했을 수 있는 때입니다.

우리는 신자로서 예수님의 십자가 희생을 통해 값으로 사신 바 되었지만, 그것이 예수님께서 우리를 위해 성취하신 모든 혜택을 온전히 누리며 행하고 있다는 것을 의미하지는 않습니다. 바울이 올바르게 식별하듯이, 우리는 값으로 사신 바 되었으므로 죄를 섬겨서는 안 됩니다. 만약 신자들이 죄를 섬기지 말라고 촉구받는다면, 그것은 때때로 우리가 거듭난 후에도 죄를 섬긴다는 것을 의미하지 않겠습니까?

> "음행을 피하라. 사람이 범하는 죄마다 몸 밖에 있거니와 음행하는 자는 자기 몸에 죄를 범하느니라. 너희 몸은 너희가 하나님께로부터 받은 바 너희 가운데 계신 성령의 전인 줄을 알지 못하느냐? 너희는 너희 자신의 것이 아니라 값으로 산 것이 되었으니 그런즉 너희 몸으로 하나님께 영광을 돌리라"(고전 6:18-20).

우리가 죄 가운데 살면서 두려움, 쓴 뿌리, 또는 용서하지 않음을 받아들일 때, 우리는 그 특정 영역에서 우리 삶에 악한 영들을 초대하는 것입니다. 'For My Life'에서, 우리는 참석자들이 자신의 삶에서 두려움의 영들을 분별하도록 돕기 위해 성경적 증거를 사용하여 두려움과 같은 주제를 가르치는 데 집중합니다. 우리는 다 같은 사람들이 아니며, 한 사람이 어려움을 겪는 것은 다른 사람과 같지 않습니다. 한 사람은 실패를 두려워할 수 있고 다른 사람은 학대를 두려워할 수 있습니다. 그들 모두 두려움의 영을 가지고 있지만, 그들 삶의 다른 영역에서 두려움의 영을 가지고 있습니다. 일단 그들이 원수의 거짓말을 귀담아들어왔던 것을 인식하고 회개하면, 우리는 그 악한 영들을 쫓아내어 그들이 하나님 아버지의 평안으로 돌아갈 수 있도록 합니다.

3. 육신이 죄짓게 하는가?

우리가 세타 뇌파 활동을 통해 영-혼-몸 연결을 다루는 또 다른 중요한 이유는 교회의 일부에 의해 제안된 핵심적인 신학적 문제에 대응하기 위함입니다. 그들의 주장은 악한 영들이 신자들을 유혹할 수 없으며, 바울이 로마서에서 여러 번 사용하는 '육신'(flesh)이라는 용어는 본질적으로 본능에 의해 우리를 죄로 이끄는 우리의 육체라는 것입니다. 마치 우리의 몸이 자기의 마음을 가지고 있어, 우리가 분노로 폭발하거나 두려움에 반사적으로 반응할 때 우리의 의지에 반하여 어떤 일을 하도록 강요하는 것과 같습니다. 이 입장에는 생물학적 문제와 성경적 문제가 모두 있습니다.

생물학적으로, 우리의 육체가 뇌파를 우회하여 우리의 마음이 관여하지 않고 거짓말, 험담, 비방, 분노 표출과 같은 죄와 관련된 복잡한 과업에 관여할 수 있게 하는 메커니즘은 없습니다. 다시 말해, 나는 우리의 육체가 본능적으로 우리를 죄로 이끈다는 증거를 찾을 수 없습니다. 그러나, 나는 우리의 선택이 사탄의 왕국으로부터 오는 생각, 느낌, 감정에 근거한 유혹에 의해 영향을 받는다는 분명한 증거를 발견했습니다. 다시 말해, 우리가 분노, 두려움, 또는 참소감을 느낄 때, 우리는 종종 우리 마음에 대한 원수의 공격에서 오는 고통스러운 감정에 반응하면서 죄를 짓게 됩니다. 그러므로, 영-혼-몸 연결을 통해 우리를 죄짓게 하는 것은 육체가 아니라, 원수로부터 거짓말과 유혹을 받는 마음입니다.

성경적으로, '육신'이 육체를 가리킨다는 이 입장은 로마서 7장 18절의 오해에 근거합니다.

> "내 속 곧 내 육신에 선한 것이 거하지 아니하는 줄을 아노니 원함은 내게 있으나 선을 행하는 것은 없노라."

스트롱 성구사전에 따르면, 이 "육신"이라는 단어는 "외적인 것의 상징"[1]으로 가장 잘 정의됩니다. 육신을 우리에게 외적인 것(사탄의 왕국)의 상징으로 정의하는 것이, 그것이 우리의 실제 육체라는 의견보다 훨씬 더 정확해 보입니다. 왜 그럴까요? 앞서 언급했듯이, 우리가 세상과 상호작용할 때 우리의 인체는 우리의 혼(마음)과 별개로 작동하지 않기 때문입니다. 우리는 우리의 혼에서 결정을 내리고 그것이 우리 몸에서 행동을 낳습니다.

신자들이 오해할 수 있는 사도 바울의 또 다른 구절은 로마서 6장 6절의 "죄의 몸"이라는 말에 관한 것입니다.

> "우리가 알거니와 우리의 옛사람이 예수와 함께 십자가에 못 박힌 것은 죄의 몸이 죽어 다시는 우리가 죄에게 종노릇 하지 아니하려 함이니."

다시 한번, 이 "죄의 몸"은 우리의 육체가 아니라, 이 행성에서 인간을 통해 악을 행하기 위해 일하는 사탄의 왕국입니다. 그것이 우리의 육체를 가리키지 않는다는 것을 어떻게 알 수 있을까요? 왜냐하면 하나님께서는 죄 때문에 우리의 육체가 파괴되기를 원치 않으시기 때문입니다. 그분은 단지 우리가 죄에게 종노릇 하지 않기를 원하십니다. 파괴되어야 하는 것은 죄이지, 당신이 아닙니다.

악으로부터의 분리

'Be in Health'에서는, 비록 우리가 죄를 짓지만, '우리가 우리의 죄는 아니다'라는 것이 우리의 입장입니다. "분리"(Separation)로 알려진 이 핵

1) Strong's Greek #4561, Knowing Jesus, https://bible.knowing-jesus.com/strongs/G4561.

심 가르침은, 악한 영들을 당신이 정체성과 별개인 것으로 다루기 때문에 우리가 영-혼-몸 연결을 이해하도록 돕습니다. 사탄의 왕국이 그리스도인들의 삶에 정죄와 혼란을 가져오는 주된 방식은 죄와 악이 우리와 하나인 것처럼 보이게 만드는 것입니다. 만약 우리가 악한 생각과 감정이 우리 자신에게서 비롯된다고 믿는다면, 우리는 이러한 인격적 결함과 고통스러운 생각에 갇히게 됩니다. 그러나, 만약 그것들이 다른 왕국에서 온 것이라면, 그것들은 성령에 의해 제거될 수 있으며, 우리는 그것들 없이 평안으로 돌아갈 수 있습니다.

감사하게도, 성경은 우리에게 이러한 악한 생각과 감정이 우리에게서 비롯된 것이 아니라, 오히려 우리 마음속에서 우리를 괴롭히는 악한 영들에게서 비롯된다는 분명한 증거를 제공합니다. 이러한 생각들이 우리 자신의 것이 아니라 원수로부터 온 것임을 인식하고, 하나님께 속하지 않은 이러한 생각들을 받아들인 죄를 회개함으로써, 우리는 이러한 악한 영들로부터 분리될 수 있습니다. 그런 다음 우리는 원수의 악한 영향력과 무관하게, 하나님의 진리 안에서 새로운 사고 경로를 구축함으로써 우리의 마음을 새롭게 하는 여정을 시작할 수 있습니다.

'분리'라는 개념에 대한 우리의 성경적 이해는 어디에서 오는 것일까요? 우리의 주된 출처는 로마서 7장과 바울의 죄와의 싸움입니다. 앞서 이 책의 2장에서, 우리는 바울이 우리 삶에서 죄를 극복하려는 신자의 싸움을 묘사하고 있음을 인식했습니다. 바울은 때때로 자신이 의도했던 것과 정반대의 일을 한다고 고백할 때, 그 싸움에 대한 매우 정직한 묘사를 제공합니다. 우리의 사역 기간 동안, 두렵거나 쓴 뿌리를 품거나 분노하는 것을 미워한다고 고백하는 많은 참석자가 있습니다. 그들은 이러한 특성들을 나타내는 것을 피하려고 노력하지만, 특정 상황에 놓이면, 그들은 하고 싶지 않은 일을 합니다. 이것이 바로 바울이 로마서

7장 15절에서 묘사하는 것입니다.

> "내가 행하는 것을 내가 알지 못하노니 곧 내가 원하는 것은 행하지 아니하고 도리어 미워하는 것을 행함이라."

그러고 나서, 바울은 로마서 7장 17절에서 또 다른 놀라운 진술을 합니다. 그것을 행하는 것은 더는 그가 아니라 그 안에 거하는 죄라는 것입니다.

> "이제는 그것을 행하는 자가 내가 아니요 내 속에 거하는 죄니라."

그러므로, 죄는 우리가 누구인지가 아니라, 죄는 악한 존재라는 것이 우리의 입장입니다. 그것이 무슨 의미일까요? 분명히, 만약 우리가 죄를 짓는다면, 그것은 우리가 악이 우리를 통해 나타나도록 허용했기 때문에 "우리의 죄"입니다. 만약 당신이 누군가를 주먹으로 친다면, 악한 영이 당신을 통해 나타났을 수 있지만, 당신은 단지 마귀 탓만 할 수는 없습니다. 당신은 행동의 결과에 대처해야 할 것이고, 죄는 당신 삶의 일부가 될 것입니다. 이것은 인간이 죄의 법을 받아들일 때 경험하는 속박과 고통의 일부입니다. 일단 당신이 하나님 아버지께 회개하고 악한 영이 당신에게서 쫓겨나면, 그것은 당신이 미래에 그것의 생각과 감정에 저항하고 대신 하나님의 말씀을 따르기로 선택하기 시작할 수 있도록 당신으로부터 분리됩니다.

예를 들어보겠습니다. 우리는 분노와 격분의 문제를 가진 많은 사람을 섬겨왔습니다. 그들이 쓴 뿌리와 분노의 영을 따랐던 것을 회개할 때, 우리는 그것을 그들에게서 쫓아냅니다. 그 결과가 반드시 그들이 미래에 분노하도록 유혹받지 않을 것이라는 의미는 아닙니다. 그러나 그들이 평소에 격분과 분노를 나타냈을 특정 상황에 놓일 때, 그들은 그러한 반응을 보이지 않습니다. 대신, 그들은 상처를 받을지 말지 결정해야 한다는 것을 깨닫습니다. "옛 자아"가 죄를 지었을 상황에 놓이고도 더는 똑같이 반응하지 않고, 더는 격분과 분노에 얽매이지 않는 것, 이것이 복음의 놀라운 기적 중 하나입니다.

죄로부터의 우리의 분리는 또한 우리가 1장에서 다루었던 창세기 3장 11절의 메시지의 요점이기도 합니다. 아담과 하와가 죄를 지은 후에 주님께서 무엇을 물으셨습니까? "누가 너의 벗었음을 네게 알렸느냐?" 이 질문을 하심으로써, 나는 주님께서 아담과 하와에게 그들 생각의 기원을 고려하도록 도전하고 계셨다고 믿습니다. 아담과 하와에게 하나님께 속하지 않은 생각들을 주고 있던 "누군가", 즉 악한 존재가 있었습니다. 그들의 눈이 "밝아졌을" 때 주님으로부터 숨게 만든 감정과 생각들은 하나님께 속한 것이 아니었습니다. 그들이 금지된 열매를 먹었을 때 느꼈던 감정들은 그들이 하나님께 불순종했을 때 자신들을 열어젖힌 악한 영들의 결과였습니다. 간단히 말해서, 당신이 하나님께 불순종할 때, 당신은 사탄의 왕국에 당신 자신을 열어젖히는 것입니다.

문제의 일부는 우리가 종종 죄를 심각한 약물 남용이나 육체적 살인과 같은 극단적인 행동으로만 정의한다는 것입니다. 우리는 만약 우리가 심각하게 악한 행위를 저지르지 않았다면 우리 삶에 죄가 없다고 추론할 수 있습니다. 어떤 경우에는, 우리는 죄를 감정적 상태 이상으로 인정하지 않습니다. 예를 들어, 많은 사람이 인식하지 못하는 죄의 한 영역은 '두려움'입니다. 만약 성경이 분명히 "두려워하지 말라"(사 7:4 참조)고 명시한다면, 이것은 계명이 아닐까요? "두려워하지 말라"는 것이 단지 제안일까요? 아닙니다. 나는 하나님 아버지를 신뢰하는 대신 두려움 속에 사는 것을 죄라고 생각합니다. 놀라거나 갑작스러운 일에 놀라는 것은 죄가 아니지만, 사람, 삶의 환경, 또는 죽음에 대해 큰 두려움 속에 사는 것은 죄입니다.

싸움은 우리 자신과의 싸움이 아니다

계속해서 나를 따라와 주십시오. 요점은, 죄에 대한 우리 싸움의 핵심은 우리 자신과의 싸움이 아니라 우리 삶을 파괴하기로 작정한 악한 왕국의 싸움이라는 것입니다. 당신이 하나님 아버지를 따르려 할 때 당신에게 반대하는 또 다른 왕국이 거기에 있다는 것에 놀라지 마십시오.

그것이 바로 내가 이 진실을 계속 강조하는 이유입니다. 우리는 사탄의 왕국으로부터 오는 생각, 느낌, 감정을 통해 유혹받습니다. 왜냐하면 그는 우리가 악하다고 믿게 만들고, 죄가 우리 자신의 일부라고 우리를 설득하기로 작정했기 때문입니다. 쓴 뿌리의 영은 당신이 쓴 뿌리를 품은 사람이라고 믿게 만들고 싶어 하며, 그것이 당신의 본래 사고 과정의 일부라고 믿게 만들고 싶어 합니다. 두려움의 영은 당신을 두렵게 느끼게 만들고 당신이 단지 두려움이 많은 사람이라는 결론으로 이끌 것입니다. 이 악한 영들은 그들이 바로 당신이라고 믿기를 원합니다. 많은 사람은 자신들을 이러한 부정적인 속성들과 연관시키며, 자신들을 두려움이 많은 사람이나 화를 잘 내는 사람으로 묘사할 것입니다. 문제는 당신이 사탄의 본성을 인격의 일부로 만들었다는 것입니다. 우리는 우리가 이기는 자가 되고 자유로워질 수 있도록 이러한 죄들이 우리 삶에서 정화될 필요가 있습니다.

> "그러므로 내가 한 법을 깨달았노니 곧 선을 행하기 원하는 나에게 악이 함께 있는 것이로다. 내 속사람으로는 하나님의 법을 즐거워하되 내 지

체 속에서 한 다른 법이 내 마음의 법과 싸워 내 지체 속에 있는 죄의 법으로 나를 사로잡는 것을 보는도다. 오호라! 나는 곤고한 사람이로다. 이 사망의 몸에서 누가 나를 건져내랴? 우리 주 예수 그리스도로 말미암아 하나님께 감사하리로다. 그런즉 내 자신이 마음으로는 하나님의 법을 육신으로는 죄의 법을 섬기노라"(롬 7:21-25).

유혹은 죄가 아니다

우리는 두 왕국 사이에 끼어 있으며 어느 왕국을 따를지 결정해야 합니다. 우리가 가진 생각이나 심지어 두려움, 분노, 또는 그 밖의 감정에도 불구하고, 우리는 이러한 유혹에도 불구하고 하나님의 말씀을 신뢰하기로 결정해야 합니다.

나는 당신이 유혹이 죄가 아니라는 것을 이해하기를 바랍니다. 나는 사탄의 왕국이 어떻게 당신에게 말하는지를 당신이 이해하도록 돕기 위해 베타, 알파, 세타 뇌파의 경로를 명확하게 정의했습니다. 당신이 악한 생각을 했다는 이유만으로 죄를 지었거나 잘못된 일을 한 것처럼 느껴질 때가 많을 수 있지만, 단지 그 생각이 당신의 마음을 스쳐 지나갔다고 해서 당신이 죄를 지었다는 의미는 아닙니다. 그것은 단지 악한 영들의 유혹일 수 있습니다. 만약 당신이 수년 동안 이러한 생각들을 듣고 따라왔다면, 정죄감을 느끼지 마십시오. 당신은 거기에 머물 필요가 없습니다. 이러한 생각과 감정을 따랐던 것에 대해 하나님 아버지께 회개하십시오. 그분의 용서와 당신을 향한 그분 사랑의 자유를 받아들이십시오.

어떤 개인들은 성경을 따르는 데 평안을 얻기 위해 유혹이 사라지기를 바랍니다. 문제의 진실은 당신이 분노하거나 두려움을 느낌에도 불구하고 하나님 아버지를 따르기로 결정해야 한다는 것입니다. 당신은 사탄의 왕국을 따를 것인지, 아니면 하나님의 왕국을 따를 것인지 선택해야 합니다. 선택은 당신에게 달려 있습니다.

자유를 향한 8개의 R

'Be in Health'에서, 우리는 '자유를 향한 8개의 R'이라고 부르는 것을 가르칩니다.[2] 우리가 질병의 구체적인 뿌리로 들어감에 따라, 당신이 이러한 개념들, 특히 첫 4개의 R을 인식하는 것이 필수적입니다. 우리가 영적인 문제들에 빛을 비출 때, 당신은 문제를 인식하고, 하나님 아버지께 회개하며, 당신의 삶에 대한 악한 영향력을 끊어버려야 할 것입니다. 마지막 4개의 R 또한 필수적이며 당신의 미래의 자유를 나타냅니다. 당신이 악한 영들에 묶여 있을 때 그들은 제거되어야 하며, 그런 다음 당신은 그들에게 저항하는 법을 배워야 합니다. 마지막 두 개는 당신의 삶과 다른 사람들의 삶에서 하나님의 왕국을 확장하는 것을 나타냅니다. 당신의 자유 안에서 기뻐하고 당신이 회복되었듯이 다른 사람들을 회복시키십시오. 이것들을 기억하고 적용하는 것은 절대적으로 중요합니다. 냉장고나 욕실 거울과 같이 매일 볼 수 있는 곳에 붙여두십시오. 가장 중요하게는, 이것들을 당신의 마음에 새기십시오. 그것들이 당신의 자유로 가는 길입니다.

① 인식하기(Recognize). 당신은 그것이 무엇인지 인식해야 합니다. 당신의 쓴 뿌리, 증오, 두려움, 불안, 분노, 적대감, 자기 증오 등 삶의 근본 문제들을 인식하십시오. 성령으로부터 분별력이 임하도록 기도하십시오. 당신의 삶에서 선과 악을 분별하십시오.

② 책임지기(Responsibility). 당신은 인식한 것에 대해 책임을 져야 합니

2) Dr. Henry W. Wright, *A More Excellent Way* (New Kensington, PA: Whitaker House, 2009), 161-169.

다. 문제를 인식한 후에 모든 사람이 책임을 지고 싶어 하지는 않습니다. 당신은 책임을 져야 합니다. 하나님께서 당신과 함께 행하실 것이지만, 그분께서 당신을 위해 그것을 해주시지는 않을 것입니다.

③ 회개하기(Repent). 당신이 인식한 것에 참여한 것에 대해 하나님께 회개하십시오. 성경은 우리에게 "그러므로 너희가 회개하고 돌이켜 너희 죄 없이 함을 받으라. 이같이 하면 새롭게 되는 날이 주 앞으로부터 이를 것이요."(행 3:19)라고 말씀합니다. 내가 질병으로부터 자유로워지기 위해 회개해야 한다고 말하면 어떤 사람들은 나에게 화를 냅니다. 만약 당신이 왜 아픈지, 어떻게 나아질 수 있는지 알기 위해 의사에게 간다면, 그가 당신에게 진실을 말한다고 해서 불쾌하겠습니까? 아니지요? 그렇다면 내가 당신에게 진실을 말한다고 해서 부디 불쾌해하지 마십시오. 나는 당신을 사랑하고, 당신에게 무슨 일이 일어나는지에 대해 신경 쓰며, 악한 영들과 질병을 물리치는 방법을 당신에게 가르치고 있습니다.

④ 끊어버리기(Renounce). 당신은 인식한 죄를 원수로 만들고 그것을 끊어버려야 합니다. 회개한다는 것은 문자 그대로 "돌아서는 것"을 의미합니다. 과거의 죄의 뿌리를 원수로 여기고 회개하고 예수 이름으로 끊어버리십시오. 어떤 사람들은 후회는 하지만, 내면에서 변하지는 않습니다. 그들은 죄로부터 돌아서지 않습니다. 그러나 나는 당신이 악으로부터 가능한 한 빨리 벗어나기를 바랍니다. 악은 미워하십시오. 그리고 당신 자신을 사랑하십시오.

⑤ 제거하기(Remove it). 그것을 단번에 제거하십시오. 당신 안에 있는 죄의 법에게 "나는 너를 끊어버릴 뿐만 아니라, 너와 나는 같은 장소, 같은 시간에 함께 존재할 수 없다."라고 말하십시오. "너희는

너희가 범한 모든 죄악을 버리고 마음과 영을 새롭게 할지어다"(겔 18:31). 그 죄의 법을 당신의 면전에서 치워버리고, 하나님께서 당신에게 새로운 마음과 새 영을 주시라고 간구하십시오.

⑥ 저항하기(Resist). 그것이 다시 돌아오려고 할 때, 저항하십시오. 야고보서 4장 7절은 우리에게 하나님께 복종하고 마귀를 대적하라고 말씀합니다. "그런즉 너희는 하나님께 복종할지어다. 마귀를 대적하라. 그리하면 너희를 피하리라." 어느 것이 먼저입니까? 하나님께 복종하는 것이 먼저입니다. 오직 그때에만 당신은 원수를 대적할 힘을 갖게 될 것이며, 그전에는 아닙니다. 당신이 다루었던 어떤 것이든 다시 돌아오려고 할 것입니다. 그것이 바로 우리가 그것에 저항하기 위해 하나님과 동료가 필요한 이유입니다.

⑦ 기뻐하기(Rejoice). 당신을 자유롭게 하신 것에 대해 하나님께 감사를 드리십시오. 당신의 자유에 대해 하나님께 영광을 돌리십시오. 당신을 사랑하시는 살아 계신 하나님으로부터 은혜와 자비를 경험한 것에 대해 그분을 찬양하십시오. 그분은 당신의 찬양을 받으시기에 합당하십니다.

⑧ 회복시키기(Restore). 다른 사람이 자유로워지도록 도우십시오. 당신이 하나님의 축복을 받은 후에, 이제는 당신이 다른 사람들을 회복시키는 것을 돕기 시작할 때입니다. 회복시키는 것의 일부는 당신이 사랑하는 사람들에게 복음을 전하고, 주님의 새롭게 하심으로부터 분리된 사람들을 가르치며, 그들을 질병으로부터의 자유 안에서 제자 삼는 것입니다. "몸 가운데서 분쟁이 없고 오직 여러 지체가 서로 같이 돌보게 하셨느니라. 만일 한 지체가 고통을 받으면 모든 지체가 함께 고통을 받고 한 지체가 영광을 얻으면 모든 지체가 함께 즐거워하느니라"(고전 12:25-26).

생각을 사로잡기

생각과 감정의 형태로 유혹을 느끼는 것은 죄가 아니지만, 우리가 자유롭게 된 후에 이러한 생각과 감정으로 무엇을 할 것인지 고려하는 것이 중요합니다. 일단 당신이 원수의 거짓말을 믿었던 죄를 회개하고 그 영들이 쫓겨난 후에, 그가 여전히 하나님의 말씀과 경쟁하기 위해 마음에 가져오는 생각들을 어떻게 해야 할까요? 고린도후서 10장 4-5절은 원수에게서 오는 생각들을 무너뜨리는 열쇠인 영적 무기들로 대적합니다.

> "우리의 싸우는 무기는 육신에 속한 것이 아니요 오직 어떤 견고한 진도 무너뜨리는 하나님의 능력이라. 모든 이론을 무너뜨리며 하나님 아는 것을 대적하여 높아진 것을 다 무너뜨리고 모든 생각을 사로잡아 그리스도에게 복종하게 하니"(고후 10:4-5).

우리는 "하나님 아는 것을 대적하여 높아진 모든 이론과 상상"을 무너뜨려야 합니다. 그것이 무슨 의미일까요? 사탄의 유혹하는 생각들은 성경에서 발견되는 하나님의 지식에 대항하여 자신을 높이는 "상상"과 "높아진 것들"입니다. 우리는 어떻게 그것들을 무너뜨릴 수 있을까요? 이렇게 할 수 있습니다. 한 손에는 유혹을 통해 사탄이 말하는 것을 들고, 다른 손에는 사탄을 반박하기 위해 하나님께서 말씀하시는 성경 말씀을 드십시오. 그런 다음, 사탄의 거짓말을 취하여 예수님의 이름으로 그것을 무너뜨리십시오.

"모든 생각을 사로잡아 그리스도에게 복종하게 한다."는 것은 무엇을 의미합니까? 그것은 비록 당신이 두렵거나, 화나거나, 또는 다른 감정을 느끼더라도, 그 생각들을 따르지 말고 당신이 느끼는 것에도 불구하고 하나님의 말씀을 따르기로 선택하라는 의미입니다. 사탄의 왕국을 따르는 세상은 그들의 감정을 따르라고 가르침 받고 있습니다. 우리는 우리의 감정에도 불구하고 하나님의 말씀을 따르라고 가르침 받습니다. 이 과정은 우리의 감정과 아무 관련이 없지만, 하나님 말씀의 진리를 받아들임으로써 오는 우리의 자유와는 모든 관련이 있습니다.

영, 혼, 몸이 치유되다

제니스

스물여섯 살의 젊은 엄마였던 나는 고통스러운 질병의 여정을 시작했습니다. 나에게는 먼저 '사르코이드증'이라는 진단이 내려졌는데, 이는 장기를 공격하는 결합 조직 질환입니다. 그것은 내 폐를 공격했고, 의사들은 내 간과 척추도 조직 검사를 해야 했습니다. 나는 체중이 많이 줄었고, 매우 약하고 피곤했으며, 호흡 문제가 있었습니다. 그 후 몇 년 동안, 나는 '간질성 방광염', '경화성 태선', '저혈당증' 등 연이어 자가면역질환 진단을 받았고, 그것들은 모두 불치병으로 여겨졌습니다.

나는 젊은 성인기 내내 이러한 질병들을 다른 병들과 함께 짊어지고, 의료적 도움으로 최선을 다해 관리하며 지내다가, 50대 초반에 딸이 나에게 준 헨리 라이트 박사의 책 『더욱 탁월한 길』을 받았습니다. 나는 그 책을 읽기 시작했고, 그것이 나를 위한 소망의 해답으로 가득 차 있다는 것에 놀랐습니다. 하지만 나에게 가장 두드러졌던 것은, 내 머리로는 이해하기 힘든 어떤 것이었습니다. 나는 수년간 그리스도인이었지만, 자기 증오와 자기 혐오가 우리 몸에 미칠 수 있는 파괴적인 결과에 대해 들어본 적이 없었습니다. 남편과 나는 딸과 함께 플로리다 주 새러소타에서 열리는 컨퍼런스에서 라이트 박사가 강연할 때 그를 만나기로 약속을 잡았습니다. 그것이 영, 혼, 몸의 온전함을 향한 나의 첫 번째 거대한 발걸음이었습니다.

다음 해, 남편과 나는 'For My Life' 수련회에 참석하여 자가면역질환의 영적 뿌리와 우리가 하나님 말씀의 진리를 받아들이는 대신 원수의 거짓말을 받아들일 때 우리에게 영향을 미치는 너무나 많은 다른 것들에 대해 배웠습니다. 나는 이것이 우리의 건강과 온전함에 얼마나 중요한지 깨닫지 못했었습니다. 나는 교회에서 결코 배우지 못했던 너무나 많은 것들을 내 삶에 적용하기 시작했습니다. 나를 향한 아버지의 사랑에 대해, 그리고 내가 나 자신을 사랑하는 것이 얼마나 중요한지에 대해 적용했습니다.

나는 자가면역질환 외에도 근육과 인대에 통증을 가져오고 피로와 불면증을 동반하는 스트레스 장애인 '섬유근육통'으로도 고통받았습니다. 나는 섬유근육통의 영적 뿌리가, 나에게 진정으로 함께해주지 않았던 아버지 때문에, 그러고 나서 매우 성취 지향적인 남편으로 인하여 너무나 많은 두려움과 불안을 짊어지고 있었기 때문이라는 것을 배웠습니다. 나는 두려움의 영, 사랑을 얻기 위해 성취해야 한다는 강박감, 죄책감 같은 원수의 거짓말을 믿으면서 그 모든 것을 떠안았습니다. 'For My Life'에서, 나는 나 자신에게 너그러워지고 주변 사람들을 위해 성취해야 한다는 강박감을 갖지 않는 것이 얼마나 중요한지 배웠습니다.

나는 내 삶에 대한 축귀(deliverance) 기도 또한 매우 중요했다고 믿습니다. 나는 자기 증오, 자기 원망, 자기 쓴 뿌리, 두려움, 거절감의 영들로부터 건짐 받았습니다. 나는 그것이 내 치유와 회복의 열쇠였다는 것을 압니다. 나는 또한 죽음의 영과 연약함의 영으로부터도 건짐 받았습니다.

원수는 나를 노리고 있었습니다. 원수는 25년이 넘는 내 삶을 훔쳐 갔지만, 하나님은 위대한 회복자이십니다.

'For My Life' 수련회 후에, 나는 거의 즉시 섬유근육통으로부터 자유로워졌습니다. 하나님을 찬양합니다. 자가면역질환으로부터 치유되는 것은 그렇게 빨리 일어나지는 않았습니다. 내 모든 증상이 사라지고 치유가 완료되기까지는 3-4년이 더 걸렸습니다. 내가 25년 이상 자기 증오라는 원수의 거짓말에 머물러 있었기 때문에, 나는 하나님의 말씀에 계속 머물며 그것이 나 자신에 대해 느끼는 방식을 변화시키고, 나를 향한 하나님의 사랑을 이해하는 방식을 변화시키도록 허락해야 했습니다.

나는 내가 심히 기묘하게 지음받았다는 시편 139편을 규칙적으로 읽었습니다. 나는 하나님께서 나의 모든 죄를 사하시고 나의 모든 병을 고치신다는 시편 103편 3절을 공부했습니다. 만약 내가 하나님께서 나의 모든 죄를 사하신다고 믿는다면, 왜 그분께서 나의 모든 병을 고치실 수 있다고 믿지 못하겠습니까? 나는 그분께서 하실 수 있다고 믿기 시작했습니다. 나는 또한 내가 나의 모든 것을 다해 하나님을 사랑해야 할 뿐만 아니라, 나 자신을 사랑해야 한다는 예수님의 명령을 묵상했습니다(막 12:30-31 참조). 나는 마침내 하나님의 온전하신 뜻이 단지 나를 치유하는 것만이 아니라 내가 건강 가운데 행하도록 지키시는 것임을 이해했습니다. 그리고 그 기간 동안, 그 자가면역 증상들 하나하나가 모두 사라졌습니다. 나는 치유받고 자유로워졌습니다.

나는 20대 때부터 교회에 다녔습니다. 나는 여러 번 기도를 받고 기름 부음을 받았지만, 하나님의 말씀을 믿고 적용하기 시작할 때까지는 치유받지 못했습니다. 예수님은 나의 치료자이십니다. 나는 그것을 믿어야만 했습니다. 우리가 'For My Life'에 갔을 때, 나는 그것이 내 앞에서 모델링되는 것을 보았고, 그것이 진리임을 깨달았습니다. 그것은 내가 알던 것보다 하나님과 그분의 계획에 더 많은 것이 있다는 나의 믿음을 증가시켰습니다. 나는 그 더 많은 것을 알고 싶었습니다.

오늘날, 마지막 증상이 사라진 지 15년이 넘었지만, 나는 여전히 그 모든 것으로부터 자유롭습니다. 나는 일흔한 살이고, 젊은 엄마였을 때보다 더 많은 에너지를 가지고 있습니다. 그때는 머리가 많이 멍했는데, 그것이 완전히 사라졌습니다. 모든 면에서 기능할 수 있는 나의 능력이 내 것이 되었습니다. 나는 내 삶을 되찾았습니다. 그 모든 것으로부터 자유롭게 되었습니다. 남편과 나는 지난 14년 동안 한 교회를 목회해 왔으며, 그곳에서 우리는 그분께서 어떻게 우리의 영, 혼, 육을 온전하게 하시는지를 포함하여 하나님 말씀의 능력을 나누고 있습니다.

“스스로 지혜롭게 여기지 말지어다. 여호와를 경외하며 악을 떠날지어다. 이것이 네 몸에 양약이 되어 네 골수를 윤택하게 하리라” (잠 3;7,8)

“마음의 즐거움은 양약이라도 심령의 근심은 뼈를 마르게 하느니라”(잠 17:22).

제5장

질병의 경로

나는 사역 초기에 영-혼-몸 연결에 관한 개인적인 경험이 있었습니다. 나는 젊었고, 플로리다에서 나의 첫 교회를 목회하고 있었습니다. 우리는 상가 건물에서 모였는데, 월요일 저녁 기도회도 그곳에서 열렸습니다.

어느 월요일, 기도회가 막 시작되었을 때, 교회의 한 젊은 여성이 건물 앞에 차를 세우고 안으로 뛰어 들어오며 말했습니다. "우리는 지금 응급실에 가는 길입니다. 여러분이 기도회를 하시는 걸 알고, 먼저 하나님께 나아가고 싶습니다." 그녀는 계속해서 말했습니다. "제 남편이 지금 일종의 불수의적 근육 경련을 겪고 있습니다. 온몸을 떨면서 바닥에 쓰러지고 있습니다. 저희는 어떻게 해야 할지 모르겠습니다."

나는 보도로 뛰어나가 차의 조수석 문을 확 열었습니다. 그녀의 남편은 반은 좌석에, 반은 바닥에 걸친 채 격렬하게 떨고 있었습니다. 너무나 놀라워서 내 입에서 나온 첫 마디는 "와"였습니다.

사역 초기 시절, 나는 질병을 이해하는 여정의 시작점에 있었습니다. 나는 속으로 '뭘 해야 하지?'라고 생각했습니다. "911에 전화해"가 논리적인 답이었습니다. 하지만 나는 먼저 멈춰서 "아버지, 저는 지금 무슨 일이 일어나고 있는지 전혀 모르겠지만, 주님은 아십니다."라고 기도했습니다.

나는 대학에서 의예과 학생이었기 때문에, 인체에 대한 약간의 지식이 있었습니다. 내가 기도하자마자 '시상하부'(hypothalamus=視床下部)라는 단어가 내 마음에 떠올랐습니다. 나는 이렇게 기도하고 있는 나 자신을 발견했습니다. "내가 예수님의 이름으로 이 불수의적 근육 경련을 일으키도록 시상하부에 신호를 주고 있는 두려움의 영에 대해 내가 권세를 취하노라. 내가 두려움의 영에게 떠나갈 것을 명하고, 시상하부는 그 두려움의 영으로부터 더는 어떤 정보도 받지 말 것을 명하노라. 중추 신경계는 평안할지어다. 근육 경련은 지금 당장 멈출지어다." 그러자 마치 아무 일도 없었다는 듯이, 경련이 멈췄습니다. 그녀의 남편은 조수석에 바로 앉았고, 그녀는 그를 집으로 데려갔습니다. 우리는 하나님께서 방금 하신 일에 경외감을 느끼며 기도회를 이어갔습니다.

1. 여정의 시작

그날 밤늦게 집에 돌아왔을 때, 나는 주님께 몇 가지 심각한 질문이 있었습니다. "하나님, 오늘 밤 무슨 일이 있었던 것입니까? 제가 왜 '시상하부'라고 말했을까요? 시상하부가 무엇인가요?" 나는 의예과 시절에 뇌의 그 부분에 대해 어느 정도 공부했지만, 그게 다였습니다. 나는 대학 시절의 병태생리학 교과서를 꺼내어 시상하부가 무슨 일을 하는지 읽기 시작했습니다.

나는 내가 이 남성의 마음을 두렵게 만드는 감정과 생각으로 장악했던 영에게 정확하게 말했었다는 것을 깨닫고 충격을 받았습니다. 이것이 시상하부 샘을 촉발하여 신경계의 오작동을 일으키게 했고, 그를 차 바닥에 쓰러뜨린 불수의적 근육 경련을 유발했던 것입니다. 나는 정확하게 기도했고, 왜 그랬는지 전혀 알지 못했습니다. 그러나 나는 그날 밤 결코 잊을 수 없는 교훈을 배웠습니다. 하나님께서는 우리에게 영과 혼과 몸 사이의 연결 고리를 주셨다는 것입니다.

그 사건은 생각과 생리학 사이의 연결을 연구하는 나의 여정을 시작하게 했습니다. 내 연구의 결과는 전 세계적으로 수만 명의 사람이 이제 질병으로부터의 자유를 위한 지식을 갖게 되었고, 수천 명이 그들이 싸워왔던 질병으로부터 치유받고 있다는 것입니다.

이 지식을 당신에게도 전하는 것이 나의 소망입니다. 일부 세부 사항은 약간 전문적이지만, 나를 계속 따라와 주십시오. 그것은 당신의 삶과 건강을 위한 것입니다.

2. 당신은 기적이다

하나님께서는 당신의 건강을 위한 계획을 가지고 인체를 창조하셨습니다. 당신의 몸이 어떻게 구성되어 있는지, 그리고 생각에서 내리는 결정에 의해 하나님의 계획이 어떻게 좌절될 수 있는지를 이해해야 합니다. 우리는 시작부터 다루겠습니다.

수정 직후, 수정란은 세포 유사 분열 과정을 시작하는데, 이것은 단순히 원래의 세포들이 추가적인 형성 세포들로 증식하는 것입니다. 당신의 신체 발달에서 가장 초기의 세 세포는 외배엽, 중배엽, 내배엽을 형성합니다. 이것들은 무엇입니까? 이것들은 온 인체의 발달을 위한 놀라운 기초 블록입니다. 다시 말하지만, 이 세부 사항들이 질병을 극복하는데 중요하기 때문에 나를 따라와 주십시오.

아래의 차트 2를 자세히 보십시오. 거기에 당신이 있습니다. 당신은 외배엽으로부터 뇌, 신경계, 심혈관계, 심장 박동, 피부, 머리카락, 눈,

귀, 코를 가지고 있습니다. 중배엽으로부터 심장 순환, 근육, 골격 형태, 신장, 골수, 혈관, 림프샘 등을 가지고 있습니다. 마지막으로, 내배엽으로부터 간, 폐, 장, 비뇨기계, 뇌하수체와 시상하부 샘과 같은 중요한 샘들을 포함하는 내분비계를 가지고 있습니다.

이것이 당신입니다. 이것이 우리를 보고 있는 화려한 흙덩이 너머에 있는 당신의 내면입니다. 당신은 창조적인 기적입니다. 그리고 이 모든 시스템은 당신의 뇌에서 비롯되는 흐름에 의해 고도로 반응하고 조절됩니다.

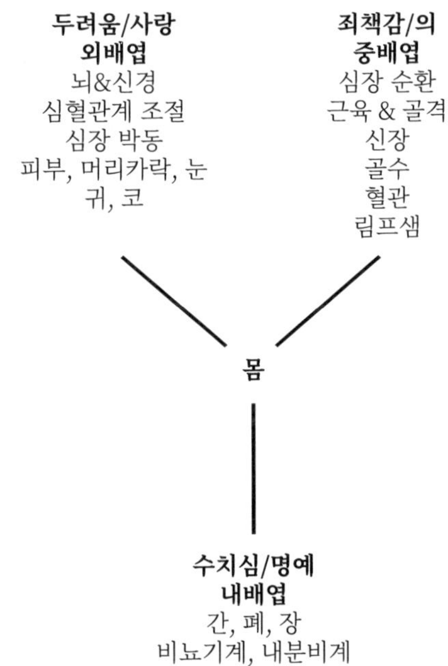

차트 2

3. 뇌와 신경계

사람은 신경계에 두 부분이 있습니다. 첫 번째는 수의 신경계로, 신체 움직임을 제어할 수 있게 해줍니다. 우리가 원할 때 팔을 들어 올리고 손으로 머리를 긁으라고 지시할 수 있습니다. 그리고, 불수의 신경계 또는 교감 신경계가 있는데, 하나님께서는 우리의 몸이 생각하지 않고도 기능하도록 이것을 창조하셨습니다. 이것이 심장이 뛰고, 숨을 쉬며, 소화 기관이 작동하는 방식입니다.

이제, 만약 우리가 하나님의 말씀에 반대되는 생각으로 가득 찬 장기 기억을 가지고 있다면, 우리는 수의 신경계와 불수의 신경계 모두를 방해하여 그것들이 부적절하게 기능하도록 만들 수 있습니다. 그것이 바로 내가 '기능의 불편함'(dis-ease of function)이라고 부르는 것입니다. 만약 우리가 수년 동안 원수의 생각들을 받아들였다면, 우리의 신체 시스템은 평안이 없거나 편안함이 없기 때문에 오작동할 것입니다. '편안함 없음'(Dis-ease)은 우리의 영과 신체 시스템 내에 편안함이나 건강이 부족한 상태입니다.

조금 더 나아갈 테니 계속 나를 따라와 주십시오. 우리는 차트 3에서 뇌를 보게 됩니다. 우리의 변연계(邊緣系)는 감정과 기억을 다루는 뇌의 일부입니다. 변연계에는 네 가지 주요 부분이 있지만, 질병의 뿌리를 이해하기 위해, 나는 특히 두 가지에 초점을 맞추고 싶은데, 바로 편도체(扁桃體) 샘과 시상하부 샘입니다.

우리의 뇌에 위치한 편도체 샘은 우리가 긴급 상황, 스트레스, 두려움에 대한 "투쟁-도피" 반응이라고 부르는 것을 담당합니다. 편도체는 또한 우리의 장기 기억을 저장하는 데 중요한 역할을 합니다. 편도체는 우리가 깊이 느끼는 감정들, 그것이 부정적이든(공황이나 분노와 같은) 긍정적이든(사랑이나 웃음과 같은) 관여합니다.

뇌에서 두려움 추적하기

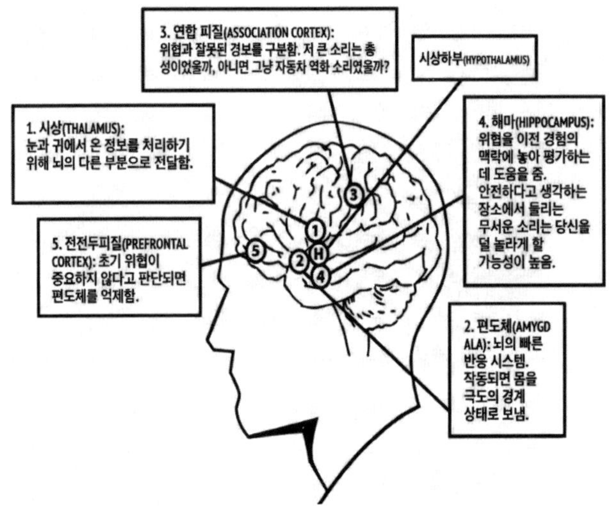

차트 3

시상하부(視床下部): 작은 샘, 큰 역할

이제, 시상하부라고 불리는 완두콩 크기 샘의 중요성을 살펴봅시다. 이 샘은 질병의 영적 뿌리를 이해하는 데 매우 중요합니다. 우리는 이제 사탄이 질병을 가져오기 위해 사용하는 구체적인 생물학적 경로를 드러낼 것입니다.

차트 4를 보면서 시상하부 샘이 무엇을 제어하는지 살펴봅시다. 우리의 내분비계는 몸의 여러 중요한 샘들을 포함하는 화학적 메신저 시스템인데, 여기에는 뇌하수체, 부신, 그리고 시상하부 샘이 포함됩니다. 이 샘들은 우리의 몸을 균형 잡히고 원활하게 작동하도록 유지하는 호르몬을 분비합니다. 이 샘들 중에서, 시상하부는 전체 내분비계의 제어 센터로 간주됩니다. 그것은 우리의 뇌 중앙에 있는 작지만 필수적인 샘입니다.

시상하부의 주된 역할은 우리의 몸을 항상성, 즉 건강한 신체 균형 상태로 유지하는 것입니다. 그것은 다른 샘들을 조절하여, 우리의 몸이 항상성을 유지하는 데 필요한 호르몬을 언제 분비해야 하는지 알려줍니다. 우리의 몸은 이 균형을 유지하기 위해 지속적으로 작동합니다. 왜냐하면, 그것이 없으면 우리는 장애나 질병이 생길 것이기 때문입니다.

내분비계(內分泌系)

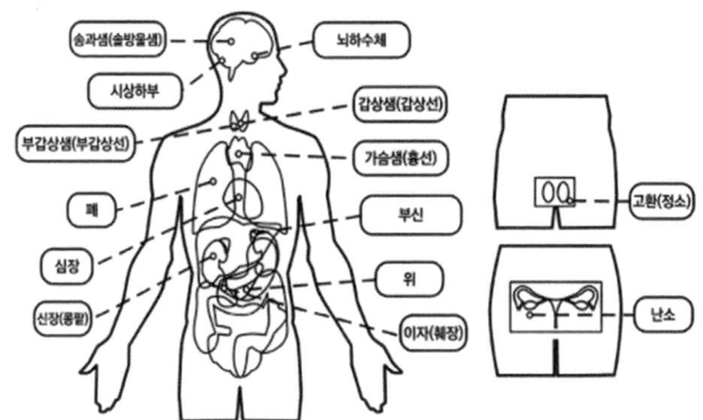

차트 4

마스터 컨트롤

시상하부는 마스터 컨트롤로서 체온, 갈증, 식욕 및 체중 조절, 감정, 수면 주기, 성욕, 출산, 혈압 및 심박수, 소화액 생성, 체액 균형과 같은 많은 신체 활동을 조절합니다. 그것은 우리의 갑상선을 활성화시키는데, 이는 결과적으로 신진대사, 에너지 수준, 발달 성장에 영향을 미칩니다. 그것은 뇌하수체를 자극하여 성장 호르몬을 방출하게 합니다.

시상하부는 이 모든 시스템에서 항상성을 유지하기 위해 다른 내분비 샘으로부터의 호르몬 방출을 제어하며 지속적으로 작동합니다. 예를 들어, 만약 우리가 너무 덥다는 메시지를 받으면, 그것은 적절한 샘을 촉발하여 땀을 생성하게 할 것입니다. 만약 우리가 너무 춥다는 메시지를 받으면, 그것은 떨림을 통해 열을 생성할 것입니다. 그 결과, 우리가 아프지 않는 한, 우리의 몸은 안정적인 체온을 유지합니다.

시상하부가 심박수, 심장 근육의 수축, 소화계를 통한 음식의 이동을 조절하기 때문에, 그것이 정상적으로 기능하지 않을 때 심각한 문제들이 발생합니다. 심혈관계 기능에 대한 방해는 고혈압과 심장 마비를 유발할 수 있습니다. 위장관계에서는, 장애가 궤양성 대장염, 과민성 대장 증후군, 설사, 구토, 메스꺼움과 같은 것들을 초래할 수 있습니다.

묵상하는 것이 시상하부를 조절한다

시상하부는 우리가 논의해 온 영-혼-몸 연결에서 중심적인 역할을 합니다. 대뇌 피질은 뇌의 가장 큰 부분을 덮고 있습니다. 그것은 우리가 정보 처리, 사고, 언어 이해, 문제 해결, 그리고 이 연구에서 가장 중요한 장기 기억을 하는 방식입니다. 우리가 두려움, 불안, 쓴 뿌리, 분노, 또는 자기 증오의 생각들을 묵상하거나, 또는 계속해서 되새길 때 편도체는 그 강한 부정적인 감정과 생각들을 위협으로 받아들이고 해석합니다. 나머지 변연계는 생존 모드로 들어가고, 시상하부 샘이 반응합니다.

시상하부가 이러한 메시지들을 받으면, 그것은 압도될 수 있습니다. 그 결과는 내분비계의 기능 저하 또는 기능 항진, 신경계의 오작동, 신경 전달 물질의 불균형일 수 있습니다. 우리의 생각과 그 배후의 악한 영이 시상하부의 적절한 기능을 방해한 것입니다. 시간이 지남에 따라, 이렇게 사는 것은 우리의 몸과 장기에 심각한 파괴를 초래할 수 있습니다.

우리는 차트 5에서 항상성의 부족으로 인해 발생하는 질병 목록을 볼 수 있습니다. 그것은 위장관계에 영향을 미치고 성기능 장애(발기부전 및 불감증), 피부 질환(습진, 신경성 피부염, 여드름), 당뇨병, 피로 및 무기력, 과식, 우울증, 불면증을 유발할 것입니다. 또한, 그것은 관상 동맥 질환, 고혈압, 뇌졸중, 심장 박동 장애, 긴장성 두통, 근육 수축, 요통, 류마티스 관절염, 관련 염증성 질환, 천식, 건초열, 면역 억제, 자가면역질환으로 이어질 수 있습니다. 이 모두는 항상성의 부족을 초래하는 시상하부샘의 기능 장애에서 비롯됩니다.

'Be in Health'에서의 우리의 연구는 의학 및 과학계가 우리 몸에 대해 이해하는 바를 연구하는 데서 나옵니다. 그들은 시상하부가 우리의 감정에 어떻게 반응하는지를 봅니다. 내가 앞서 확신시켜 드렸듯이, 나는 과학의 적이 아닙니다. 그것이 우리 몸의 물리적 기능에 대한 우리의 이해를 위해 제공한 정보를 보십시오.

과학은 불안과 심계항진(心悸亢進) 사이에 직접적인 연관이 있음을 확인합니다.[1] 적대감과 관상 동맥 혈전증 사이에는 직접적인 연관이 있습니다.[2] 수치심과 과민성 대장 증후군 사이에는 직접적인 연관이 있습니다.[3]

---

1) P. Tyler and D. Baldwin, "Generalised Anxiety Disorder," *Lancet* 368 (2006): 2156-2166.

2) Daichi Shimbo et al., "Hostility and Platelet Reactivity in Individuals Without a History of Cardiovascular Disease Events," *Psychosomatic Medicine* 71 (2009): 741-747.

3) D. A. Drossman et al., "A Focus Group Assessment of Patient Perspectives on Irritable Bowel Syndrome and Illness Severity," *Digestive Diseases and Sciences* 54 (2009): 1532-1541.

시상하부는 원수가 사용하는 경로이다

스트레스 관련 질병 및 상태의 예	
목표 기관 또는 시스템	질병 또는 상태
심혈관계	관상 동맥 질환, 고혈압 뇌졸증, 심장 박동 장애
근육	긴장성 두통 근육 수축성 요통
결합 조직	류마티스 관절염(자기면역질환), 관 련 염증성 질환
폐계	천식(과민반응) 건초열(과민반응)
면역계	면역 억내 또는 결핍 자기면역질환
위장관계	궤양, 과민정 대장 증후군 설사, 메스꺼움 및 구토 궤양성 대장염
비뇨생식기계	이뇨, 발기부전, 불감증
피부	습진, 신경성 피부염 여드름
내분비계	당뇨병, 무월경
중추 신경계	피로 및 무기력, A형 행동 과식, 우울증, 불면증

차트 5

이제, 우리의 영적 인간은 마음, 시상하부 샘, 그리고 질병 사이의 이 연결에 어떻게 관여할까요? 혼(마음과 감정)은 영적 세계와 물리적 세계 사이의 다리라는 것을 기억하십시오. 하나님 아버지께서는 그분의 말씀을 통해 먼저 우리의 영에 평안을 제공하십니다. 우리가 그분의 말씀에 순종할 때, 그러면 우리의 혼과 몸은 항상성(恒常性)을 이룰 수 있습니다. 반면에, 마귀는 우리의 생각에서 유혹을 사용하여 우리로 하여금 하나님의 말씀을 불순종하게 하고, 우리 몸에 불균형, 즉 편안함 없음(dis-ease)을 초래합니다.

만약 시상하부가 유혹을 통해 기능 장애를 일으킬 수 있다면, 그리고 만약 항상성의 부족이 질병을 유발할 수 있다면, 원수는 우리 삶에 질병을 가져올 명확한 경로를 가지고 있는 것 아닙니까? 여기 그 경로가 있습니다.

① 원수는 하나님의 말씀에 반대되는 생각들(용서하지 않음, 쓴 뿌리, 자기 증오, 탐욕, 시기, 질투, 분노, 적대감, 두려움, 스트레스, 불안과 같은 불의의 생각들)로 우리를 유혹합니다. 이것들은 죄의 법의 일부입니다.

② 만약 우리가 그 불의한 생각들을 받아들이고 하나님의 말씀 대신 그것들을 묵상하거나 깊이 생각한다면, 그것들은 우리의 장기 기억의 일부가 되고 우리 생물학의 일부가 됩니다.

③ 이러한 고조된 부정적인 감정들과, 그 배후의 영들이 편도체와 대뇌 피질에서 시상하부 샘으로 전달되고, 이는 다시 우리 몸의 다른 중요한 샘들에 잘못된 신호를 촉발합니다. 만약 우리가 매일 이렇게 산다면, 이것은 시간이 지남에 따라 우리 몸을 손상시킬 수 있습니다. 우리는 죄 가운데 살고 항상성이 부족한 결과로 심장병, 암, 류마티스 관절염, 당뇨병, 그 외의 너무나 많은 심각한 질병들

을 얻게 될 수 있습니다.

원수의 계획은 너무나 교활합니다. 생각해 보십시오. 시상하부는 사탄과 그의 왕국이 우리를 질병의 방향으로 움직이기 위해 필요한 유일한 샘입니다. 우리의 몸이 하나님께서 의도하신 대로 기능하는 대신, 우리는 기능의 불편함(dis-ease of function)을 갖게 됩니다. 만약 그 편안함 없음이 계속되면, 그것은 본격적인 장애나 질병으로 발전할 수 있습니다.

사탄은 인체가 어떻게 기능하는지 압니다. 원수는 이 모든 혼란을 일으키기 위해 단지 그 하나의 샘이 필요합니다. 그는 그것을 불균형 상태로 만들고 우리의 건강에 큰 혼란을 일으키기 위해 무엇을 해야 하는지 압니다. 그는 그것에 능숙합니다. 하지만 하나님은 훨씬 더 크십니다. 그것이 바로 내가 당신의 삶을 향한 사탄의 질병 계획과 싸우는 방법을 알도록 당신을 위해 지식을 펼쳐놓는 이유입니다. 원수의 악한 유혹에 머물지 마십시오. 대신, 하나님의 말씀 안에 있는 진리를 묵상하십시오.

나는 당신이 원수의 계획을 이기기를 바랍니다. 나는 이것에 대해 열정적인데, 이는 당신의 삶과 건강이 달려 있기 때문입니다. 내 안에는 이 메시지를 가능한 한 많은 사람에게 전하고자 하는 열정이 불타오르고 있습니다. 교회여, 깨어날 때입니다. 구원이 여기 있습니다. 나는 성령께서 당신의 영과 혼을 이 영적, 육체적 위협에 대해 깨우쳐 주시기를 기도합니다. 나는 모든 신자가 자신과 사랑하는 사람들을 위해 이 진리를 받아들이기를 기도합니다.

루푸스(lupus)로부터 치유되다

로렌

나는 몇 가지 놀라운 치유를 경험했습니다. 2013년에, 나는 루푸스 때문에 끔찍한 증상들을 겪고 있었습니다. 나는 병원을 여러 번 드나들었고, 신장이 제대로 작동하지 않았으며, 온몸에 심한 관절 부종이 있었습니다. 관절이 계속 부어 있어서 주먹을 쥘 수도, 팔을 완전히 구부릴 수도 없었습니다. 얼굴에는 루푸스 나비 발진이 있었고, 염증 때문에 눈에 보일 정도로 큰 혹들이 관절 주위에 있었습니다.

나는 루푸스 진단을 받았을 때 그것을 믿고 싶지 않았습니다. 약을 처방받았지만, 도움이 되지 않았습니다. 의사들은 나에게 이미 돌이킬 수 없는 병이 시작되었고, 치료법이 없으며, 평생 루푸스를 안고 살아야 할 것이라고 말했습니다. 나는 진료실을 나와 복도로 걸어갔고, 건물을 떠나기도 전에 여동생 앤에게 전화해서 "나는 이 진단을 받아들이기를 거부해."라고 말했습니다.

곧이어, 나는 'For My Life' 수련회에 갔고, 시간이 지남에 따라 거기서 배운 성경적 원리들을 적용함으로써 점차 나아졌습니다. 나는 이제 내가 루푸스로부터 완전히 치유되었다고 말할 수 있습니다.

더욱 놀라운 것은, 내가 최근에 첫 아이인 아들을 낳았다는 것입니다. 내가 루푸스를 앓고 있을 때, 의사들은 내가 임신 합병증의 고위험군이라고 말했습니다. 비록 내 루푸스가 치유되었지만, 임신 기간 동안 나는 12주 연속으로 매주 초음파 검사를 받아야 했습니다. 매번, 나는 의사들로부터 내 아기가 괜찮다는 좋은 소식을 들었습니다.

내가 루푸스로부터 치유받고 건강한 아이를 낳을 수 있었다는 것이 너무나도 축복받았다고 느낍니다. 이제, 나는 심지어 다시 체조와 수상스키를 하고 있습니다. 내 건강은 완전히 회복되었습니다. 의사들은 이런 식의 치유가 일어나는 것을 거의 보지 못하기 때문에, 내 류마티스 전문의는 나에게 정기적으로 혈액 검사를 받으러 오라고 요청했습니다. 이제 2년이 지났고, 그들이 나를 검사할 때마다 나는 정상적인 결과를 얻습니다. 하나님, 감사합니다.

내 치유는 즉시 일어난 것이 아니라, 시간을 두고 여정 속에서 일어났습니다. 하나님께서는 즉시 치유하시기도 하지만, 그것이 성공적인 여정이 될 수도 있다는 열린 마음을 가지십시오.

제6장

알레르기의 영적 뿌리

미국 질병통제예방센터(CDC)에 따르면, 알레르기는 미국에서 여섯 번째로 흔한 만성 질환의 원인입니다.[1] 인터넷에서 알레르기의 정의를 찾아보면 다음과 같은 답변을 찾을 수 있습니다. "알레르기란 보통은 해롭지 않은 물질에 대해 면역 체계가 비정상적인 반응을 보이는 것입니다." 어떤 종류의 물질일까요? 꽃가루, 동물의 털, 꽃, 향수, 땅콩, 계란, 유제품, 갑각류(甲殼類), 섬유 등 다양합니다. 알레르기가 있다는 것은 당신이 즐기도록 하나님께서 의도하신 그분의 창조물에 알레르기가 있다는 의미입니다. 그것은 하나님의 계획이 아닙니다.

의사들과 연구자들은 왜 어떤 사람들이 알레르기에 걸리는지 확신하지 못하며, 알레르기는 치료될 수 없고 오직 약물치료와 생활 습관의 변화로 '관리'될 수 있을 뿐이라고 믿습니다. 또다시 같은 상황입니다. 의료계는 질병이나 장애의 근본 원인을 이해하지 못하기 때문에, 항히스타민제와 다른 약들로 증상을 관리할 뿐입니다.

우리는 하나님의 은혜로 지난 30년간 알레르기로부터 완전히 치유된 사람들을 통해 위대한 결과들을 보아왔습니다. 나는 하나님께서 알레르기 뒤에 진정으로 놓여 있는 근본 원인을 우리에게 보여주셨다고 믿

1) "Allergy Facts," American College of Allergy, Asthma and Immunology, https://acaai.org/news/facts-statistics/allergies.

습니다. 의학계가 말하는 바와 더불어, 나는 'For My Life'를 통해 수많은 사람에게 회복과 치유를 가져온 것들을 살펴보며 이 계시를 펼쳐 보이고자 합니다.

1. 두려움과 스트레스의 영

당신은 두려워해 본 적이 있습니까? 두려워하는 사람을 본 적이 있습니까? 당신이 공포 영화를 보았을 때를 제외하고는 "아니요"라고 대답할지도 모릅니다. 더 공감하기 쉬운 질문은 이럴 것입니다. 당신은 스트레스를 받아 본 적이 있습니까? 스트레스를 받는 사람을 본 적이 있습니까? 그것은 어떻게 보이고 느껴집니까? 목에 긴장을 느낄 수도 있고, 두통, 짜증, 또는 혼란스럽고 흩어진 생각으로 나타날 수도 있습니다.

그렇다면 당신은 스트레스를 유발하는 원인에 대해 생각해 본 적이 있습니까? 스트레스가 두려움의 결과일 가능성이 있을까요? 어린아이들은 종종 매우 명백한 방식으로 두려움에 반응합니다. 예를 들어, 거미를 보면 비명을 지르며 도망칠 수 있습니다. 물론, 어른들도 똑같이 할 수 있습니다. 반면에, 어른으로서 당신은 아마도 더 복잡한 두려움을 가지고 있을 것입니다. 우리 팀 중 많은 사람은 직장, 재정, 관계, 심지어 건강에 대해 두려워하며 모든 시간을 보냅니다.

우리 팀은 두려워하는 것이 아니라, 단지 이러한 문제들에 대해 "스트레스를 받을 뿐"이라고 말할지도 모릅니다. 나는 스트레스와 두려움이 동의어라는 것을 당신에게 성경을 따라 보여주고 싶습니다. 당신이 스트레스를 받을 때, 평안하다고 말할 수 있습니까? 아닙니다. 당신은 아마 당신의 생각들로 인해 고통받고 있을 것입니다. 그것들은 당신의 마음에서 계속 반복됩니다. 당신은 그것들로부터 벗어날 수 없습니다.

스트레스를 받는 사람들은 종종 밤에 잠드는 데 어려움을 겪습니다. 왜냐하면 잠자리에 들 시간이라고 해서 스트레스로 가득한 생각들이 끝나지는 않기 때문입니다. 요한일서 4장 18절에 따르면, 이러한 지표들은 스트레스를 느낀다고 하는 많은 사람이 실제로는 두려워하고 있다는 사실을 가리킵니다.

> "사랑 안에 두려움이 없고 온전한 사랑이 두려움을 내쫓나니 두려움에는 형벌이 있음이라. 두려워하는 자는 사랑 안에서 온전히 이루지 못하였느니라"(요일 4:18).

이 모든 것을 지적하는 목적은 "스트레스" 뒤에 있는 영적 결합을 식별하기 위함입니다. 이것은 두려움의 영입니다. 우리는 두려움이라는 '감정'에 대해 말하는 것이 아니라, 우리의 인간적인 마음과 몸에 스트레스로 나타나는 '두려움의 악한 영'에 대해 말하고 있다는 것을 기억하십시오.

> "하나님께서는 우리에게 두려움의 영(spirit of fear)을 주지 아니하시고 권능과 사랑과 건전한 생각의 영을 주셨느니라"(딤후 1:7 흠정역).

많은 현대 성경 번역본들은 디모데후서 1장 7절의 단어를 바꾸었습니다. 그들은 "두려움의 영"(spirit of fear)이라는 구절을 "소심함"(timidity)이라는 단어로 대체하여, '영'(spirit)이라는 단어를 완전히 생략했습니다. 이 변경은 악한 영이 있다는 영적 분별력을 제거하고 그것을 소심함이라는 감정적 묘사로 대체합니다. 이 성경 구절을 변경함으로써, 우리는 우리를 유혹하고 통제하는 것이 악한 두려움의 영이라는 것을 더는 인식하지 못하게 될 수 있습니다. 구약의 욥기도 두려움을 영으로 식별합니다.

> "두려움과 떨림이 내게 이르러서 모든 뼈마디가 흔들렸느니라. 그 때에 영이 내 앞으로 지나매 내 몸에 털이 주뼛하였느니라. 그 영이 서 있는데 나는 그 형상을 알아보지는 못하여도 오직 한 형상이 내 눈앞에 있었느니라. 그 때에 내가 조용한 중에 한 목소리를 들으니"(욥 4:14-16).

두려움은 단지 심리적인 현상이 아닙니다. 그것은 우리를 대적하여 음모를 꾸미는 악한 영입니다. 두려움의 영은 사탄의 숨겨진 왕국에서 옵니다. 그것을 두려움의 영이라고 부르시는 분은 바로 하나님이십니다. 우리는 그분과 의견을 같이하는 것이 현명할 것입니다.

히브리서 11장은 믿음에 대한 강력한 진술로 시작합니다. "믿음은 바라는 것들의 실상이요 보이지 않는 것들의 증거니"(히 11:1). 믿음의 반대편에서, 두려움은 우리가 바라지 않는 것들의 실상입니다. 두려움은 사탄의 신념 체계의 강력한 측면입니다. 믿음이 두려움보다 더 크지만, 이 두 가지 방식에서는 동일합니다. 둘 다 미래를 향해 투사되며, 둘 다 성취되기를 요구합니다. 예수님께서는 "너희 믿음대로 되라"(마 9:29) 하고 말씀하셨습니다. 원수는 그것을 "너희 두려움대로 되라"로 바꾸고 싶어 합니다.

우리는 과학이 두려움의 일부 결과들을 인식한다는 것을 압니다. 대부분의 의료 전문가들은 두려움에 찬 인생관을 갖는 것이 건강에 부정적인 영향을 미칠 것이라는 데 동의합니다. 알레르기는 당신의 몸이 주변의 자연환경에 어떻게 반응하는지 보다는, 당신의 깊은 내면이 어떠한지, 그리고 당신이 하나님, 자신, 그리고 다른 사람들과 어떻게 관계를 맺는지에 대한 산물이자 결과입니다. 많은 사람이 이것을 듣고 싶어

하지 않겠지만, 나는 모든 알레르기는 두려움의 영에 의해 발생한다고 믿습니다.

시편 34편 4절은 "내가 여호와께 간구하매 내게 응답하시고 내 모든 두려움에서 나를 건지셨도다."라고 말씀합니다. 소망이 있습니다. 만약 우리가 주님을 찾고 그분의 이름을 부르면, 우리는 건짐을 받을 것입니다. 이것은 우리가 붙들어야 할 약속입니다.

2. 두려움이 면역 체계에 미치는 결과

만약 우리가 믿음 대신 두려움을 받아들이고 두려움의 영이 우리 삶을 지배하도록 허락하면 어떻게 될까요? 이 질문에 답하기 위해, 나는 영적인 관점과 의학적인 관점 모두에서 무엇이 알레르기를 유발하는지 보여주겠습니다.

먼저, 코르티솔(cortisol)에 대해 이야기해 봅시다. 코르티솔은 부신에서 분비되는 자연 발생 스테로이드입니다. 그것은 기능이 있으며, 특히 위험할 수 있는 투쟁-도피 상황에서 우리를 돕습니다. 그러나 코르티솔이 억제되지 않고 분비되면, 그것은 "코르티솔 방울"(cortisol drip)이 됩니다. '코르티솔 방울'은 이 코르티솔 분비가 어떻게 작용하는지(마치 새는 수도꼭지처럼) 당신이 이해하도록 돕기 위해 내가 사용하는 용어입니다. 이것은 지속적으로 분비되고 있습니다. 만약 당신이 삶에서 계속해서 불안과 스트레스를 나타낸다면, 코르티솔 방울이 당신의 면역 체계를 약화시키기 시작할 것입니다.

나는 지금 공포증과 같은 두려움, 예를 들어 비행 공포증이나 거미 공포증을 말하는 것이 아닙니다. 이 두려움은 주로 관계의 붕괴에서 비롯됩니다. 알레르기의 주된 영적 원인은 사랑과 관계 안에서 안전하다고 느끼지 못하는 것과 관련된 두려움의 영입니다. 그 결과 모든 관계에서 추가적인 두려움과 불안이 생깁니다. 그것은 당신이 다른 사람들이 당신에게 상처를 주거나 해를 끼칠까 두려워 그들을 피하거나 밀어내게 만들 것입니다. 이 두려움의 영은 또한 당신을 고립으로 이끌 것입니다. 코르티솔은 영양 때문에 면역 체계를 파괴하는 것이 아닙니다. 코르티솔은 두려움의 영 때문에 면역 체계를 파괴합니다.

손상된 면역 체계

당신이 실제로는 아무것에도 알레르기가 없다는 사실을 알면 충격을 받을지도 모릅니다. 당신은 두려움이라는 생물학적 현상과 코르티솔 분비의 결과를 경험하고 있는 것입니다. 당신은 손상된 면역 체계를 초래하는 생물학적 현상을 경험하고 있는 것입니다.

면역 체계는 하나님께서 당신에게 위험한 유기체를 식별하고 파괴하기 위해 창조하신 당신 몸의 일부입니다. 하나님께서는 여러 다른 종류의 백혈구를 완전히 형성되어 행동 준비와 전쟁 준비가 되도록 창조하셨습니다. 이 장의 목적을 위해, 나는 T세포와 B세포라고 불리는 백혈구에 초점을 맞추고 싶습니다. 만약 당신이 건강한 면역 체계를 가지고 있다면, 어떤 외부 물질도 그들의 길을 막을 수 없습니다. 그러나 당신의 면역 체계를 방해하여 당신을 섬기지 못하게 하는 다양한 것들이 있습니다. 과도한 코르티솔이 그중 하나입니다.

코르티솔이 과다분비될 때

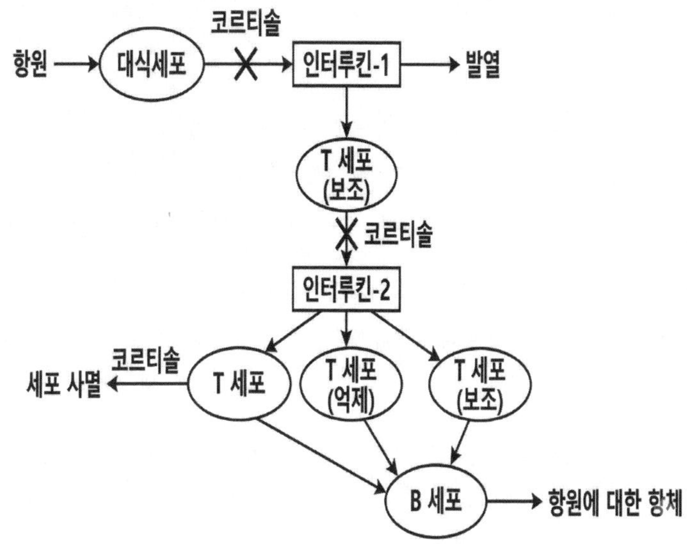

차트 6

차트 6을 보십시오. 만약 코르티솔이 방울방울 떨어진다면, 그 결과는 T세포의 죽음입니다. 일부 T세포는 킬러 세포 역할을 하여 바이러스와 다른 침입자들을 공격하고 파괴합니다. 다른 T세포들은 외부 침입자가 중화된 후에 B세포 활동을 억제하는 임무를 맡습니다. B세포는 또한 킬러 세포처럼 작용하여 침입자들을 파괴하는 항체를 생성합니다.

시스템이 무너질 때

상황이 잘못될 때 발생하는 일은 다음과 같습니다. 면역 체계가 코르티솔 방울에 의해 손상됨에 따라, 면역 체계의 작용을 안내하는 데 도움을 주는 T세포들이 코르티솔에 의해 파괴됩니다. 동시에, B세포 활동은 증가하고 과도해집니다. 당신 몸의 모든 세포, 즉 건강한 세포와 침입자세포(바이러스, 박테리아, 암 포함)는 항원 표지라는 식별 표시를 가지고 있습니다. 일이 하나님께서 창조하신 대로 기능할 때, 항체는 항원 표지를 인식하고 건강하지 않은 침입자들을 공격하여 파괴합니다.

불행하게도, 당신의 면역 체계가 오작동할 때, 이 시스템은 붕괴됩니다. B세포는 침입자들이 아닌 자연 물질의 항원 표지를 공격하는 항체를 실수로 생성합니다. 그것들은 바이러스와 박테리아를 공격하는 대신 풀, 꽃가루, 먼지, 동물의 털, 향수, 그리고 특정 음식을 공격할 것입니다. 당신의 몸은 히스타민의 과잉 생산으로 반응하는데, 이는 가려운 눈, 콧물, 부비동 두통, 발진과 같은 다양한 "알레르기" 반응을 일으킵니다. 당신은 증상 완화를 위해 항히스타민제를 복용할 수 있지만, 그것이 문제를 사라지게 하지는 않습니다.

당신의 T세포 활동이 감소하는 정도에 따라, B세포 활동은 증가합니다. 그것이 바로 당신의 면역 체계가 더 많이 손상될수록, 당신의 알레르기가 단순한 것에서 복잡한 것으로 더 복잡해지는 이유입니다. 만약 당신의 면역 체계가 정상이라면, B세포 활동은 조절되고, 알레르기는 더는 존재하지 않게 됩니다. 당신은 모든 것 주위에 있어도 되고, 원하는 것은 무엇이든 먹을 수 있으며, 결코 반응하지 않을 것입니다. 요약하자면, 알레르기는 두려움, 불안, 스트레스의 결과이며, 이는 장기간의 코르티솔 방울로 인한 T세포 사멸로부터 오는 과도한 B세포 활동을 유발합니다.

3. 알레르기를 물리치는 비결은 무엇인가?

어떤 사람이 알레르기를 가지고 우리에게 올 때, 우리는 어떤 혈액 검사도 할 필요가 없습니다. 우리는 그 사람이 손상된 면역 체계를 가지고 있다는 것을 압니다. 당신이 가진 알레르기의 수는 당신의 면역 체계가 얼마나 심하게 손상되었는지를 말해줍니다. 나는 한 사람의 몸에서 24시간 안에 백 가지나 되는 알레르기가 떠나 다시는 돌아오지 않는 것을 보았습니다. 전 세계 수천 명의 사람이 더는 알레르기를 앓고 있지 않은데, 이는 나의 치유를 위한 기름 부음 때문이 아니라, 이 정보의 진실 때문입니다. 음식, 냄새, 향수, 그리고 다른 많은 것들에 알레르기가 있어 호일로 틈을 막은 방에 갇혀 있던 사람들이 오늘날 정상적인 삶을 살고 있습니다.

알레르기를 물리치는 비결은 무엇일까요? 코르티솔 분비를 유발하는 두려움을 인식하십시오. 당신의 혼/마음과 몸에 스트레스와 불안으로 나타나는 두려움의 영을 회개하십시오. 그러면 하나님께서 골수 차원에서 당신에게 수혈을 해주실 것입니다. 하나님은 당신을 사랑하십니다. 그분의 사랑을 받고 그분께서 당신의 두려움으로부터 당신을 건져내시도록 허락하십시오. 다시 자신을 받아들이고 사랑하기 시작하십시오. 그분을 신뢰하고 의지하는 법을 배우면서 하나님의 말씀 안에서 당신의 마음을 새롭게 하십시오. 두려움을 유발했던 당신 삶의 깨진 관계들을 고치십시오. 당신의 관계에 대한 불신과 두려움을 초래했을 수 있는 사람들을 용서하십시오. 당신의 면역 체계가 치유될 때, 당신의 알레르기는 과거의 일이 될 것입니다.

4. 면역 체계를 건강하게 유지하는 방법

의사들은 코르티솔과 그것이 방울방울 떨어질 때 몸에 어떤 영향을 미치는지에 대해 알고 있습니다. 그렇다면, 왜 그들은 이 방울에 대해 당신을 도울 수 없을까요? 의료계는 당신의 면역 체계를 강화하기 위해 비타민, 허브, 건강식품을 사용합니다. 그러나 그 근원은 영양 문제가 아니라는 것을 기억하십시오. 근원은 두려움의 영입니다. 그런데 의사들은 잘못된 음식을 먹는 것에 대해 당신에게 더 많은 두려움을 줍니다. 그들에게 내 질문은 이것입니다. "왜 당신들은 효과가 없는 일을 계속하고 있습니까?" 면역 체계를 파괴하는 코르티솔의 과잉을 만드는 것은 두려움입니다. 우리는 사람들을 위해 자유의 장소가 아닌 감옥을 만들고 있습니다.

면역 체계를 어떻게 건강하게 유지할 수 있을까요? 하나님 아버지께서 당신 안에서 그분의 본성을 발전시키시도록 허락하십시오. 하나님의 본성에는 갈라디아서 5장에서 우리에게 주어진 성령의 아홉 가지 열매가 포함됩니다.

> "오직 성령의 열매는 사랑과 희락과 화평과 오래 참음과 자비와 양선과 충성과 온유와 절제니 이같은 것을 금지할 법이 없느니라"(갈 5:22-23).

성령님은 삼위일체의 세 번째 위격이시며 다른 것들 중에서도 하나님 아버지의 본성을 대표하십니다. 그러므로, 하나님께서 당신이 갖기를 의도하신 것과 같은 면역 체계를 가지려면, 당신의 본성은 사랑, 희락, 화평, 오래 참음, 자비, 양선, 충성, 온유, 절제를 표현해야 합니다. 성경은 이 열매를 물리칠 법이 없다고 말합니다. 당신 안에 있는 이 하나님의 본성이 바로 건강한 면역 체계를 생산하는 것입니다.

나는 당신이 이 싸움에서 이기기를 바랍니다. 당신의 건강을 위해 가능한 한 많은 두려움을 버리십시오. 왜냐하면 두려움은 하나님께서 주시는 것이 아니라, 원수가 주는 것이기 때문입니다. 성령께서 그분의 놀라운 본성을 당신 안에 형성하시도록 하십시오. 원수는 여전히 당신을 유혹할지 모르지만, 그는 당신을 건드릴 수 없습니다. 당신의 삶의 주도권을 잡으십시오.

5. 단순 알레르기와 어린이 다루기

얼마 전, 나는 뉴잉글랜드에서 컨퍼런스를 열고 있었는데, 매우 걱정스러워하는 부부가 얼굴의 절반을 덮는 심한 습진을 앓고 있는 남자 아기를 나에게 데려왔습니다. 그 아기는 한 살이 채 되지 않았고, 의사들은 가능한 한 많은 항히스타민제와 국소 크림을 처방했지만, 아무것도 도움이 되지 않았습니다. 이런 종류의 피부 알레르기의 대부분의 경우, 의료 전문가들은 국소 도포제와 항히스타민제를 줄 것입니다. 그러나 문제의 근본 원인은 무엇일까요? 부모는 나에게 "저희가 뭘 할 수 있을까요?"라고 물었습니다.

그날, 나는 그 부모의 눈을 똑바로 쳐다보며 물었습니다. "혹시 두 분 중 한 분이 자녀를 있는 그대로 사랑하고 받아들이는 데 어려움을 겪고 있을 가능성이 있을까요?" 나는 거기서 정말 정곡을 찔렀습니다. 나는 그 상황에서 못되게 굴 의도나 비난할 의도가 없습니다. 그러나 거기에는 생명이 달려 있습니다.

아기의 엄마는 그 자리에서 눈물을 터뜨리며 자신이 그런 식으로 어려움을 겪고 있는 사람이라고 고백했습니다. 그녀는 그리스도인이었습니다. 그녀는 임신 중에 딸을 갖기를 간절히 바랐습니다. 아들이 태어났을 때, 그녀는 남자 아기와 유대감을 형성하거나 양육하는 데 흥미를 느끼지 못했습니다. 그녀는 모유 수유를 꺼렸고 그를 거의 껴안아 주지 않았습니다. 아기는 아무것도 이해하지 못했습니다. 그는 아직 말조차 이해할 수 없었습니다. 아이가 반응한 것은 오직 신체적 접촉 또는 그것의 부재뿐이었습니다.

아기의 엄마는 죄책감을 느꼈습니다. 그녀는 자신이 무엇을 하고 있었는지, 자신의 행동이 아기를 받아들이지 않는 방식이었다는 것을 깨닫지 못했습니다. 그녀는 하나님께 부르짖으며 아기를 거부한 것에 대해 회개했습니다. 그런 다음, 그녀는 그 아기를 꼭 껴안고, 눈물을 흘리며 그에게 회개하고 용서를 구했습니다. 비록 아기가 그녀가 하는 말을 한마디도 이해할 수 없었지만, 그의 작은 영은 이제 그녀에게 안전하고 받아들여진다고 느꼈고, 그의 몸은 건강으로 반응했습니다. 아기의 얼굴은 아주 짧은 시간 안에 치유되었습니다.

많은 사람의 알레르기는 부모로부터 제대로 사랑받지 못한 결과로 발생합니다. 내 30년의 사역 동안, 일부 습진 사례는 유아기의 불충분한 접촉과 껴안음 때문이라는 것이 나의 관찰이었습니다. 뉴잉글랜드의 아기 경우, 어머니의 양육과 수용 부족이, 비록 그가 무슨 일이 일어나고 있는지 이해하지 못했음에도 불구하고, 두려움의 영이 그에게 영향을 미칠 문을 열어주었습니다. 아기의 치유 열쇠는 악한 거절의 영이 아기를 원치 않는 존재로 느끼게 한 것에 대해 부모가 하나님 아버지께 회개한 것이었습니다. 부모가 회개했을 때, 아기는 먼저 영적 차원에서 치유되고 양육되었고, 그것이 그의 피부/몸의 치유로 나타났습니다.

우리는 성장하고, 영과 혼과 몸을 거룩하게 하는 법을 배우기 위해 이 여정에 있습니다. 서로 사랑하고 용서하는 가정을 만들어 알레르기를 예방하십시오. 그들에게 하나님의 길을 가르치십시오. 변화는 하룻밤 사이에 일어나지 않을 수 있지만, 일어날 것입니다.

6. 치유를 막는 장애물로서의 두려움

우리 사역에 참여하는 한 남성은 그의 가정에서 두려움과 알레르기에 대해 겪었던 경험을 나누었습니다. 몇 년 전, 그의 딸이 한 살이 채 되지 않았을 때, 그녀에게 계절성 알레르기가 생겼습니다. 그녀는 반복적으로 재채기를 했고, 눈은 항상 눈곱으로 가득 차 있었습니다. 그는 이미 'Be in Health'와 함께 일하고 있었고, 딸의 알레르기 반응의 근본 원인을 이해하고 다루려고 노력하고 있었습니다. 내가 그에게 "알레르기에 대해 어떻게 하고 있나요?"라고 물었습니다. 그는 "아이용 항히스타민제를 주고 있고, 이 계절이 지날 때까지 밖에서 놀지 못하게 하고 있어요. 카펫을 뜯어낼까 생각 중입니다."라고 말했습니다.

그때 내가 그에게 "당신이 환경에 대한 아기의 반응을 두려워하고 있을 가능성이 있다고 생각하십니까? 아기가 집안에서 당신의 두려움을 감지하고, 그것이 그녀의 알레르기에 역할을 하고 있을 가능성이 있다고 생각하십니까?"라고 물었습니다. 여기서, 우리는 뿌리는 다루어졌지만 여전히 치유에 장애물이 있는 예를 봅니다. 뿌리는 관계에서의 두려움이었지만, 알레르기 자체에 대한 두려움이 장애물이었습니다. 그 차이점을 알겠습니까?

그는 집으로 돌아가 아내와 상의했습니다. 그들은 함께 그 두려움의 영을 회개하고 그 두려운 생각들을 내쫓았습니다. 딸의 치유를 위해 회개하고 기도한 후, 그들은 걱정하지 않고 그냥 아이답게 두기로 결정했습니다. 한 달 후, 그들의 어린 딸은 그 알레르기로부터 치유되었고, 오늘날까지 재발하지 않았습니다.

아이들은 우리의 불안감과 두려움을 감지할 수 있다는 것을 기억하십시오. 우리는 부모로서 종종 사랑에서 우리나와 자녀를 보호하려고 하지만, 우리가 문제가 될 수 있습니다. 현명한 부모들에게 한마디 하겠습니다. 자녀의 삶의 어떤 것에 대해서도 두려움 속에서 그들 주위를 맴돌지 마십시오. 만약 당신이 이런 식으로 행동한다면, 당신은 그들에게 두려움의 영에 반응하도록 가르치는 것입니다. 심지어 나이가 많고 구원받지 못한 자녀 주위에서도 두려움으로 맴돌지 마십시오. 그들에게서 두려움의 영을 제거하십시오. 대신 하나님을 믿는 믿음 안에서 그들 곁에 서십시오.

7. 알레르기에 대한 통찰

사람들을 돕는 내 사역 초기에, 나는 절박한 한 여성으로부터 전화를 받았습니다. (그녀를 마가렛이라고 부르겠습니다.) 마가렛은 카펫도 없고 가구도 거의 없는 위생적인 방에서 거의 10년을 은둔하며 보냈습니다. 그녀는 심한 알레르기 때문에 환경의 모든 것을 피하는 법을 배웠습니다. 그녀는 남편과 아이들과 함께 시간을 보내거나 식사조차 할 수 없었습니다. 그녀는 매일 한두 가지 음식만 먹는 지경에 이르렀습니다.

마가렛은 자신이 받은 의학적 진단이 '다중 화학 물질 과민증/환경 질환'(MCS/EI)이라고 설명했는데, 이는 살충제, 향수, 플라스틱, 의류, 카펫, 그리고 특정 음식과 같은 환경의 많은 일반적인 화학 물질에 알레르기 반응을 보이는 사람에게 내려지는 진단입니다. 거기에는 두통, 근육 및 관절 통증, 피로, 발진, 천식, 기억 상실, 혼란을 포함한 광범위한 만성 증상이 있습니다. 그녀의 의사들은 그녀의 알레르기의 뿌리가 그녀의 면역 체계를 완전히 파괴한 살충제에 대한 노출이라고 확신했습니다.

마가렛은 자신의 병에 대해 설명한 후, 나에게 "라이트 목사님, 부디 여기 와서 저를 만나주세요. 저는 제 방을 떠나거나 비행기를 탈 수 없어요. 그러면 제 목숨이 위태로워져요."라고 간청하며 말했습니다. 나는 그녀의 요청에 놀랐습니다. 마가렛은 이 나라의 반대편에 살았고, 그 당시 나는 사역을 위해 여행을 해본 적이 없었습니다. 조용히 기도한 후, 나는 "마가렛 씨, 알겠습니다. 제가 당신을 위해 무엇을 할 수 있을지 모르겠지만, 제 인생의 열흘을 당신에게 드리겠습니다."라고 대답했습니다.

그 주말에 나는 해답을 찾기 위해 비행기에서 성경을 폈습니다. 야고보서 1장 5절은 우리에게 "너희 중에 누구든지 지혜가 부족하거든 모든 사람에게 후히 주시고 꾸짖지 아니하시는 하나님께 구하라 그리하면 주시리라." 하고 말씀합니다. 그래서 나는 기도하며 하나님 아버지께 말씀드렸습니다.

"주님, 이것은 제가 전혀 알지 못하는 질병이고, 저는 제가 전혀 알지 못하는 낯선 사람을 섬기러 갑니다. 제가 뭘 하고 있는 걸까요? 제가 정신이 나갔나요?"

나는 살충제나 환경 질환과 관련된 것이 조금이라도 있는지 성경을 찾아보았습니다. 그때, 주님께서 나를 잠언 17장 22절로 인도하셨습니다.

> "마음의 즐거움은 양약이라도 심령의 근심은 뼈를 마르게
> 하느니라."

내가 그 성경 구절을 묵상하면서, 나는 하나님께서 우리의 뼈를 창조하신 방식에 대해 생각했습니다. 그것들에는 우리가 보통 생각하는 것(우리가 서고 움직일 수 있게 하는 단단한 골격) 이상의 것이 훨씬 더 많이 있습니다. 우리 뼈의 중심에는 골수라고 불리는 해면질 물질이 있는데, 이것은 우리의 적혈구, 백혈구, 혈소판을 지속적으로 생산하고 있습니다.

백혈구는 우리 면역 체계에서 중요한 역할을 합니다. 하나님께서는 그것들을 침입하는 박테리아, 바이러스, 곰팡이와 싸우도록(우리 몸의 모든 해로운 침입자들을 파괴하는 것을 돕도록) 창조하셨습니다. 우리는 건강한 면역 체계 없이는 존재할 수 없습니다.

나는 잠언 17장 22절의 "심령의 근심은 뼈를 마르게 하느니라"를 묵상하면서 여쭈었습니다.

"주님, 그것이 무슨 의미일 수 있을까요? 상한 심령, 즉 상한 마음이 골수의 연조직을 마르게 하고, 백혈구에 영향을 미치며, 면역 체계를 파괴한다는 의미일 수 있을까요?"

하나님께서는 영적 차원에서의 붕괴가 우리 몸의 생리적 붕괴로 이어질 수 있다는 것을 나에게 드러내고 계셨습니다. 이것은 나로 하여금 궁금하게 했습니다.

"주님, 누가 이 여인의 마음을 상하게 했습니까?"

상한 마음의 치유

내가 이 매우 아픈 여인을 섬기기 위해 도착한 후 내가 성경에서 읽은 것을 시험해 보았습니다. 나는 그녀에게 물었습니다.

"마가렛 씨, 누가 당신을 상하게 했습니까? 누가 당신을 사랑해야 했는데 그러지 않았습니까? 누가 당신 안에 이런 종류의 공포나 두려움을 심어주었습니까?"

몇 분간의 조용한 시간 후에, 그녀는 말 대신 눈물로 나에게 대답했습니다.

나는 마가렛과 7일간의 사역을 함께하며, 그녀를 향한 하나님 아버지의 사랑을 이해하도록 돕고, 그녀의 삶에서 두려움에 맞서도록 도전했습니다. 그녀의 삶에 무슨 일이 일어났든, 그분과의 관계는 깨지지 않았습니다. 그녀는 과거의 고통스러운 상처들을 계속해서 상기시키는 쓴 뿌리와 용서하지 않음을 품었던 것을 회개했습니다. 그녀는 알레르기 반응으로부터 자신을 보호하려다가 고립된 장소로 자신을 이끌었던 두려움을 회개했습니다. 사탄의 왕국이 가져온 거짓말은 그녀로 하여금 주변 세상이 자신을 죽이고 있다고 믿게 만들었지만, 진정한 원수는 두려움의 영이었고, 그것이 그녀가 밤낮으로 묵상했던 두려운 생각들 때문에 그녀의 몸이 오작동하고 쇠약해지게 만든 것이었습니다.

마가렛은 사탄의 왕국으로부터 오는 생각들(특히 사랑하고 사랑받는 것에 대해 두려워하고 그녀를 고립으로 몰아넣었던 생각들)을 인식하고 내쫓는 법을 배웠습니다. 그녀는 무엇이 잘못될 수 있는지에 대한 두려운 생각들보다 하나님의 말씀을 신뢰하기로 선택했습니다. 두렵고 스트레스를 받는 삶을 사는 것이 그녀의 고통으로 이어졌습니다. 그러나 하나님의 온전한 사랑은 그녀의 삶에서 두려움을 파괴할 것이라는 점을 기억하십시오

> "사랑 안에 두려움이 없고 온전한 사랑이 두려움을 내쫓나니 두려움에는 형벌이 있음이라. 두려워하는 자는 사랑 안에서 온전히 이루지 못하였느니라"(요일 4:18).

나는 그녀에게 두려움과 고립이 그녀의 면역 체계를 어떻게 약화시켰는지 설명했습니다. 7일간 하나님 말씀의 진리를 받은 끝에, 마가렛은 몇 년 만에 처음으로 자신의 방에서 걸어 나왔습니다. 그녀가 집안의 방들을 지나 남편과 아이들과 함께 식탁에 앉았을 때, 아무런 알레르기 반응이 없었습니다. 그날 늦게, 나는 그녀의 온 가족과 함께 '시즐러'(Sizzler)라는 스테이크 레스토랑에 저녁 식사를 하러 갔습니다. 그녀

는 그 뷔페에 있는 모든 것을 먹을 수 있었습니다. 알레르기 반응이 없었습니다. 마가렛은 마침내 자신이 하나님께 사랑받고 있으며, 그분께서 성경에서 약속하신 대로 자신을 보호하실 것이고, 자신을 사랑할 수 있다는 것을 이해했습니다. 하나님 아버지께서 그녀의 상한 마음을 치유하셨습니다.

여기에 덧붙이자면, 당신이 알레르기가 있었던 음식을 믿음으로 다시 먹기 시작하거나, 자녀와 함께 이것을 시작할 때, 시기와 진행 방법에 대해 반드시 하나님의 인도를 받으십시오. 지혜를 사용하고, 많은 경우 신중하고 점진적으로 변화를 주십시오.

상한 마음이란 무엇인가?

만약 우리가 상한 마음(또는 상한 심령)을 가지고 있다면, 우리는 아마도 언어적, 신체적, 또는 성적 학대 때문에 찔림을 받았을 것입니다. 내가 앞서 언급했듯이, 찔림을 받는 것은 우리가 학대와 우리에 대한 죄의 아픔을 느낄 때 일어납니다. 원수는 이러한 비극을 사용하여 우리를 상처 입고 쓴 뿌리를 품도록 유혹하고, 우리에 대한 상처를 받아들이게 합니다. 쓴 뿌리는 그들이 우리를 "상처 줬다"고 말할 것이고, 우리는 우리에 대한 그들의 행동에 대해 곱씹게 될 것입니다.

우리는 또한 우리에 대한 상처를 받아들이고 그것을 자기 증오로 내면화할 수도 있습니다. 그러면 우리는 미래의 상처로부터 자신을 보호하려는 시도에서 관계에 대해 두려워하게 됩니다. 만약 우리가 그러한 일들이 일어나도록 허용한다면, 그 찔림은 치유되지 않는 깊은 상처로 변할 것입니다. 결국 우리가 갖게 되는 것은, 우리에게 상처를 준 쓴 뿌리를 받아들인 것에 대해 하나님 아버지께 회개하지 않는 한 마음은 계속 상한 상태일 것입니다.

이 상처들은 가장 깊이 파고듭니다. 왜냐하면 우리를 사랑하고 돌봐야 할 누군가가 우리를 배신했기 때문입니다. 문제의 진실은 우리 모두가 과거에 참소당하거나, 거절당하거나, 부당한 대우를 받았다는 것입니다. 우리는 너무나 자주 다른 사람들이 우리에게 죄를 짓지 말아야 한다고 가정합니다. 우리는 이것이 사실이기를 바라지만, 이것은 비현실적입니다. 불완전한 사람들이 우리를 완벽하게 사랑할 것이라고 정말로 우리가 기대할 수 있을까요? 우리 중 누구도 완벽하지 않습니다. 문제의 진실은 우리 모두가 죄를 지었고 하나님의 영광에 이르지 못했다는 것입니다. "모든 사람이 죄를 범하였으매 하나님의 영광에 이르지 못하더니"(롬 3:23)라는 구절을 기억하십시오.

그렇다면 우리는 무엇을 해야 할까요? 의심의 여지없이, 우리는 기꺼이 다른 사람들을 용서하고 하나님 아버지께로 돌이켜 우리 자신의 삶에 있는 죄를 깨닫게 해달라고 그분께 구해야 합니다. 만약 우리가 아버지와의 관계에 집중한다면, 우리는 우리 자신과 우리 가계에 있는 죄와 황폐함의 패턴을 끊을 수 있습니다. 오직 누군가가 자신의 가계에서 일어나 자신의 문제에 대해 다른 사람들을 비난하는 것을 멈출 때에만 하나님 아버지께서 그들의 삶을 변화시키시고 그들과 그들의 세대를 위해 미래로 가는 새로운 길을 제공하실 수 있습니다. 비록 우리가 원한이나 분노를 품었던 이유에 대해 충분한 증거를 가지고 있다 할지라도, 그것은 결코 우리를 해결책으로 이끌지 않을 것입니다. 그것은 단지 우리가 우리 부모와 조부모에게서 보아온 것과 똑같은 죄의 순환을 영속시킬 뿐입니다. 시편 기자는 이렇게 기도했습니다.

> "내가 주께만 범죄하여 주의 목전에 악을 행하였사오니 주께서 말씀하실 때에 의로우시다 하고 주께서 심판하실 때에 순전하시다 하리이

다"(시 51:4).

우리는 상한 마음이 사람으로 하여금 두려움 없이 사랑을 주고받지 못하게 한다는 것을 이해합니다. 그들은 아무도 신뢰할 수 없으며 다시는 누구도 사랑하거나 사랑받을 수 없다는 강렬한 두려움으로 가득 차 있습니다. 그 두려움은 그들을 방어적으로 만들고, 그래서 그들은 자기 자신 안으로 물러나는데, 이것이 고립으로 이어집니다. 상한 마음으로 고통받는 사람은 또한 아무도 자신이 느끼는 고통을 이해하지 못한다고 믿습니다.

나는 기독교 치료 상담학으로 박사 학위를 받았습니다. 나는 사람들을 섬길 때 무관심하지 않습니다. 그들이 슬퍼할 때, 나는 그들과 함께 슬퍼합니다. 나는 마음이 상한 수천 명의 남녀와 함께 앉아 울었습니다. 그러니, 만약 당신이 상한 마음으로 고통받고 있다면, 나는 당신을 속속들이 압니다. 당신은 당신 자신 안에 갇혀 있습니다. 당신은 수치심과 죄책감 없이 당신의 마음을 나눌 장소를 결코 가져본 적이 없습니다. 당신은 제대로 사랑받지 못했기 때문에 너무나 많은 두려움과 심지어 자기 혐오까지 가지고 있습니다.

8. 알레르기, 치유, 그리고 'For My Life'

내가 잠언 17장 22절에서 상한 심령이 우리의 뼈를 마르게 한다는 것을 읽었을 때, 나는 다중 알레르기로 고통받는 사람들에 관한 생각과 질병 사이의 연관성을 깨달았습니다. 그때 주님께서 나에게 '다중 화학 물질 과민증/환경 질환'(MCS/EI)과 같은 다중 알레르기(또한 단순 알레르기)의 공통된 영적 뿌리가 두려움이라는 것을 보여주셨습니다. 마가렛의 경우, 그녀의 상한 마음이 낳은 두려움이 그녀로 하여금 관계에서 사랑을 주거나 받지 못하게 했습니다.

'Be in Health'에서, 우리는 부모나 다른 가까운 사람으로부터 정서적, 언어적, 또는 성적 학대로 고통받은 '다중 화학 물질 과민증/환경 질환'을 앓는 많은 사람을 만났습니다. 그 결과, 그들은 두려움 없이 사랑하기를 두려워합니다. 요한일서 4장 18절은 "두려움에는 형벌이 있음이라"고 말씀한다는 것을 기억하십시오. 그들의 자기 거부와 두려움이라는 고통스러운 생각의 삶이 그들을 속박 안에 가둡니다. 그들의 자유와 치유는 이러한 죄들을 회개하고 그들을 향한 아버지의 사랑에 관한 하나님의 말씀의 진리를 받아들임으로써 옵니다.

최근에, 킴이라는 여성이 우리 'For My Life' 수련회에 참석했습니다. 킴은 '다중 화학 물질 과민증/환경 질환'을 진단받았고 체중이 37kg까지 줄었었습니다. 그녀가 먹을 수 있는 음식은 세 가지밖에 남지 않았습니다. 자신이 죽어가고 있다는 것을 알았기 때문에, 그녀는 작별 인사를 하기 위해 마지막으로 성인 아들을 방문하기 위해 다른 주로 여행을 갔었습니다.

감사하게도, 누군가가 킴을 조지아주 토마스턴의 'For My Life' 수련회에 초대했고, 그녀는 한 번 더 치유의 기회를 찾아보기로 결심했습니다. 그 주 동안, 킴은 건강이 하나님의 자녀들을 위한 그분의 뜻이라는 것을 배웠습니다. 그녀는 자신의 삶에서 두려움의 영을 받아들였던 것을 회개하고, 자신을 위한 하나님의 진리를 받았으며, 자신의 삶을 되찾기 시작했습니다.

다음 몇 달 동안, 킴은 질병으로부터의 자유의 길을 받아들였습니다. 그녀는 용서를 적용하고, 두려운 생각들을 내쫓고, 마음을 새롭게 함으로써 하나님의 말씀을 통해 사탄의 왕국에서 걸어 나왔습니다. 그 이후로, 그녀는 약 23kg의 체중이 늘었고 다시 건강해졌습니다. 킴과 그녀의 남편은 이제 함께 여행하며 삶과 하나님이 만드신 세상을 즐기고 있습니다. 그녀는 아버지의 사랑과 치유하시는 그분의 말씀의 능력이 항상 원수의 계획보다 더 크다는 또 다른 증거입니다.

이 가르침을 들은 후 알레르기로부터 치유된 전 세계 수천 명의 킴과 같은 사람들에게 무엇이 바뀌었을까요? 그들은 죄를 따랐던 것을 회개하고 대신 하나님의 말씀을 선택했습니다. 그들은 자신의 생각을 하나님의 말씀과 비교하며 날마다 분별의 삶을 살고 있습니다. 두려움의 생각에 직면했을 때, 그들은 자신이 어떻게 느끼든 상관없이 하나님의 말씀을 깊이 생각하고 따르기로 선택합니다. 그리고 그들은 자유롭습니다.

> "그러므로 하나님의 전신 갑주를 취하라. 이는 악한 날에 너희가 능히 대적하고 모든 일을 행한 후에 서기 위함이라"(엡 6:13).

시간이 지남에 따라, 우리 몸은 두려움의 훈련에 반응하는 것을 멈출 것입니다. 치유된 사람들은 자신의 몸이 더는 두려움에 반응하지 않는 것을 관찰했습니다. 알레르기와 관련된 과민성과 염증이 치유되었습니다. 그들의 면역 체계가 치유되었고, 그들의 마음이 온전해졌습니다. 우리 팀이 만성 알레르기로부터의 해방을 구하는 다른 사람들을 돕는 데 아버지에 의해 사용되고 있다는 것이 축복입니다.

앞으로 며칠, 몇 주 동안, 당신은 당신을 두렵게 만드는 특정 생각이나 문제들이 생각나는 자신을 발견할지도 모릅니다. 그 순간에, 움츠러들지 마십시오. 당신을 사랑하시는 하나님 아버지께 나아가 그 두려움의 영들을 회개하여 당신이 치유받을 수 있도록 하십시오. 용기를 내십시오. 당신에게 도움이 필요할 때 당신을 도울 은혜가 있습니다.

"그러므로 우리에게 큰 대제사장이 계시니 승천하신 이 곧 하나님의 아들 예수시라. 우리가 믿는 도리를 굳게 잡을지어다. 우리에게 있는 대제사장은 우리의 연약함을 동정하지 못하실 이가 아니요 모든 일에 우리와 똑같이 시험을 받으신 이로되 죄는 없으시니라. 그러므로 우리는 긍휼하심을 받고 때를 따라 돕는 은혜를 얻기 위하여 은혜의 보좌 앞에 담대히 나아갈 것이니라"(히 4:14-16).

어머니와 아들 모두를 위한 치유

마리안

나는 끔찍한 병을 앓고 있는 아들을 위해 도움을 구하고자 'For My Life' 수련회에 갔습니다. 비록 내가 수년간 셀리악병(글루텐 알레르기)과 갑각류 알레르기로 고통받았지만, 나 자신을 위해 도움을 구하지는 않았습니다. 어떤 의학적 조언이나 대체 의학도 나에게 도움이 된 적이 없었습니다.

'For My Life' 수련회에 있는 동안, 나는 내가 두려움과 불안이라는 깊은 문제를 가지고 있다는 것을 깨달았습니다. 나는 여덟 아이의 어머니이고, 세상에는 잘못될 수 있는 일들이 많다는 것을 압니다. 이제 내 아들이 아프니, 나는 그를 잃을 수도 있다는 두려움을 갖고 있었습니다. 나는 불안과 두려움으로 가득 차서 잠을 자거나 먹을 수도 없었습니다.

나는 열린 마음으로 'For My Life'에 갔습니다.

첫 며칠 동안, 나는 위와 장 내에서 움직임을 느꼈고, 치유받고 있는 것 같았습니다.

나는 오랫동안 글루텐 알레르기를 앓은 후 지도자 중 한 명에게 가서 "제가 치유된 것 같은데, 글루텐을 먹기가 두려워요."라고 말했습니다. 그는 하나님께 귀를 기울이라고 조언했고, 그분께서 내가 선택해야 할 때를 알려주실 것이라고 했습니다. 바로 그날, 나는 정말로 치유되었는지 확인하기 위해 밀 제품을 먹기 시작했습니다.

믿을 수가 없었습니다. 아무 반응이 없었습니다. 이전 같았으면 다음 날 아침까지 끔찍한 두통에 시달리고 눈이 부어 감겼을 터였습니다.

하나님께서 당신의 삶에서 무언가를 하실 때 그것은 너무나 아름답고 놀랍습니다. 나는 너무 감사합니다. 나는 행복, 기쁨, 압도적인 감사로 가득 차 있습니다.

내 아들 또한 이 성경적 원리들을 적용함으로써 건강을 회복했고, 그것에 대해 나는 영원히 감사합니다.

“너희가 사람의 잘못을 용서하면 너희 하늘 아버지께서도 너희 잘못을 용서하시려니와 너희가 사람의 잘못을 용서하지 아니하면 너희 아버지께서도 너희 잘못을 용서하지 아니하시리라”(마 6:14,15).

“친히 나무에 달려 그 몸으로 우리 죄를 담당하셨으니 이는 우리로 죄에 대하여 죽고 의에 대하여 살게 하려 하심이라. 그가 채찍에 맞음으로 너희는 나음을 얻었나니”(벧전 2:24).

제7장

자가면역질환의 영적 뿌리

기억하겠지만, 나는 질병 문제의 80%가 우리의 관계, 즉 하나님과 그분의 사랑과 말씀과의 관계, 우리 자신과의 관계, 또는 다른 사람들과의 관계의 붕괴의 결과인 영적 뿌리에서 비롯된다고 인식해 왔습니다.

우리는 하나님과의 관계가 회개를 통해, 즉 우리가 그리스도를 통해 그분의 용서를 받고, 그분에게서 비롯되지 않은 생각들을 내쫓으며, 그분의 말씀으로 우리의 마음을 새롭게 할 때 어떻게 회복되는지에 대해 이야기했습니다. 다른 사람들과의 관계는 우리가 회개할 때, 그들을 용서하거나 그들의 용서를 구할 때, 그리고 증오와 악의를 버릴 때 회복됩니다. 하지만 우리 자신과의 관계 붕괴는 어떻습니까? 얼마나 많은 사람이 자기 증오, 자기 거부, 그리고 자신이 사랑스럽지 않다는 믿음으로 고통받고 있는지 당신은 압니까? 얼마나 많은 사람이 자신을 사랑하는 법을 모르는지 압니까?

우리 자신을 사랑해야 한다는 성경적 근거가 있을까요? 사실, 구약과 신약 모두에서 우리가 자신을 사랑해야 한다는 명백한 증거가 있습니다. 레위기 19장 18절은 "원수를 갚지 말며 동포를 원망하지 말며 네 이웃 사랑하기를 네 자신과 같이 사랑하라. 나는 여호와이니라." 하고 말씀합니다. 그리고 우리는 에베소서 5장 28절에서 "이와 같이 남편들도 자기 아내 사랑하기를 자기 자신과 같이 할지니 자기 아내를 사랑하는 자는 자기를 사랑하는 것이라." 하는 말씀을 읽게 됩니다.

만약 내가 자기 아내에게 불친절하거나 애정을 표현하지 못하는 남자를 발견한다면, 나는 그 남자가 자신을 사랑하지 않는다는 것을 압니다. 또한, 자신에게 엄격하고 자신의 실패와 과거의 죄를 놓아주기 힘들어하는 사람들은 다른 사람들을 용서하는 데에도 어려움을 겪습니다. 자신에게 엄격한 그들의 경향은 다른 사람들에 대한 가혹함으로 이어집니다.

나는 'For My Life' 수련회에서 사용하는 용어를 만들었습니다. 그것은 "사랑하지 않는 영"입니다. "사랑하지 않는다"라는 것은 무엇을 의미할까요? 이것을 이해하기 위해, 우리는 성경에 따른 사랑이 무엇인지 고려해야 합니다. 세상에는 사랑에 대한 많은 정의가 있지만, '사랑'이라는 용어는 고린도전서 13장에 명확하게 정의되어 있습니다.

> "사랑은 오래 참고 사랑은 온유하며 시기하지 아니하며 사랑은 자랑하지 아니하며 교만하지 아니하며, 무례히 행하지 아니하며 자기의 유익을 구하지 아니하며 성내지 아니하며 악한 것을 생각하지 아니하며, 불의를 기뻐하지 아니하며 진리와 함께 기뻐하고, 모든 것을 참으며 모든 것을 믿으며 모든 것을 바라며 모든 것을 견디느니라"(고전 13:4-7).

참된 사랑은 이기적이지 않습니다. 사랑은 원한을 품지 않고, 다른 사람에게 상처받는 것으로부터 자신을 보호하려는 자기 방어적이지 않으며, 자기 유익을 구하지 않습니다. 사랑은 '자기 희생적'입니다. 반면에, 내가 묘사하는 '사랑하지 않는 영'은 정반대입니다. 그것은 '자아의 왕국'입니다. 자기 증오, 자기 참소, 자기 거부가 명백한 예입니다.

'사랑하지 않는 영'에 대한 나의 정의는 두려움 없이 사랑을 주거나 받을 수 없는 것입니다. 성경에 따르면, 두려움을 내쫓는 것은 온전한 사랑이라는 것을 기억하십시오. 그러므로, 만약 누군가 사랑을 받을 수 없다면, 그들은 두려워하며 두려움의 영에 묶여 있는 것입니다. '사랑하지 않는 영'을 가진 사람의 가장 좋은 예는 포옹을 받지 못하는 사람입니다. 그런 사람을 만나본 적이 있습니까? 당신이 그들을 안으러 갈 때, 그것은 마치 전봇대를 껴안는 것과 같습니다. 그들은 포옹을 받을 수 없기 때문에 팔과 등이 뻣뻣해집니다. 이 경직성은 두려움의 증거입니다.

여기서 핵심 문제는 인간에게서 비롯된 것이 아닙니다. 그것은 먼저 우리 각 개인과 하나님 아버지 사이의 영적인 문제입니다. 만약 우리가 하나님 아버지께서 우리를 사랑하신다는 것을 믿기를 거부한다면, 우리는 결코 인간으로서의 우리의 사명을 완수하지 못할 것입니다. "자기 사랑"을 찾는 사람이 많지만, 그것은 비교나 성과 및 성취의 기준에 근거합니다.

만약 우리가 성과의 척도로 자신을 판단한다면, 유아는 가치가 거의 또는 전혀 없을 것이고 노인은 덜 중요하게 여겨질 것입니다. 그것이 많은 인간들이 자신의 가치에 대해 어려움을 겪는 이유입니다. 그들은 피상적인 기준으로 가치를 결정합니다. 그렇다면 우리의 기준은 무엇이어야 할까요? 하나님의 눈에는, 우리는 성취와 상관없이 동등한 가치를 가집니다. 우리의 가치는 하나님 아버지에게서 비롯됩니다. 그분은 우리가 그분을 알기 전에 우리를 사랑하셨습니다. 사랑은 그분으로 시작하여 그분으로 끝납니다. 우리는 우리의 성취 때문이 아니라, 우리의 창조주께서 우리를 만드셨고 우리를 그분께 가치 있는 존재로 보시기 때문에 가치가 있습니다.

"우리가 사랑함은 그가 먼저 우리를 사랑하셨음이라"(요일 4:19).

만약 하나님께서 그렇게 말씀하셨다면, 그분은 진심이시며, 그것은 종결된 주제입니다. 창조물 중에 하나님 아버지보다 더 높은 위치에 있는 자가 있습니까? 없습니다. 그러므로, 만약 하나님이 우리를 위하시면 누가 우리를 대적하겠습니까? 사도 바울은 "그런즉 이 일에 대하여 우리가 무슨 말 하리요? 만일 하나님이 우리를 위하시면 누가 우리를 대적하리요?"(롬 8:31)라고 말했습니다.

1. 우리 자신에게 알레르기가 있는가?

그렇다면, 자기 증오(내가 '사랑하지 않는 영'이라고 부르는 것)는 어떻게 면역 체계에 부정적인 영향을 미칠까요? 자기 증오로 어려움을 겪는 사람은 자신에 대한 사탄의 왕국으로부터 온 생각들을 믿어왔습니다. 이 생각들은 그들이 결코 기준에 미치지 못한다고 말하며, 그들의 부정적인 자아상을 강화하기 위해 과거의 실패를 끊임없이 상기시킵니다. 앞선 가르침에서 기억하듯이, 만약 우리가 이러한 생각들을 거부하거나 내쫓지 않으면, 시상하부는 그 유혹에 반응하여, 마치 무언가 심각하게 잘못된 것처럼 몸이 반응하도록 촉발합니다. 시상하부는 오작동하기 시작하고 내분비계의 다른 부분에 잘못된 자극을 보냅니다. 그 결과는 면역 체계가 약화되고 손상되어 몸이 물리적으로 자신을 공격하게 되는 것입니다. 자가면역 반응에서, 그 사람이 자신이 문제라고 믿기 때문에 몸은 말 그대로 자신의 조직을 외부 침입자로 취급합니다.

이 오작동의 최종 결과는 무엇일까요? 자가면역질환입니다. 몸이 자기 자신에게 알레르기 반응을 일으키는 것입니다. 어떻게 이럴 수 있을까요? 왜냐하면 그 사람이 영적으로 자기 자신에게 알레르기가 생겼기 때문입니다. 사탄의 왕국은 그들이 자기 자신의 최악의 적이라고 설득했습니다. 그 결과, 면역 체계는 손상되고, 백혈구는 몸의 건강한 세포에 있는 항원 표지를 질병이나 침입자로 잘못 식별하여 공격합니다. 백혈구, 즉 T세포는 건강한 조직이 적이라는 신호를 받고, 그것을 파괴하거나 특정 부위에 염증을 일으킬 것입니다. 자가면역 혈액 검사는 항체가 자신의 건강한 조직을 공격하고 있음을 보여줄 것입니다.

그 사람이 자기 거부, 자기 증오, 그리고 자기 쓴 뿌리 안에서 영적으로 자신을 공격하고 있기 때문에 몸이 자신을 공격하는 것입니다. 백혈구가 박테리아, 바이러스, 암을 포함한 진정한 적이나 침입자들은 무시하면서 살아있는 조직을 공격하도록 방향이 바뀌는 영적 역학이 작용하게 됩니다. 그 사람이 자기 거부와 자기 혐오로 영적으로 자신을 계속 공격함에 따라, 몸은 마침내 동의하고, 백혈구는 몸 자체를 공격하기 시작합니다. 자신을 적으로 만들고 자신에게 알레르기 반응을 일으키는 것을 그만두십시오. 그것은 자신을 사랑하지 않는 것에 대해 치르는 값비싼 대가입니다.

2. 사랑하지 않는 영

수년간의 사역을 통해, 나는 대부분의 자가면역질환이 사랑받지 못하고 수용되지 못한다는 느낌을 낳는 '사랑하지 않는 영'의 결과라고 결론지었습니다. 이것은 자기 거부, 자기 증오, 죄책감과 결부된 자기 쓴 뿌리로 이어집니다. 사실, 자가면역질환은 주로 '자기 증오 질환'이며, 여기에 불안과 스트레스를 유발하는 두려움의 영이 붙어 있다고 말할 수 있습니다. 불안과 스트레스는 하나님의 말씀이 당신에 대해 말하는 바를 거부하고 대신 원수로부터 온 악한 생각들을 믿기로 선택한 직접적인 생물학적 결과입니다. 자신을 받아들이기 위해, 당신은 하나님 아버지께서 당신에 대해 말씀하신 것을 신뢰하기로 결정해야 합니다. 만약 그분께서 당신이 심히 기묘하게 지음 받았다고 말씀하신다면, 당신은 어떤 존재입니까? 당신은 심히 기묘하게 지음 받은 존재입니다.

> "내가 주께 감사하옴은 나를 지으심이 심히 기묘하심이라. 주께서 하시는 일이 기이함을 내 영혼이 잘 아나이다"(시 139:14).

당신은 말이나 이성으로 하나님의 말씀을 믿도록 자신을 설득할 수 없습니다. 만약 당신이 성경이 말씀한 것을 믿을 수 없다면, 당신이 그것을 믿는 것을 막고 있는 "적그리스도", 즉 그리스도를 대적하는 악한 영이 있는 것입니다.

> "예수를 시인하지 아니하는 영마다 하나님께 속한 것이 아니니 이것이 곧 적그리스도의 영이니라. 오리라 한 말을 너희가 들었거니와 지금 벌써 세상에 있느니라"(요일 4:3).

'사랑하지 않는 영'을 '적그리스도의 영'이라고 부르는 것은 사람들을 혼란스럽게 할 수 있습니다. 왜냐하면 그들은 내가 "적그리스도"로 알려진 종말의 인물에 대해 이야기하고 있다고 믿기 때문입니다. 예수님은 성육신 이전에 말씀이신 하나님이셨습니다. 따라서 이 영들은 그분의 말씀과 그분이 인간으로 이 땅에 오셨을 때의 그분의 사명에 반대하기 때문에 그리스도를 대적하거나(anti-Christ) 반대하는 것입니다.

"태초에 말씀이 계시니라. 이 말씀이 하나님과 함께 계셨으니 이 말씀은 곧 하나님이시니라. 그가 태초에 하나님과 함께 계셨고 만물이 그로 말미암아 지은 바 되었으니 지은 것이 하나도 그가 없이는 된 것이 없느니라… 말씀이 육신이 되어 우리 가운데 거하시매 우리가 그의 영광을 보니 아버지의 독생자의 영광이요 은혜와 진리가 충만하더라"(요 1:1-3, 14).

만약 당신이 하나님께서 당신을 사랑하지 않으신다거나 당신이 사랑스럽지 않다고 말한다면, 그것은 적그리스도의 영의 소행입니다. 당신이 사랑스럽지 않다고 말할 때, 당신이 하나님의 말씀에 반역하고 반대하고 있다는 것을 고려해 본 적이 있습니까? 하나님 아버지께서 당신을 사랑하신다고 분명히 명시하는 성경 구절은 충분히 많습니다. 사실, 예수님께서 이 땅에 보내지시고 십자가에서 죽으신 바로 그 이유는 당신을 향한 하나님 아버지의 사랑 때문이었습니다.

"하나님이 세상을 이처럼 사랑하사 독생자를 주셨으니 이는 그를 믿는 자마다 멸망하지 않고 영생을 얻게 하려 하심이라"(요 3:16).

당신이 하나님께서 당신을 받아들이셨다는 하나님의 말씀과 논쟁하는 것은, 자기 거부의 악한 영이 당신과 함께한 것입니다. 그것은 당신을 향한 하나님의 사랑과 수용을 강화하는 모든 성경 구절에 반대할 것입니다. 그 영은 당신이 자기 거부를 믿었던 것에 대해 하나님 아버지께 회개하고, 그분의 은혜로 인해 당신이 사랑받는 자 안에서 받아들여졌다고 말하는 하나님의 말씀을 믿을 때까지 당신을 고통스럽게 할 것입니다.

"이는 그가 사랑하시는 자 안에서 우리에게 거저 주시는 바 그의 은혜의 영광을 찬송하게 하려는 것이라"(엡 1:6).

자기 거부는 당신을 위한 하나님의 의를 받아들이지 못하게 하는 죄에 묶이게 합니다. 당신은 그분의 말씀에 있는 하나님의 구속과 자유의 약속을 믿을 수 없습니다. 당신은 그것들이 다른 사람들에게만 적용된다고 생각합니다. 그 결과는 영-혼-몸의 연결이 작용하고 몸이 자신을 공격하는 것입니다. 자가면역질환이 그 결과입니다.

대략 백 가지의 자가면역질환이나 장애가 있습니다. 여기에는 1형 당뇨병, 그레이브스병, 루푸스, 크론병, 건선, 류마티스 관절염, 다발성 경화증 등 수많은 질병이 포함됩니다. 의료계는 자가면역질환에 대해 어떻게 해야 할지 전혀 모릅니다. 의사들은 질병의 영적 뿌리를 이해하지 못하기 때문에, 그들은 당신이 죄 안에 거하는 동안에 당신을 관리할 뿐입니다. 원인이 그들을 피할 뿐만 아니라, 그들은 또한 모든 자가면역질환을 불치병으로 간주합니다. 감사하게도, 성경에는 '불치병'이라는 단어가 없습니다. 우리는 사람들이 이 가르침의 진리를 받아들였을 때 'For My Life'를 통해 자가면역질환의 치유에서 엄청난 결과들을 보아왔습니다.

3. 자기 증오란 무엇인가?

우리는 앞서 자기 증오가 당신을 당신 자신에게 신(god)으로 만들기 때문에 파괴적이라고 나누었습니다. 어떻게 당신이 당신 자신에게 신이 될 수 있을까요? 하나님의 말씀보다 사탄의 거짓말을 더 높임으로써 그렇게 됩니다. 만약 하나님 아버지께서 당신에게 가치가 있다고 말씀하셨는데 당신이 그분의 말씀을 거부한다면, 당신은 자신의 삶에 대해 "신"의 위치에 자신을 둔 것입니다. 이것은 우리가 자신을 '미워하는 것'에 대해 이야기하고 있기 때문에 기이하게 들릴 수 있지만, 만약 당신이 하나님께서 말씀하신 것을 거부한다면, 당신은 자신을 하나님의 말씀보다 더 위대하게 만든 것입니다.

자기 증오는 어떻게 당신의 삶에 자리 잡게 될까요? 그것은 종종 당신을 향한 다른 사람들, 특히 조부모, 부모, 교사, 심지어 동료와 같은 권위 있는 인물들의 비난으로 시작됩니다. 많은 경우, 자기 증오는 수용과 인정에 대한 충족되지 않은 기대에서 시작됩니다. 만약 우리가 일상적으로 우리가 기준에 미치지 못한다거나 받아들여질 수 없다는 말을 듣는다면, 우리는 자기 증오를 받아들이도록 설정됩니다. 어느 시점에서, 우리는 이 말들이 사실이라고 받아들이고, 우리 자신에 대해 그것들을 믿기 시작하며, 우리 자신을 향해 그것들을 내면화할 수 있습니다.

성경은 우리가 "자신을 용서해야 한다"고 명시적으로 말씀하지 않습니다. 사실, 교회 밖에서 비슷한 개념을 가르치는 사람이 많습니다. 우리가 성경적인 의미에서 자신을 용서해야 한다고 말할 때, 약간의 설명이 필요할 수 있습니다. 만약 우리가 실패하거나 실수를 저지르면, 자기 증오는 우리에게 이러한 실패들과 왜 우리가 그것들을 극복할 수 없는지를 끊임없이 상기시킬 것입니다. 자기 증오로 고통받는 많은 사람은 자신에게 극도로 엄격하며, 자신에 대한 자신의 기대를 충족시키지 못했을 때 자신을 책망합니다.

대신 우리가 해야 할 일은 자기 증오를 악한 영으로 인식하는 것입니다. 그것은 단지 심리적 상태가 아닙니다. 우리는 자기 증오를 극복하기 위해 우리에 대한 다른 사람들의 기대를 받아들인 것과 이 악한 영이 우리의 실패에 대해 우리를 책망하도록 허용한 것에 대해 하나님 아버지께 회개해야 합니다.

자신을 용서하는 것은 자기 증오에 동의한 것을 회개하고, 그것이 우리에 대해 말하는 것을 놓아버리고, 하나님 아버지께서 우리에게 주신 용서를 믿음으로 붙드는 것을 요구합니다. “만일 우리가 우리 죄를 자백하면 그는 미쁘시고 의로우사 우리 죄를 사하시며 우리를 모든 불의에서 깨끗하게 하실 것이요”라는 요한일서 1장 9절을 기억하십시오.

진실은, 당신은 신자로서의 여정에서 실수하고 실패할 것이라는 것입니다. 당신은 넘어졌을 때 기꺼이 일어나야 합니다. 의인과 악인의 차이를 정의하는 것은 실패가 아니라, 실패하여 넘어졌을 때 다시 일어나 회개하려는 의지입니다. 잠언 24장 16절은 “대저 의인은 일곱 번 넘어질지라도 다시 일어나려니와 악인은 재앙으로 말미암아 엎드러지느니라.” 하고 말씀합니다.

당신은 하나님께 거부당하지 않았는데, 왜 당신은 자신을 거부하고 있습니까? 당신이 자신을 미워할 때, 그것은 자기 원망, 자기 쓴 뿌리, 자기를 용서하지 않음으로 이어집니다. 하나님은 당신을 용서하시지만, 당신은 용서받을 자격이 없다고 믿고 있으므로, 당신은 자신을 용서하지 않을 것입니다. 당신이 십자가에서 당신을 위한 예수님의 사역을 거부하고 있다는 것을 깨닫습니까? 당신은 그분께 그분의 죽음이 당신이 누구인지 또는 당신이 잘못한 것으로부터 당신을 자유롭게 하기에 불충분했다고 말하고 있는 것입니다.

이것은 사랑받아야 할 우리의 필요와 관련된 정말로 중요한 문제입니다. 우리 모두는 사랑받아야 합니다. 하나님은 당신을 사랑하시지만, 무언가가 당신과 하나님 사이에 끼어들어서, 당신은 사랑받는다고 느끼지 못하고, 거부당한다고 느낍니다. 그때가 바로 당신이 자신에게 알레르기 반응을 일으킬 때입니다. 당신은 세상에서 정체성을 가질 수 있습니다. 그것은 심지어 성공적인 정체성일 수도 있습니다. 그러나 당신은 하나님 안에서 정체성을 가지고 있지 않습니다. 하나님은 당신을 포함하여 그분께서 만드신 모든 것의 창조자이시며 유지자이십니다. 당신은 그분 안에서 당신의 정체성을 찾고 받아들여야 합니다.

> "또한 모든 것을 해로 여김은 내 주 그리스도 예수를 아는 지식이 가장 고상하기 때문이라. 내가 그를 위하여 모든 것을 잃어버리고 배설물로 여김은 그리스도를 얻고, 그 안에서 발견되려 함이니 내가 가진 의는 율법에서 난 것이 아니요 오직 그리스도를 믿음으로 말미암은 것이니 곧 믿음으로 하나님께로부터 난 의라"(빌 3:8-9).

4. 특정 자가면역질환 밝히기

몇몇 특정 자가면역질환과 잘못된 영성이 어떻게 영, 혼, 몸에 부정적인 영향을 미칠 수 있는지 살펴봅시다.

1형 당뇨병과 거부감

* 영: 아버지의 거부 때문에 거부의 영이 한 사람과 함께하게 됩니다.
* 혼/생각: 비록 성인도 여전히 1형 당뇨병에 걸릴 수 있지만, 그것은 보통 어린 시절에 시작되며, 특히 아버지로부터의 거부가 있는 적대적이거나 사랑이 없는 가정 환경에서 사는 것의 직접적인 결과입니다. 아이는 "나에게 뭔가 문제가 있어"라고 생각하기 시작합니다. 그들은 마음속으로 그리고 입으로 자신을 공격합니다. 그 결과는 몸이 몸을 공격하는 것입니다.
* 몸/육체: 1형 당뇨병은 췌장이 몸의 당을 조절하는 데 필요한 인슐

린을 더는 생산하지 않는 자가면역질환입니다. 해로운 박테리아와 바이러스와 싸우기 위해 창조된 몸의 자체 면역 체계가 실수로 췌장의 인슐린 생산 섬세포를 파괴합니다. 백혈구는 췌장 섬세포의 항원 표지를 잘못 식별하여 공격하고 "먹어버립니다." 그 결과, 췌장은 당(포도당)을 세포로 이동시키는 데 필요한 인슐린을 더는 생산하지 못하고, 당이 혈류에 축적됩니다. 이는 생명을 위협하는 상태로 이어질 수 있습니다.

루푸스와 죄책감

* 영: 루푸스의 경우, 주된 촉발점 또는 영적 뿌리는 악한 죄책감의 영입니다.
* 혼/생각: 삶의 해결되지 않은 어떤 문제 때문에, 그 사람은 자신을 용서하기를 거부하고 죄책감을 지고 다닙니다. 그는 자신을 용서할 수 없기 때문에 과거에 인지된 또는 실제의 실패로부터 자유를 얻지 못하는 데서 비롯되는 생각들로 고통받습니다.
* 몸/육체: 루푸스는 백혈구가 장기의 결합 조직에 있는 항원 표지를 잘못 표적으로 삼는 자가면역질환입니다. 그러므로, 다시 말하지만, 면역 체계는 보호해야 할 몸을 공격합니다. 우리의 장기는 우리 생물학의 핵심입니다. 따라서, 백혈구가 장기 주위의 결합 조직을 파괴하기 시작하면, 그 사람은 통증, 피로, 열, 호흡 곤란 및 기타 증상을 경험합니다.
* 특별한 통찰: 죄책감은 우리를 대적하는 강력한 힘입니다. 우리가 사탄의 계책을 이해하고 자신을 용서하는 것이 필수적입니다. 죄책감은 부활하신 그리스도와 용서를 무시합니다. 죄책감은 적그리스도의 영입니다. 죄책감은 하나님에게서 오지 않습니다. 왜 하나님에

게서 오지 않은 것들을 당신의 인격 안에 붙들고 있습니까?

루푸스는 불치병으로 여겨지지만, 우리는 수년간의 사역을 통해 많은 사람들이 그 질병으로부터 치유되는 것을 보는 축복을 누렸습니다. 몇 년 전, 나는 극심한 루푸스 사례를 앓고 있던 한 여성을 돌봤습니다. 그녀는 또한 여러 번의 유산을 겪었습니다. 백혈구가 결합 조직을 먹어치울 때, 그것은 매우 고통스러웠고 탯줄을 포함한 그녀의 몸 전체에 염증을 일으켰습니다. 그 여성은 유산이 시작되기 전부터 죄책감을 경험하고 있었지만, 비록 유산이 그녀의 잘못이 아니었음에도 불구하고 그녀의 죄책감은 증가했습니다.

일단 그녀가 죄책감의 영으로부터 해방되고 자신을 향한 하나님 사랑의 진리를 받아들였을 때, 그녀는 루푸스로부터 치유되었습니다. 그 직후, 그녀는 임신하여 첫 아이를 만삭까지 품었습니다. 그녀는 구원받았고 자신의 생각을 바꾸었으며, 인격이 바뀌었고, 이 땅에서 건강이라는 선물, 자신과의 회복된 관계, 그리고 그녀의 하나님과의 회복된 관계를 받았습니다.

류마티스 관절염과 자기 증오

* 영: 골격이나 뼈와 관련된 모든 것은 그 영적 뿌리로서 정체성 문제를 가지고 있습니다. 그것은 우리 자신을 다른 사람과 비교하는 것과 같습니다. 류마티스 관절염을 앓는 많은 사람은 자기 참소로 고통받습니다.
* 혼/생각: 그들은 자신을 있는 그대로 받아들이지 않습니다. 그들은 자신에 대해 무언가 열등하다고 생각합니다. 그들은 자신과 세상, 그리고 하나님을 매우 부정적인 방식으로 바라봅니다. 그 결과, 그들은 자신에게 알레르기 반응을 일으킵니다. 우리는 우리가 다른 누

군가의 복제품이 아니라 독특한 개인으로 의도되었다는 것을 이해해야 합니다. 우리는 심히 기묘하게 지음 받았습니다. 우리는 다른 인간의 형상으로 만들어진 것이 아니라, 하나님의 형상으로 만들어졌습니다.

류마티스 관절염의 가장 슬픈 부분은 그 사람이 자신이 다른 모든 사람만큼 좋지 않다고 믿는다는 것입니다. 그런 다음, 관절이 유연성을 잃으면서, 몸의 일부가 변형되어 손가락이 기형이 되고 다리가 구부러집니다. 결국, 그 사람은 자신에 대해 더 나쁘게 느낍니다. 그가 자신의 부정적인 자기 투사를 회개하고 하나님의 말씀에 따라 자신의 정체성을 찾기 시작하는 것이 중요합니다.

* 몸/육체: 류마티스 관절염은 기형을 유발하는 자가면역질환입니다. 다시 말하지만, 백혈구는 한 영에 의해 영향을 받아 관절의 결합 연골에 있는 항원 표지를 잘못 식별합니다. 백혈구는 연골에게 "와, 네가 적이구나!"라고 말합니다. 백혈구는 결합 연골을 파괴함으로써 몸을 공격하고, 염증이 발생합니다.

다발성 경화증과 정체성 거부

* 영: 나는 여기서 매우 솔직하게 말해야겠는데, 다발성 경화증은 자기 증오에 깊이 뿌리를 두고 있습니다.
* 혼/생각: 그 사람은 "나는 왜 여기에 있는가?", "나는 누구인가?", "누가 나를 신경 쓰는가?"라고 질문합니다. 이것은 정체성 문제를 넘어 자기 증오에 뿌리를 둔 자신의 정체성에 대한 완전한 거부로 이어집니다.
* 몸/육체: 다발성 경화증(MS)은 신경계에 영향을 미치는 자가면역질환입니다. 다발성 경화증의 경우, 면역 체계가 오작동하여, 백혈구

가 뇌와 척수의 신경 섬유를 덮고 보호하는 지방 물질을 파괴합니다. 우리 신경을 덮고 있는 이 코팅을 '수초'(myelin sheath)라고 합니다.

수초를 설명하는 가장 좋은 방법은 그것을 전선의 절연 코팅과 비교하는 것입니다. 당신에게는 전기를 전달하는 구리선이 있습니다. 그 선은 사람들을 감전으로부터 보호하고 선이 파괴되는 것을 막기 위해 절연체로 덮여 있습니다. 우리 신경도 비슷한 방식으로 만들어졌습니다. 우리는 신경통으로부터 우리를 보호하고 신경이 손상되는 것을 막기 위해 모든 신경을 감싸는 수초를 가지고 있습니다.

다발성 경화증의 경우, 백혈구는 수초에서 질병에 대한 항원 표지를 잘못 인식합니다. 백혈구가 수초를 한 입 베어 물 때, 그것을 '경화'(sclerosis)라고 합니다. 다발성 경화증은 여러 신경 주위의 수초를 여러 번 베어 문 것을 의미합니다. 백혈구는 수초를 파괴한 후에 신경 자체를 절단할 수 있으며, 신경 손상은 점차 악화될 수 있습니다. 어떤 경우에는, 사지가 활동을 잃게 됩니다.

* 특별한 통찰: 몇 년 전 "나는 누구인가?"라는 컨퍼런스를 열었는데, 거기서 나는 "나는 누구인가?", "나는 왜 여기에 있는가?", "누가 나를 신경 쓰는가?"라는 세 가지 매우 중요한 질문에 대해 논의했습니다. 이것들은 내가 그리스도인들에게서도 보는 싸움들입니다. 우리는 고아의 정신을 가지고 있습니다. 누가 우리를 신경 씁니까? 아버지께서 신경 쓰십니다. 그분의 사랑을 당신이 받아들일 때 당신 삶의 자가면역 장애를 물리칠 수 있습니다.

자기 거부의 질병은 당신이 하나님의 창조 안에서 당신이 누구인지를 받아들이지 않을 때 발생합니다. 죄책감과 수치심이 당신을 따릅니다. 당신은 항상 다른 사람의 인정을 찾아 어깨 너머로 쳐다보지만 그것을 얻지 못합니다. 독자 중 일부는 서로 사랑하는 법을 모르는 가정에서 살고 있습니다. 다른 이들은 욥의 친구들과 같은 가족을 가지고 있습니다. 그들은 당신을 위해 있는 것처럼 행동하지만, 실제로는 당신을 비난하고 있습니다. 그러나 당신에게는 아버지가 있습니다. 죽음의 원칙을 받아들이지 마십시오. 멈추십시오. 생명의 원칙을 받아들이십시오.

당신 자신에게 "나는 질병을 가지고 있을지 모르지만, 나는 질병이 아니다."라고 상기시키십시오. 그것을 "나의 질병"이라고 부르지 마십시오. 당신을 고통스럽게 해온 죄가 있지만, 당신은 그 죄가 아닙니다. 당신은 하나님의 자녀입니다. 당신을 향한 아버지의 위대한 사랑을 받아들이십시오. 그분은 당신을 그분의 소유로 부르셨습니다. 예레미야 31장 3절은 "옛적에 여호와께서 나에게 나타나사 내가 영원한 사랑으로 너를 사랑하기에 인자함으로 너를 이끌었다 하였노라." 하고 말씀합니다.

크론병과 성과 장애(成果障礙)

* 영: 이것은 성과를 둘러싼 끊임없는, 끊임없는, 끊임없는 자기 갈등 문제입니다. 이는 사람을 성취하기 위해 몰아붙이는 두려움의 영이 있으며, 또한 회개가 필요한 자기 갈등의 악한 영이 있다는 것을 의미합니다.
* 혼/생각: 크론병을 앓는 사람은 문제가 없을 때조차도 문제가 생길까 봐 두려움에 과호흡을 할 수 있습니다.
* 몸/육체: 크론병은 신경 전달 물질이 다시 한번 백혈구에 잘못된 신호를 주는 자가면역질환입니다. 백혈구는 침입자에 대한 항원 표지가 장 내벽에 있다고 판단합니다. 그들이 장 내벽을 "먹기" 시작하면, 그것은 염증, 궤양, 출혈, 통증을 유발합니다.
* 특별한 통찰: 사례 기록을 계속 연구한 결과, 나는 크론병이 개인이 주변 사람들을 행복하게 하기 위해 모든 것을 올바르게 성과를 올리

려고 하는 극단적 쟁애성이라고 결론 내렸습니다. 크론병에는 죄책감도 관련되어 있는데, 왜냐하면 그 사람은 자신이 실제로 어떤 것도 올바르게 하지 못한다고 믿기 때문입니다. 그 결과, 환자는 다른 사람들의 거짓 짐을 지는 자가 됩니다. 그들은 다른 사람들의 문제를 떠안고, 다른 사람들에게 일이 잘못될 경우 자신을 탓합니다. 그들은 다른 사람들의 실패뿐만 아니라 자신의 실패에 대해서도 책임이 있는 것처럼 다른 사람들의 불행에 대해 자신을 탓합니다.

그레이브스병과 갑상선

* 영: 그레이브스병의 배후에 있는 영적 뿌리는 크론병을 유발하는 것과 유사한 성과 장애입니다. 한 사람이 다른 사람들의 짐을 떠안고, 이것이 자기 참소와 죄책감으로 이어집니다.
* 혼/생각: 그레이브스병을 앓는 사람은 다른 사람들이 당신이 그들의 삶에 옳다고 믿는 결정을 내리지 않을 때 그들을 실망시킨 것처럼 다른 사람들에 대해 책임감을 느낍니다. 진실은, 당신은 다른 사람들의 결정에 책임이 없다는 것입니다. 당신은 그들이 하나님 앞에서 옳은 일을 하든 잘못된 일을 하든 그들의 여정을 통제할 수 없으며, 당신에 대한 그들의 비난에도 불구하고 당신에게는 잘못이 없습니다.
* 몸/육체: 그레이브스병은 백혈구가 갑상선에 함께 모이는 자가면역 질환입니다. 이것은 갑상선이 호르몬인 티록신을 과잉 생산하게 하는 부종을 유발합니다. 이 상태는 또한 갑상선 기능 항진증으로도 불립니다. 그레이브스병의 경우, 개인은 과도한 피로, 심계항진, 갑상선종 발생, 안구 돌출을 경험합니다. 그레이브스병은 보통 여성에게 나타나며, 치료하지 않으면 생명을 위협할 수 있습니다.

* 특별한 통찰: 그레이브스병에 대한 의학의 해답은 방사성 화학 물질을 사용하여 갑상선을 파괴한 다음, 환자에게 평생 갑상선 약을 복용하게 하는 것입니다. 하나님의 처방은 그 사람이 질병을 유발하는 근본적인 뿌리로부터 치유되는 것입니다.

내 아내 도나와 내가 아주 잘 아는 여성 사역자가 있습니다. 나는 그녀를 지닌이라고 부르겠습니다. 몇 년 전, 지닌은 캘리포니아에서 그녀의 갑상선에 관한 의학적 진단에 대해 걱정하며 나에게 전화했습니다. 그녀의 의사는 그녀에게 "당신은 그레이브스병에 걸렸습니다. 우리가 질병을 물리치기 위해 방사성 요오드로 당신의 갑상선을 파괴해야 합니다."라고 말했습니다.

지닌은 신앙이 견고한 그리스도인일 뿐만 아니라, 수년간 우리 'Be in Health'의 가르침을 접해왔습니다. 그 시술에 대해 확신이 서지 않았던 그녀는 나에게 전화해서 말했습니다. "제가 사역하는 교회의 교인이기도 한 존경받는 의사가 있어요. 그가 저를 그레이브스병에 걸렸다고 진단했어요. 저는 이미 갑상선종이 시작되었고 안구 돌출이 있어요. 병이 진행성이어서 의사는 그것을 치료하기 위해 내 갑상선을 파괴하기를 원해요. 어떻게 생각하세요?"

먼저, 나는 그녀에게 "하나님께서 창조 때에 당신에게 갑상선을 주셨나요?"라고 물었습니다. 그녀는 "네"라고 대답했습니다.

나는 "알겠습니다. 저는 자가면역질환에 대해 조금 알고, 당신에 대해서도 알아요. 지닌, 당신은 너무 많이 신경 써요. 당신은 성과 장애가 있어요."라고 말했습니다.

"당신은 집에 오는 이 모든 사람을 가르치고 그들이 낫게 하려고 노력해요. 그들은 당신 말을 듣지 않아요. 그들은 첫 번째 원칙들도 행하지 않지만, 계속해서 돌아오고, 당신은 그들의 실패를 마치 당신 자신의 것인 양 떠안고 있어요. 그들이 당신을 지치게 하고 있다는 것을 인정하세요. 당신은 그들에 대해 책임감을 느끼고, 이제 당신이 그들을 실망시켰다고 느끼고 있어요."

그녀는 울면서 "저를 너무 잘 아시네요."라고 말했습니다.

나는 "지닌, 당신은 죄책감과 자기 참소(讒訴)를 받아들였어요. 당신은 하나님께 회개해야 해요."라고 말했습니다.

그런 다음 나는 그녀에게 "만약 당신의 의사가 당신의 갑상선을 파괴하면, 당신이 하시모토병이라는 또 다른 갑상선 질환에 걸릴 것이라는 걸 아나요? 당신은 한 질병을 다른 질병과 교환하게 될 거예요. 그것이 당신이 얻게 될 전부예요."라고 말했습니다.

지닌은 내가 그레이브스병을 포함한 많은 질병에 대해 광범위한 연구를 했다는 것을 알고 있었습니다. 예, 한 가지 시술은 방사성 요오드의 사용이지만, 다른 시술에는 당신이 약을 계속 복용하는 한 그레이브스병의 진행을 즉시 멈출 수 있는 약을 복용하는 것을 포함합니다. 지닌은 이미 그레이브스병의 진행 단계에 있었지만, 그녀는 질병의 영적 뿌리에 대한 진실을 막 배우고 있었습니다. 우리는 그녀가 이 성경적 진리들을 그녀의 삶에 적용하고 그녀의 치유 과정을 시작할 수 있도록 시간을 벌 필요가 있었습니다. 그래서 나는 "의사에게 돌아가서 이 질병의 진행을 멈출 수 있는 약이 있는지 물어보세요."라고 제안했습니다.

그녀는 그렇게 했고, "의사 선생님, 제가 헨리 라이트 목사님과 이야기했어요."라는 말로 시작했습니다.

그는 "목사가 제 분야에 대해 뭘 알겠습니까?"라고 쏘아붙였습니다.

그녀는 그것에 대답하지 않고 계속 말했습니다. "라이트 박사님이 이 병의 진행을 멈출 수 있는 약이 있다고 하셨고, 이게 그 약 이름이에요. 그가 저에게 사실을 말했나요?"

의사는 "네, 그가 당신에게 사실을 말했어요. 하지만 우리가 당신의 갑상선을 그냥 제거하면, 당신은 약을 복용할 필요가 없을 거예요."라고 말했습니다.

그녀는 "제가 대신 하시모토병에 걸릴까요?"라고 물었습니다.

의사는 "네, 하지만 적어도 당신은 살아있을 거예요."라고 대답했습니다.

그녀는 결심에 찬 목소리로 "저는 그 약을 원해요. 처방해 주세요. 저는 제가 성화하기 위해 할 일이 좀 있어요."라고 그에게 말했습니다.

지닌은 자신의 마음과 생각을 바꾸기 위해 하나님께 나아가기 시작했고, 다른 사람들의 삶의 짐을 떠안은 자신의 죄를 고백했습니다. 그녀는 기도하고 진심 어린 마음으로 매일 말씀을 묵상하기 시작했습니다. 그녀는 그 죄책감과 자기 참소의 생각들을 예수 그리스도의 순종에 사로잡아, 그것들이 하나님에게서 온 것이 아니라 원수로부터 온 것이기 때문에 내쫓았습니다. 그 모든 시간 동안, 그녀는 이 약을 복용하고 있었습니다.

약 한 달 후, 지닌은 이상한 증상과 반응을 보이기 시작했습니다. 그녀는 의사에게 돌아가서 "지난 한 달 동안 이 약을 복용하면서, 저는 점점 더 나빠지는 것 같아요."라고 말했습니다.

그는 "검사를 해봅시다."라고 대답했습니다. 잠시 후 의사는 활짝 웃으면서 돌아왔습니다. 그는 "지닌, 당신은 약에 반응하고 있어요."라고 인정했습니다.

그녀는 "어떻게요?"라고 물었습니다.

그는 "당신의 갑상선이 정상적으로 기능하고 있기 때문이에요. 더는 그레이브스병의 징후가 없어요."라고 설명했습니다.

하나님을 찬양합니다. 모든 자가면역 질환 활동이 멈췄습니다. 하나님께서 지닌의 갑상선을 치유하셨습니다. 짧은 시간 안에, 돌출된 눈과 갑상선종이 사라졌습니다. 이 여성은 하나님의 진리를 적용했기 때문에 오늘날 건강한 갑상선을 가지고 건강하게 살아있습니다.

한 가지 덧붙이자면, 하시모토병은 면역 체계에 의해 갑상선이 파괴되어 호르몬인 티록신의 생산이 부족해지는 다른 자가면역질환입니다. 그 결과, 많은 신체 기능이 느려집니다. 흔히 체중 증가와 피로가 생깁니다. 이러한 증상들은 티록신 수치를 높이기 위해 갑상선 약으로 치료됩니다. 하시모토병도 자기 참소에 깊이 뿌리를 두고 있습니다.

당신은 이것을 통해 뭔가 배우고 있습니까? 질병은 우연일까요, 아니면 계획된 사건일까요? 나는 당신이 원수가 당신이 깨달았던 것보다 더 똑똑하다는 것을 볼 수 있다고 생각합니다. 마귀는 당신의 무지를 이용하고 있습니다. 그는 당신이 하나님의 말씀이 아닌 당신의 감정과 정서에 의해 지배되기를 기대합니다. 그러나 하나님은 당신이 그분과 그분의 진리의 말씀을 신뢰한다면, 원수가 당신의 길에 보낼 수 있는 어떤 것보다도 더 위대하십니다.

자가면역질환의 해독제

나는 자기 증오와 자가면역 장애에 대한 해독제를 가지고 있습니다. 어떤 의사도 이 처방전을 당신에게 줄 수 없습니다. 그것은 시편 139편입니다. 그것을 읽으십시오. 전부 다 읽으십시오. 당신의 마음으로부터 그 진리를 받아들일 때까지 계속해서 반복해서 읽으십시오. 당신은 시편 139편에서 당신 자신과 하나님께서 당신에 대해 어떻게 생각하시는지 발견할 것입니다. 아래는 그것의 일부입니다.

> "주께서 내 내장을 지으시며 나의 모태에서 나를 만드셨나이다. 내가 주

께 감사하옴은 나를 지으심이 심히 기묘하심이라. 주께서 하시는 일이 기이함을 내 영혼이 잘 아나이다. 내가 은밀한 데서 지음을 받고 땅의 깊은 곳에서 기이하게 지음을 받은 때에 나의 형체가 주의 앞에 숨겨지지 못하였나이다. 내 형질이 이루어지기 전에 주의 눈이 보셨으며 나를 위하여 정한 날이 하루도 되기 전에 주의 책에 다 기록이 되었나이다. 하나님이여 주의 생각이 내게 어찌 그리 보배로우신지요? 그 수가 어찌 그리 많은지요? 내가 세려고 할지라도 그 수가 모래보다 많도소이다. 내가 깰 때에도 여전히 주와 함께 있나이다"(시 139:13-18).

당신이 "심히 기묘하게" 지음 받았으며, 당신을 향한 하나님의 생각이 "보배롭고" "모래보다 더 많다"는 시편 139편의 진리를 받아들이십시오. 당신을 사랑하시는 이 하나님께 당신 자신을 미워하고 거부한 생각을 회개하십시오. 자기 참소를 멈추십시오. 그 점에 대해 하나님과 논쟁하는 것을 그만두십시오. 당신은 자기 참소로 더는 고통받을 필요가 없습니다. 만약 당신이 하나님의 말씀을 믿는다면, 자유롭게 될 것입니다. 원수는 형제들을 참소하는 자라는 것을 기억하십시오. 왜 당신은 살아계신 하나님과 그분께서 시편 139편에서 하시는 말씀을 믿는 대신 원수를 믿겠습니까? 사탄이 당신에게 독을 먹였습니다. 나는 당신에게 해독제를 주고 있습니다. 나는 당신이 건짐받고 치유받도록 하나님의 말씀을 주고 있습니다.

하나님께서는 예수님의 속죄를 통해 당신을 그분 자신에게로 모으기 위해 특별히 그분의 성령을 보내셨고, 당신은 "네"라고 응답했습니다. 이제 당신은 그 구원의 메시지와 그것이 매일 당신에게 무엇을 의미하는지를 받아들여야 합니다. 당신이 거듭났을 때, 모든 영의 아버지의 자녀가 되었습니다. 왜 당신은 지금 그분을 의심하겠습니까?

"그런즉 이 일에 대하여 우리가 무슨 말 하리요? 만일 하나님이 우리를 위하시면 누가 우리를 대적하리요?"(롬 8:31).

당신의 삶에서 하나님께서 참되시게 하십시오. 나는 당신의 어머니나 아버지가 당신에게 무슨 말을 했는지 신경 쓰지 않습니다. 나는 당신이 입양되었는지 신경 쓰지 않습니다. 나는 당신이 고아였는지 신경 쓰지 않습니다. 당신은 더는 고아가 아닙니다. 하나님께서 당신을 그분의 자녀로 입양하셨습니다.

"너희는 다시 무서워하는 종의 영을 받지 아니하고 양자의 영을 받았으므로 우리가 아빠 아버지라고 부르짖느니라"(롬 8:15).

정금처럼 정화될 준비가 되었습니까? 하나님께 속하지 않은 것들이 당신에게서 불타 없어지도록 할 준비가 되었습니까? 정말로 변화할 준비가 되었습니까? 나는 당신을 돕기 위해 당신을 좇고 있습니다. 나는 당신이 삶의 주도권을 잡도록 이끌 생각의 계시를 창조하기 위해 이것을 쓰고 있습니다. 나는 단지 당신에게 약간의 지식을 주기 위해 이 주제를 수십 년 동안 연구한 것이 아닙니다. 나는 당신이 아플 필요가 없다는 진리를 파악하기를 바랍니다. 당신은 하나님의 약속에 근거하여 생명을 얻고 더 풍성히 얻기로 결정할 수 있습니다(요 10:10 참고). 그러나 그것은 당신이 하나님의 왕국과 그분의 길에 깨어나는 것에 달려 있습니다. 내가 당신을 좇는 이유는 주님께서 그분의 진리로 당신을 좇고 계시기 때문입니다. 나는 단지 당신의 유익을 위해 그분을 섬길 수 있어 기쁩니다.

파킨슨병으로부터 치유되다

빌

빌은 몇 년 전 우리 'For My Life' 수련회 참가자 중 한 명이었고, 그는 파킨슨병으로 고통받고 있었습니다. 여기서 그는 완전한 치유에 대한 간증을 나눕니다.

…

제 아버지는 여든 살이었을 때 파킨슨병이 진행되어 휠체어에서 생활하다 돌아가셨습니다. 제 형도 휠체어에 앉아 있다가 여든한 살에 파킨슨병으로 돌아가셨습니다. 저는 70대가 되었을 때 파킨슨병 초기 단계 진단을 받았습니다. 의사는 그것이 가족력 질병이며 저를 위해 할 수 있는 것이 아무것도 없다고 말했습니다.

저는 그것을 받아들이지 않았습니다. 저는 라이트 박사님의 첫 번째 책인『더욱 탁월한 길』을 읽었고, 파킨슨병의 영적 뿌리가 해결되지 않은 거절, 버림받음, 그리고 믿음이 없는 소망의 영들이라는 것을 발견했습니다.

저는 'For My Life' 수련회에 참석했을 때 그 영들이 제 마음과 생각에 군림하도록 허용한 것을 회개했습니다.

저는 그 악한 영들에게 나를 떠나 다시는 돌아오지 말라고 말했습니다. 다음 6개월 동안, 저는 제 마음을 새롭게 했습니다.

저는 성경에서 찾은 희망에 관한 모든 성경 구절을 읽고 묵상했습니다.

그 시간이 끝날 무렵, 저는 내분비과 의사에게 후속 진료를 받으러 갔습니다. 그가 저를 검진한 후에 "빌 씨, 당신은 더는 파킨슨병을 앓고 있지 않습니다. 제가 한 건 아무것도 없습니다. 약을 중단하세요. 다시는 저를 볼 필요가 없어요."라고 말했습니다. 하나님을 찬양합니다. 저는 치유되었습니다. 저는 건강합니다. 저는 기적입니다.

“네가 만일 네 하나님 여호와의 말씀을 순종하지 아니하여 내가 오늘 네게 명령하는 그의 모든 명령과 규례를 지켜 행하지 아니하면 이 모든 저주가 네게 임하여 네게 이를 것이니”(신 28:15).

“여호와께서 애굽의 종기와 치질과 괴혈병과 피부병으로 너를 치시리니 네가 치유 받지 못할 것이며”(신 28;27).

제8장

심혈관 질환의 영적 뿌리

심혈관 질환을 예방하는 전통적인 방법들은 주로 영양과 운동에 초점을 맞춥니다. 나는 특정 음식에 관해서는 절제(또는 성경의 어떤 번역본에서는 자제라고 부르는 것)를 실천해야 할 필요성에 대해 주님으로부터 깨달음을 받았습니다.

우리의 몸은 성령의 전이며, 우리는 너무 많은 음식이나 잘못된 종류의 음식으로 그것을 남용해서는 안 됩니다. 나는 식습관에서 절제하는 법을 배워야만 했습니다. 음식은 준비하는 것도, 먹는 것도 즐겁습니다. 과거에 나는 여러 레스토랑에서 전문 요리사로 일했고, 항상 집에서 요리하는 것을 좋아했습니다. 요리는 나에게 예술의 한 형태입니다.

이전에는 내가 가장 좋아하는 음식들을 절제하며 먹기가 어려웠습니다. 바비큐 립의 경우, 두 대는 결코 충분하지 않았습니다. 이제, 우리가 바비큐를 먹으러 갈 때, 단 두 쪽만 먹는 것으로 충분합니다. 나는 내가 좋아하는 것을 먹지만, 과식하지는 않습니다. 자제를 배우는 것은 즐겁고, 그것은 내 건강에 도움이 되어, 지난 몇 년간 거의 80파운드(약 36kg)를 감량할 수 있게 해주었습니다. (하지만, 나는 항상 크리스피 크림 도넛과는 약간의 씨름을 해왔다는 것을 인정해야 합니다.)

1. 영양은 의를 대체하지 못한다

비록 몸 관리가 중요하지만, 우리는 하나님의 말씀이 음식에 대해 또 무엇을 말하는지 살펴볼 필요가 있습니다.

"하나님의 나라는 먹는 것과 마시는 것이 아니요 오직 성령 안에 있는 의와 평강과 희락이라"(롬 14:17).

우리가 몸이 항상성을 유지하는 데 사용한 것을 대체할 수 있는 영양가 있는 음식으로 균형 잡힌 식사를 하는 것은 좋습니다. 그러나 만약 당신이 영양이 건강과 장수의 유일한 기초라고 생각한다면, 당신은 틀렸습니다. 만약 당신 안에 분노, 스트레스, 격분, 두려움이 갇혀 당신의 몸이 질병과 싸울 능력을 파괴하고 있다면, 영양만으로는 심장 질환이 당신에게 오는 것을 완전히 막을 수는 없습니다.

영양은 중요하지만, 그것이 성령 안에서의 의와 평강과 희락에 대한 우리의 필요를 대체하지는 않습니다.

2. 경건에 이르도록 자신을 훈련하라

적당한 운동은 우리의 몸과 마음을 강화할 수 있지만, 운동 또한 우리 건강에 대한 완전한 해결책은 아닙니다. 우리는 충분한 운동을 했지만 면역 체계를 파괴하거나 심장을 손상시킨 영적 뿌리 때문에 죽은 사람들을 알고 있습니다. 심장 관련 질환으로 'For My Life'에 참석했던 일부 사람들은 수년간 엄격한 식이요법과 운동 루틴을 유지했지만 여전히 심혈관 문제를 겪었습니다. 성경에 따르면, 운동은 이익이 적다는 점을 지적하는 것이 중요합니다.

"육체의 운동은 약간의 유익이 있으나 경건은 범사에 유익하니 금생과 내생에 약속이 있느니라"(딤전 4:8 역자의 번역).

왜 성경은 운동이 "약간의 유익이 있다"고 말할까요? 그것은 운동이 쓸모없기 때문이 아니라, 경건이 이생과 영생 모두에 유익하기 때문입니다. 내가 마지막으로 확인했을 때, 육체의 운동은 영원한 구원으로 이어지지 않습니다. 하나님께서는 경건을 훈련하는 것이 이생(우리의 건강과 함께)과 오는 생에서 도움이 될 것이라고 우리에게 확신시켜 주십니다.

3. 나의 개인적인 여정

우리가 육체적으로나 영적으로 건강할 수 있도록 중요한 영적인 문제들이 있습니다. 나는 육체적, 영적 문제 모두와 관련된 심혈관 질환에 대한 나만의 여정을 겪어왔습니다. 나는 완벽하지 않습니다. 내가 질병의 영적 뿌리를 이해하는 데 내 삶을 바쳤기 때문에, 나는 결코 아프지 않아야 한다는 인상이 있습니다. 몇 년 전 내가 생명을 위협하는 심장마비를 겪었을 때 많은 사람들이 충격을 받았습니다. 그것이 이 원리들이 효과가 없다는 증거였을까요? 아닙니다. 그것은 내가 불완전한 인간이며, 죄가 없지 않다는 증거였습니다.

2011년에, 나는 트리니다드 토바고의 포트오브스페인 시에서 'For My Life' 컨퍼런스를 진행하고 있었습니다. 컨퍼런스 첫날 밤, 시작한 지 불과 30분 만에 나는 땀을 뻘뻘 흘리며 아프기 시작했습니다. 나는 병원으로 급히 이송되었습니다. 24시간 안에, 내 아내 도나가 미국에서 도착했습니다. 나는 심각한 심장마비를 겪었고, 내 심장은 심하게 손상되었습니다. 생존 가능성을 위해 삼중 관상동맥 우회술이 필요했습니다. 의사의 예후는 내가 수술을 견뎌내지 못할 것이라는 것이었습니다. 감사하게도, 하나님 아버지께서는 내 삶에 대한 다른 계획을 가지고 계셨습니다.

심장마비와 그 여파는 상당한 여정이었습니다. 처음에, 의사들은 마치 내 죽음이 임박한 것처럼 나를 대했습니다. 그들은 자신들의 유일한 임무가 나를 미국에 비행기로 이송할 만큼 충분히 오래 살아있게 하는 것이라고 믿었습니다. 그러나 나는 하나님의 신실하심으로 수술을 이겨냈습니다.

이후 며칠 동안, 의료인들은 내가 살아남을 수 있을지 여전히 불분명했습니다. 내가 곧바로 치유되었다고 말할 수 있으면 좋겠지만, 내 육신의 심장에는 심각한 손상이 있었습니다. 그러나 의사들의 의심과 우려에도 불구하고, 나는 의료팀과 협력하면서도 하나님의 말씀을 믿기로 선택해야만 했습니다. 다시 말하지만, 나는 진심으로 의료인들을 반대하지 않습니다. 나는 이러한 심장 문제 때문에 수술을 받고 약을 복용했으며, 이러한 의료적 개입이 나를 살아있게 하는 데 도움이 된 것에 감사합니다. 동시에, 나는 궁극적으로 생명을 유지하시는 분으로서 하나님 아버지를 신뢰합니다.

나는 의학적 예후(豫後) 때문에 절망하지 않기로 선택했습니다. 나는 하나님의 말씀과 내 삶과 건강에 대한 그분의 약속을 굳게 붙들기로 확고한 결정을 내렸고, 치유를 향해 나아가기 위해 매일 다음의 성경 구절과 같은 하나님의 말씀으로 된 "복음 약"(Gos-pills)을 복용했습니다.

> "느헤미야가 또 그들에게 이르기를 너희는 가서 살진 것을 먹고 단 것을 마시되 준비하지 못한 자에게는 나누어 주라. 이날은 우리 주의 성일이니라. 근심하지 말라. 여호와로 인하여 기뻐하는 것이 너희의 힘이

니라 하고"(느 8:10).

"마음의 즐거움은 양약이라도 심령의 근심은 뼈를 마르게 하느니라"
(잠 17:22).

"내가 죽지 않고 살아서 여호와께서 하시는 일을 선포하리로다"
(시 118:17).

하나님께서 신자로서의 내 여정 내내 나를 인도하신 것은 바로 이러한 원리들입니다. 십자가를 통한 예수님의 예비하심 때문에, 나는 이 상황에서 믿음을 실천하기 시작했고, 두려움이 아닌 소망과 믿음을 따랐습니다. 나는 심장마비 후에 내려진 초기 예후보다 훨씬 오래 살았습니다. 만약 내가 절망과 낙담을 받아들였다면, 나는 믿음이 없었을 것이고, 아마 몇 년 전에 죽었을 것입니다. 대신, 나는 내가 다른 사람들에게 가르쳐왔던 것을 받아들였고, 행복하고 유순한 환자가 되었습니다. 사실, 트리니다드 토바고의 의사들이 미국에 있는 의사에게 추천서를 써주었을 때, 그들은 "조지아에서 온 이 가장 유쾌한 목사님을 당신에게 추천합니다."라고 했습니다. 내가 유쾌한 목사로 불린 것 자체가 기적이었습니다.

과거에 나는 말할 때 "천둥처럼" 소리쳤습니다. 나는 사람들의 영적 자유를 위해 싸우고 있었기 때문에 매우 활기차고 목소리가 커질 수 있었습니다. 나는 인류가 하나님 아버지께서 그들을 위해 예비하신 모든 혜택을 이해하기를 원했습니다. 심장마비 후에, 내 말은 부드러워졌고 내 태도는 변했지만, 다른 사람들을 돌보고자 하는 나의 열망은 확고하게 남아 있었습니다. 나는 "저는 진행 중인 작품입니다. 제 먼지를 용서해 주세요."라고 말하기를 좋아합니다. 이것이 무슨 의미일까요? 이것은 내가 말을 잘못하거나 행동을 잘못하거나, 심지어 당신을 불쾌하게 하는 말을 할 수도 있다는 의미입니다. 당신은 이러한 단점들에 대해 나를 기꺼이 용서해 주겠습니까? 우리 모두는 관계에서 서로를 실망시킬 때 서로를 기꺼이 용서할 의향이 있습니까?

다른 사람들을 섬기는 나의 여정은 전문가가 되고자 하는 열망에서 비롯된 것이 아닙니다. 그것은 인류를 향해 하나님 아버지께서 내 마음에 두신 사랑 때문이었고, 항상 그래왔습니다. 당신에게 글을 쓰고 있는 사람이 "그저 사람"이라는 사실에 괜찮습니까? 내가 사람들을 위해 기도하고 가르치기 시작했을 때, 그들을 치유하신 분은 하나님이셨고, 그분은 여전히 치유자이십니다. 나는 단지 다른 사람들을 위해 기도하려는 진심 어린 의지를 가지고 나타났을 뿐입니다. 나는 "영적 슈퍼스타"가 아닙니다. 오직 한 분의 "슈퍼스타"만 계시며, 그분(예수님)은 아버지의 오른편에 앉아 계시거나 서 계십니다. 하나님께서는 그분을 대표하도록 흠 있는 인간들을 부르십니다. 나는 그들 중 한 명이고, 당신도 그렇습니다. 우리가 건강과 치유를 향한 여정 중에 있다는 것은 괜찮습니다.

우리가 인간에게 설정하는 비현실적인 기준을 깨닫는 것은 비극적입니다. 하나님께서는 사람들이 완벽하기 때문에 그분을 섬기도록 부르시지 않습니다. 그분은 그들을 그분의 목적을 위해 선택하셨기 때문에 그들을 부르십니다. 만약 당신이 지도자 위치에 있는 사람에게서 흠과 문제를 본다면, 하나님 아버지께서도 그 문제들을 보시지만, 그것이 그분께서 한 사람을 지도자의 위치로 부르시는 것을 막지는 않는다는 것을 이해하는 것이 중요합니다. 문제는 우상숭배입니다. 너무나 많은 사람이 자신들에게 "신"(god)이 될만한 인간을 찾고 있습니다. 나는 당신의 신이 아닙니다. 나는 성경의 진리로 당신을 섬기는 하나님 아버지의 종입니다. 비록 내가 성화의 여정 중에 있을지라도, 당신의 형제인 내가 당신에게 진리를 전하도록 허락해 주겠습니까? 내가 본 귀한 순간 중 하나는 휠체어에 앉은 사람이 휠체어에 앉은 다른 사람을 섬기는 것이었습니다. 우리는 "영적 슈퍼스타"가 나타나기를 기다릴 수 없습니다. 우리는 기꺼이 서로를 섬기고 돌봐야 합니다.

> "너희 죄를 서로 고백하며 병이 낫기를 위하여 서로 기도하라. 의인의 간구는 역사하는 힘이 큼이니라"(약 5:16).

4. 사랑과 심장

심장마비 후에, 나는 하나님께서 우리의 몸을 강화하고 회복시키는 데 사용하시는 원리들을 개인적으로 관찰했습니다. 트리니다드 토바고에서 집으로 돌아온 직후, 나는 울혈성 심부전(불규칙한 심장 박동, 호흡곤란, 기침, 현기증, 피로)을 경험했습니다. 내가 애틀랜타의 심장 클리닉에 갔을 때, 나는 6미터도 걷지 못하고 쓰러졌습니다. 그들은 나를 휠체어에 태워 클리닉 안으로 밀고 들어가야 했습니다. 1년 후, 나는 그 클리닉으로 다시 걸어 들어갔습니다. 심장 전문의는 나를 두 번 쳐다보며 "헨리 씨, 당신 맞아요?"라고 말했습니다. 나는 "네, 저 맞아요."라고 미소 지으며 말했습니다. 하나님의 말씀이 내 몸과 내 삶에서 역사하고 있었습니다.

몇 달 후의 건강 검진 동안, 내 심장 전문의는 외쳤습니다. "헨리 씨, 당신이 왜 여기 있는지 모르겠어요. 제가 당신에게 제공할 것이 아무것도 없어요. 아무런 제안도 없어요. 당신은 죽었거나 반쯤 잠든 채로 들

것에 실려 여기에 와야 했어요. 그런데, 여기 당신이 활기차고 정신이 또렷하게 있네요. 당신을 어떻게 해야 할지 모르겠어요. 6개월 후에 봅시다."

심장마비의 결과로, 나는 2차적인 신장 문제를 겪었고 심장과 관련된 신장 건강을 전문으로 하는 전문의를 만나야 했습니다. 내 여정을 지켜본 후, 의사는 내 아내 도나와 나에게 말했습니다. "당신의 죽을병으로부터의 놀라운 회복을 세 가지에 기인합니다. 그 중 어느 것도 의학이나 제가 당신과 함께 한 일과는 관련이 없습니다. 제가 하는 모든 일은 당신의 경과를 관찰하는 것뿐입니다."

그녀는 계속했습니다. "그 세 가지는 첫째, 당신의 하나님에 대한 놀라운 믿음입니다." 나는 그녀가 그렇게 많이 알아차렸는지 몰랐습니다. "둘째, 당신의 내면이 어떠한가입니다." 성경은 이렇게 말씀한다는 것을 기억하십시오. "대저 그 마음의 생각이 어떠하면 그 위인도 그러한즉"(잠 23:7). 성경은 또한 "사람의 심령은 그의 병을 능히 이기려니와 심령이 상하면 그것을 누가 일으키겠느냐"(잠 18:14)라고 말씀합니다. 나는 내 건강에 대해 하나님의 말씀에서 진리라고 알고 있는 것들을 믿음으로 실천하고 있었습니다. 이 의사가 말한 세 번째 것도 똑같이 강력했습니다. "당신은 사랑하는 아내와 가족, 그리고 당신을 사랑하는 사람들로 둘러싸여 있습니다." 나는 그 처방이 마음에 듭니다. 한 의사가 내 건강에 대한 하나님의 역사를 "이것이 내가 당신에 대해 말할 수 있는 것이고, 내 의학적 전문 지식과는 아무 관련이 없습니다"라고 말할 만큼 충분히 인식했다는 것이 축복입니다.

몇 년 전, 나는 딘 오니시(Dean Ornish) 박사가 쓴 흥미로운 기사를 읽었는데, 이는 내 의사가 사랑의 치유 요소에 대해 인식한 바를 뒷받침합니다.

"사랑과 친밀감은 우리를 아프게 하고 건강하게 만드는 것의 뿌리에 있습니다… 연구에 연구를 거듭한 결과, 외로움을 느끼는 사람들은 강한 유대감과 공동체 의식을 가진 사람들보다 심혈관 질환에 걸릴 확률이 여러 배 더 높다는 것을 발견했습니다."[1)]

나중에 같은 기사에서 그는 계속해서 "나는 의학에서(식이요법도, 흡연도, 운동도, 스트레스도, 유전도, 약물도, 수술도 아닌) 우리의 삶의 질, 질병 발생률 및 조기 사망에 더 큰 영향을 미치는 다른 요소를 알지 못합니다."[2)] 라고 말했습니다.

오니시 박사와 점점 더 많은 다른 과학자들에게, 미국 문화의 진정한 전염병은 심장 질환이 아니라 오히려 심장과 관련된 정서적, 영적 질환입니다. 즉, 소외, 우울, 외로움입니다.

우리는 성경이 그렇게 말하기 때문에 수년간 똑같은 말을 해왔습니다.

"사랑 안에 두려움이 없고 온전한 사랑이 두려움을 내쫓나니 두려움에는 형벌이 있음이라. 두려워하는 자는 사랑 안에서 온전히 이루지 못하였느니라"(요일 4:18).

5. 이기는 자가 되라

당신은 내가 나만의 사망의 음침한 골짜기를 지나왔다는 것을 볼 수 있을 것입니다. 나는 처음에 내가 심장마비를 겪었다는 것에 충격을 받았지만, 충격을 받아서는 안 되었습니다. 그것은 나 자신의 삶에 있던 모든 죄악으로부터 내가 자유롭지 않았다는 진실에 눈을 뜨게 했습니다. 나는 그것이 있어도 이기는 자가 될 수 있다고 믿었기 때문에 묻어

두었던 몇 가지가 있었습니다. 내가 틀렸습니다. 우리 중 누구도 '그것이 있어도' 이기는 자가 아닙니다. 우리는 '그것을 다루기 때문에' 이기는 자입니다. 그러면, 그것은 우리를 지배할 권리가 없게 됩니다. 사탄의 거짓말이 우리를 유혹할지 모르지만, 우리는 그냥 그 거짓말을 더는 듣지 않을 뿐입니다.

나는 심장마비 이후 몇 년 동안 삶에 대한 올바른 관점을 유지하는 것의 중요성을 배웠습니다. 우리의 초점은 죽음을 피하는 데 있을 수 없습니다. 우리는 매일 삶을 받아들여야 합니다. 의료계의 구성원들은 우리 몸과 관련된 문제를 모니터링하고 진단하는 전문가이지만, 우리의 영성을 다룰 수는 없습니다. 그들은 우리에게 신체 관리를 통해 우리의 삶을 개선하는 방법을 말해줄 수는 있지만, 우리가 왜 살아있는지 또는 우리를 향한 하나님의 목적에 대해 가르쳐줄 수는 없습니다.

나는 사람들을 돕기 위한 수년의 연구를 통해 심혈관 질환에 대한 통찰을 발전시켰습니다. 그러나 내 경우에 흥미로웠던 것은 유전적 요소였습니다. 나는 다른 말초 질환은 없었지만, 동맥 균열에 대한 유전적 소인이 있었습니다. 동맥 균열은 본질적으로 동맥 내벽에 생기는 미세한 균열인데, 이로 인해 동맥 내부 표면이 거칠어지면 플라크(plaque)가 더 쉽게 달라붙게 됩니다. 이러한 균열은 시간이 지남에 따라 플라크 축적으로 이어졌고, 결국 심장마비를 일으키는 원인이 되었습니다. 그것이 내가 트리니다드 토바고에서 심장 수술을 받아야 했던 이유입니다.

심혈관 질환과 내 가족력을 살펴보았을 때, 나는 이런 종류의 유전적 요소가 있을 수 있다는 것을 깨닫지 못했습니다. 내 가계의 모든 남성은 심장 질환으로 사망했습니다. 내 아버지와 할아버지 모두 심장마비로 돌아가셨습니다. 내 아버지는 세 번의 심장마비를 겪었고, 마지막 심장마비가 그를 죽음에 이르게 했습니다. 나는 무언가가 내 가족력의 그

부분을 촉발할 수 있다는 것을 인식했어야 했습니다. 심장마비 전에는 명백한 위험의 징후가 없었지만, 이 세대적 취약성은 내 삶에 남아 있었습니다.

6. 당신에게 약속된 것

당신은 세상을 장악하고 있는 죽음의 문화에 동조하고 있습니까? 사람들은 "나는 그냥 늙어가고 있을 뿐이야"와 같은 말을 하며 건강을 포기하고 있습니다. 그런 말들이 당신의 마음에 머물거나 입에서 나오게 하지 마십시오. 그런 말은 절망의 사고방식에 빠지게 되는 것입니다. 나는 너무나 많은 사람들이 죽음의 영에 빠지는 것을 보았습니다. 죽음의 영은 인간에게 죽음과 죽어가는 생각들을 먹여줍니다. 어떤 사람들은 죽음에 순응하거나 계속 살 이유가 없다고 믿습니다. 많은 사람은 노화를 죽음과 직접적으로 동일시합니다. 물론, 우리는 나이가 들면서 언젠가 모두 죽을 것이지만, 노화를 단지 죽음과 동일시하는 것은 매일 주님을 위해 사는 것의 중요성을 생략하는 것입니다.

나는 당신에게 약속된 것을 상기시켜 드리고 싶습니다. 모세가 썼지만, 하나님에게서 영감받은 시편 90편은 당신에 대한 약속입니다.

> "우리의 연수가 칠십이요 강건하면 팔십이라도 그 연수의 자랑은 수고와 슬픔뿐이요 신속히 가니 우리가 날아가나이다"(시 90:10).

하나님께서는 우리에게 사람의 수명이 "칠십"이 될 것이라고 말씀하십니다. 그것은 70년입니다. 그런 다음, "강건하면 팔십"입니다. 그것은 80년입니다. 모세는 12절에서 계속해서 "우리에게 우리 날 계수함을 가르치사 지혜로운 마음을 얻게 하소서."라고 말합니다. 당신은 당신의 시간을 살아낼 계획을 지혜롭게 세워야 합니다.

내 요점은, 노화가 인생을 포기할 변명이 아니라는 것입니다. 모세는 심지어 사역을 시작하기 전에 이미 80세였습니다. 그는 주님께서 그를 이스라엘을 포로에서 이끌어내고 250만 명의 교회를 목회하도록 부르셨을 때 80세였습니다. 하나님의 왕국에서는, 은퇴와 같은 것은 없습니다. 당신은 날아갈 때까지 다른 사람들을 섬기고, 하나님 아버지를 섬겨야 합니다.

7. 아버지의 사랑의 필요성

우리가 때때로 자기 의에 빠져 얼마나 안일해지는지, 우리가 주의를 기울여야 할 것들이 있다는 것을 모르는 것이 놀랍습니다. 나는 고콜레스테롤 때문에 심장마비를 겪은 것이 아닙니다. 대신, 나는 내 가족의 남성들이 어려움을 겪어온 것, 즉 정체성 문제를 내 세대에서 물려받았습니다. 내 가족의 남성들은 결코 사랑을 주거나 받지 못했습니다. 심지어 목사였던 내 아버지조차도 그랬습니다. 나는 그가 나에게 "사랑한다"고 말하는 것을 단 한 번도 들어본 적이 없습니다. 사실, 나는 외아들로서 아버지에게 신체적, 언어적, 정서적으로 학대받았습니다.

내 가족의 남성들은 모두 자기 증오, 격분, 분노에 압도되어 왔습니다. 내 아버지는 "격분 중독자"였습니다. 나는 그에게서 상당한 신체적 학대를 겪었습니다. 한번은, 단지 내 침실에서 베토벤 음악을 듣고 있었다는 이유로 너무 심한 구타를 당해서 뼈를 다시 맞추기 위해 의사에게 가야만 했습니다. 나는 내 정신과 삶을 보호하기 위해 고등학교 3학년 때 집을 떠났습니다.

내 아버지의 격분과 분노 때문에, 당신은 20년 동안 어떤 이유로든 나를 교회에 데려갈 수 없었을 것입니다. 그것은 길고 메마른 곳이었습니다. 하나님께서 나의 상처 입은 껍질을 마침내 뚫고 들어오셔서 내가 예수 그리스도를 믿는 신자가 된 것은 서른여덟 살 때였습니다. 그래서 나는 희생자 의식이 무엇인지 압니다. 그러나 나는 또한 예수 그리스도의 이름과 인격 안에서의 자유도 압니다. 나는 나와는 다른, 나를 사랑하시는 하늘 아버지를 만났기 때문에 쓴 뿌리를 품고 있지 않습니다. 그러나 나는 수년 동안의 성공에도 불구하고 자존감에 어려움을 겪었습니다. 내 안에는 여전히 질병을 만드는 전쟁이 벌어지고 있었습니다. 나는 내가 실천하고 있는 것이 충분하다고 생각했지만, 나는 걸려 넘어졌습니다.

나는 나보다 먼저 살았던 가족 구성원들에게서 심근병증을 물려받았습니다. 혈관이 경화되어, 내 심장 근처 동맥의 내벽에 균열이 생겼습니다. 내 혈관을 통해 흐르던 플라크가 그 균열 뒤에 걸려 동맥을 막기 시작했습니다. 그래서, 비록 막힌 동맥의 원인이 고혈압이나 콜레스테롤은 아니었지만, 결과는 같았습니다.

하나님을 찬양합니다. 마귀가 파괴하려고 의도했던 것을 하나님께서는 선으로 바꾸셨습니다. 내가 심장마비를 겪은 후에, 나는 더 사려 깊어지고, 더 이해심이 많아졌으며, 두려움과 떨림으로 나 자신의 구원을 이루는 데 더 개방적이 되었습니다. 하늘 아버지께서 내 마음을 개혁하심에 따라, 나는 다른 사람들에게 우리의 파괴를 노리는 질병의 영적 뿌리로부터 우리가 어떻게 해방될 수 있는지에 대한 진리를 가르칠 것입니다. 나는 이것을 나의 "개혁의 여정"이라고 이름 붙였습니다. 나는 "리모델링 중입니다. 먼지를 용서해 주세요."라고 쓰인 티셔츠가 필요합니다.

용기를 내십시오. 만약 육신의 아버지가 당신을 학대하거나 방치했다면, 그에 대한 원한을 계속 품지 마십시오. 이제 그 아버지에 대한 쓴 뿌리와 분노에 대해 하나님 아버지께 회개하고 그를 용서할 때입니다. 인간은 일반적으로 자신이 받은 것만을 내어줍니다. 만약 누군가 당신을 학대했다면, 그것은 그들이 그들의 삶에서 똑같은 학대를 받았기 때문일 가능성이 매우 높습니다. 우리가 이 순환을 끝낼 수 있는 유일한 방법은 육신의 아버지에 대한 쓴 뿌리를 회개하고, 하나님 아버지께서 그분의 말씀에 대한 믿음으로 우리를 사랑하신다는 것을 신뢰하기로 선택하는 것입니다.

8. 심혈관 질환 사망 원인 1위

미국에서 전염병 수준에 도달한 심혈관 질환을 더 자세히 살펴봅시다. 심장질환은 여전히 미국에서 사망 원인 1위입니다. 미국 심장 협회에 따르면, 최근 몇 년 동안 심혈관 질환은 미국에서 매년 거의 84만 명을 사망에 이르게 했습니다. 그것은 이 나라의 모든 사망자 3명 중 약 1명에 해당합니다. 대략 2,300명의 미국인이 매일 심혈관 질환으로 사망하며, 이는 평균 38초마다 1명의 사망에 해당합니다. 대략 40초마다 또 다른 미국인이 심장마비를 겪습니다.[3)]

왜 이런 일이 일어나고 있을까요? 성경은 심장의 중요성에 대해 자주 말씀합니다. 심장에 대한 중요한 구절 중 하나는 잠언 4장 23절인데, 여기서 하나님께서는 우리가 "모든 지킬 만한 것 중에" 우리의 심장을 "지켜야" 한다고 경고하십니다.

---

3) "Heart Disease and Stroke Statistics 2018 At-a-Glance," https://healthmetrics.heart.org/ wp-content/uploads/2018/02/At-A-Glance-Heart-Disease-and-Stroke-Statistics-2018.pdf.

> "모든 지킬 만한 것 중에 더욱 네 심장(heart)을 지키라. 생명의 근원이 이에서 남이니라"(역자의 번역).

우리 심장에서 무엇이 흘러나옵니까? 육체적으로, 우리의 심장은 생명의 피를 우리 몸 전체로 펌프질하는 기관입니다. 영적으로, 심장은 우리 영의 중심 거처입니다. 우리는 우리의 심장을 지키고 우리의 생명이 나오는 바로 그 근원(source)을 보호하는 법을 배워야 합니다.

> "내 아들아 내 말에 주의하며 내가 말하는 것에 네 귀를 기울이라. 그것을 네 눈에서 떠나게 하지 말며 네 심장 속에 지키라. 그것은 얻는 자에게 생명이 되며 그의 온 육체의 건강이 됨이니라. 모든 지킬 만한 것 중에 더욱 네 심장을 지키라. 생명의 근원이 이에서 남이니라"
>
> (잠 4:20-23 역자의 번역).

우리는 하나님의 말씀에 순종하며 행할 때 건강의 축복을 받습니다. 당신이 심장 건강의 방정식에 하나님을 포함시킬 때, 모든 것이 더 나은 쪽으로 변합니다. 만약 당신이 심장 질환으로 고통받고 있거나 미래에 그럴 가능성이 높다면, 하나님 아버지께서는 당신의 경로 방향을 바꾸기를 원하십니다. 그분은 나에게 그 방법을 보여줄 특권을 주셨습니다.

심장질환의 주요 뿌리

심장질환의 주요하고 근본적인 영적 뿌리는 분노, 격분, (불안과 스트레스를 유발하는) 두려움, 그리고 완악한 마음입니다.

'For My Life' 수련회를 통해 수십 년간 사례 연구를 검토하면서, 나는 분노와 격분을 생활 방식으로 받아들이는 사람들이 심장 질환에 매우 취약하다는 것을 관찰했습니다. 분노는 그들의 인격 표면 바로 아래에서 "끓고" 있으며, 크고 작은 사건들에 의해 촉발됩니다. 성미는 폭발하며, 소리 지르고, 물건을 던지고, 다른 사람들을 신체적으로 공격하는 폭발이 일어납니다. 분노와 격분은 우리가 죄의 법을 받아들이도록 유혹하는 사탄의 왕국으로부터 오는 유혹적인 생각과 감정으로 시작되기 때문에, 그것들은 우리의 마음과 몸에 영향을 미쳐 기능의 불편함(dis-ease of function)을 만듭니다.

나는 분노와 격분이 어떻게 고콜레스테롤로 이어지는지 보아왔습니다. 분노는 신경계 활동에 영향을 미치고 혈압을 높입니다. 심한 분노가 일어난 후 2시간 동안 심장마비의 위험은 두 배로 증가합니다. 지속적인 적대감은 지속적인 두려움과 마찬가지로 면역 체계를 손상시키는 스트레스 호르몬의 눈사태를 동반합니다.

'Be in Health'에서, 우리는 또한 A형 성격이 분노에 대한 경향이 더 크다는 것을 발견했습니다. 1970년대 중반부터, 심장 전문의들은 A형 성격이 다른 사람들보다 더 공격적이고, 야심 차고, 통제적이며, 경쟁적이고, 참을성이 없기 때문에 심장 질환에 더 걸리기 쉽다고 인식해 왔습니다.[4] 어떤 사람들은 이러한 성격 특성이 긍정적이라고 믿을 수 있지만, 공격성, 통제적인 성격, 조급함은 성령의 열매 목록에 올라 있지 않습니다. 나는 내 아버지에게 영향을 받아 A형 성격을 갖게 되었습니다. 그 결과, 나는 나 자신의 영적 구성과 인격에 변화를 주어야 했고 내 삶에서 나에게 좋지 않았던 많은 것을 버려야 했습니다. 만약 당신이 이러한 성격 특성이 긍정적이고 죄가 아니라고 믿는다면, 갈라디아서 5장의 목록과 비교하여 당신의 입장을 재고할 것을 제안합니다.

4) Saul McLeod, "Type A and B Personality," Simple Psychology, https://www.simplypsychology.org/personality-a.html.

"오직 성령의 열매는 사랑과 희락과 화평과 오래 참음과 자비와 양선과 충성과 온유와 절제니 이같은 것을 금지할 법이 없느니라"(갈 5:22-23).

어떤 사람들은 실제로 두려움, 분노, 격분과 같은 강한 감정에 중독됩니다. 그것은 그들과 그들 인격의 일부가 됩니다. 내 아버지는 격분에 중독되었습니다. 그는 폭발과 함께 오는 아드레날린 분출을 즐겼고, 그것은 그가 정기적으로 행동하는 방식의 필수적인 부분이었습니다. 만약 그것이 당신이라면, 당신은 이러한 중독적인 생각으로 이끈 죄의 법에서 벗어나기 위해 하나님의 말씀과 그분의 방식을 바라보아야 합니다. 당신의 중독은 하나님 외에 애정을 두는 모든 것입니다.

많은 가정에서, 분노와 격분으로 폭발하는 것은 보호 메커니즘입니다. 사람들은 분노를 폭발시키지 않으면 취약하고 두려움을 느낄 수 있지만, 그 순간에 그들을 지탱해 줄 것은 하나님을 향한 믿음입니다. 만약 누군가 싸움에 참여하지 않거나 자신을 방어하지 않는다고 당신을 부끄럽게 하거나 폄하한다면, 성경은 당신이 어떻게 느끼든 상관없이 악을 악으로 갚지 말라고 말합니다. 사도 바울은 우리에게 "아무에게도 악을 악으로 갚지 말고 모든 사람 앞에서 선한 일을 도모하라."(롬 12:17)고 지시합니다. 그는 두 구절 뒤에 "내 사랑하는 자들아 너희가 친히 원수를 갚지 말고 하나님의 진노하심에 맡기라. 기록되었으되 원수 갚는 것이 내게 있으니 내가 갚으리라고 주께서 말씀하시니라."(롬 12:19) 하고 말했습니다.

분노와 격분 극복하기

분노와 격분을 극복하는 것은 절대적으로 중요합니다. 요한일서 3장에 따르면, 분노는 심각한 결과를 초래하는 심각한 영적 결함입니다.

"그가 우리를 위하여 목숨을 버리셨으니 우리가 이로써 사랑을 알고 우리도 형제들을 위하여 목숨을 버리는 것이 마땅하니라"(요일 3:16).

다른 사람을 용서하는 것은 먼저 하나님 아버지께서 우리에게 베푸신 사랑을 이해하는 것에서 시작된다는 것을 기억하십시오. 우리는 상황에 좌절하거나 다른 사람들에게 분노와 격분으로 폭발하는 것을 막기 위해 우리에게 베풀어진 용서를 받아들여야 합니다. 하나님 아버지께서 당신을 용서하셨다는 것을 믿기 힘들어하는 당신은, 과거의 실패를 상기시키고 그것에 대해 당신을 책망하는 자기 증오를 따랐던 것에 대해 그분께 회개해야 할 수도 있습니다. 당신은 또한 당신이 용서받을 수 없다고 말하는 죄책감의 영과, 당신이 하나님께 무가치하다고 느끼게 만드는 수치심의 영을 회개해야 할 수도 있습니다. 우리는 자유롭게 되기 위해 이 하나님 말씀의 진리를 알고 받아들여야 합니다. 이것이 예수 그리스도의 복음의 원인과 결과입니다.

마음을 완악하게 하지 말라

성경에는 우리의 마음을 완악하게 하지 않는 것의 중요성을 보여주는 여러 구절이 있습니다. 나는 영-혼-몸의 연결 때문에 주님께서 우리의 마음의 영적, 육체적 경화 모두에 관심을 가지고 계신다고 믿습니다. 시편 95편 8절은 이렇게 말씀합니다.

"너희는 므리바에서와 같이 또 광야의 맛사에서 지냈던 날과 같이 너희 마음을 완악하게 하지 말지어다."

문제는, 마음을 완악하게 한다는 것이 무엇을 의미하느냐는 것입니다. 시편 95편의 다음 구절들이 우리에게 단서를 줍니다.

> "그 때에 너희 조상들이 내가 행한 일을 보고서도 나를 시험하고 조사하였도다. 내가 사십 년 동안 그 세대로 말미암아 근심하여 이르기를 그들은 마음이 미혹된 백성이라. 내 길을 알지 못한다 하였도다. 그러므로 내가 노하여 맹세하기를 그들은 내 안식에 들어오지 못하리라 하였도다"(시 95:9-11).

사람이 하나님과 그분의 말씀을 의심하고 논쟁할 때, 그들은 평안과 안식을 얻지 못합니다. 만약 당신이 하나님을 신뢰하고 그분의 말씀에 순종하지 않는다면, 만약 당신이 계속해서 하나님의 말씀을 의심한다면, 당신에게는 단 하나의 방책밖에 없습니다. 당신이 당신 자신의 "신"이 되는 것입니다. 바울은 이런 종류의 의심과 불신이 광야에서 이스라엘의 완악함 뒤에 있었다고 식별했습니다. 그리고 히브리서 3장 12절은 이렇게 말씀합니다.

> "형제들아 너희는 삼가 혹 너희 중에 누가 믿지 아니하는 악한 마음을 품고 살아 계신 하나님에게서 떨어질까 조심할 것이요."

완악한 마음 뒤에 있는 또 다른 구성 요소는 반역의 영입니다. 반역의 영을 가진 사람은 가르침을 받지 않습니다. 그들은 교정을 듣지 않고 하나님의 말씀에 굴복하지 않을 것입니다. 완악한 마음을 갖는 것은 하나님께 반역하고 그분의 말씀을 거부하는 것을 반영합니다. 하나님의 가르침 없이는, 우리에게는 희망이 없습니다. 우리는 세상의 의견을 따르거나 인생의 상황을 스스로 처리하는 방법을 알아내야 하는데, 이것은 우리를 만족시키거나 우리가 진정으로 필요로 하는 도움과 공급을 가져다주지 않을 것입니다.

"이는 거역하는 것은 점치는 죄와 같고 완고한 것은 사신 우상에게 절하는 죄와 같음이라. 왕이 여호와의 말씀을 버렸으므로 여호와께서도 왕을 버려 왕이 되지 못하게 하셨나이다 하니"(삼상 15:23).

만약 당신이 자신과 자신의 모든 필요를 스스로 돌보려고 한다면, 당신은 평안이나 안식을 찾지 못할 것입니다. 그러나 당신이 그것에 대해 논쟁하고 의심하지 않고 하나님 아버지의 가르침에 주의를 기울이기로 선택할 때, 당신은 그분의 사랑 많고 모든 것을 충족시키시는 돌보심에 자신을 내어 맡기는 것입니다. 하나님의 사랑과 평강이 마음을 다스리고 통치하게 하십시오. 그분은 완악한 마음에 대한 당신의 해답입니다. 심장 문제가 있는 사람들은 평안을 잃고 길을 잃었습니다. 그들은 매우 괴로운 마음을 가지고 있습니다. 예수님께서는 우리에게 그분의 평안, 즉 세상이 줄 수 있는 어떤 다른 것보다 뛰어난 평안을 제공하고 계십니다. 그분은 이렇게 말씀하십니다.

"평안을 너희에게 끼치노니 곧 나의 평안을 너희에게 주노라. 내가 너희에게 주는 것은 세상이 주는 것과 같지 아니하니라. 너희는 마음에 근심하지도 말고 두려워하지도 말라"(요 14:27).

우리는 그런 종류의 평안을 갖기 위해 주님을 신뢰하고 그분 안에서 안식해야 합니다. 당신을 향한 그분의 사랑을 믿고 받아들이십시오. 히브리서 3장 15절에 주의를 기울이십시오.

> "성경에 일렀으되 오늘 너희가 그의 음성을 듣거든 격노하시게 하던 것 같이 너희 마음을 완고하게 하지 말라 하였으니."

나는 오늘 내 삶의 모든 것에 대해 감사하고 고마워합니다. 나는 내 아내를 진정으로 감사하고 사랑하며, 하나님께서 이 땅에서 그녀와 함께 보낼 수 있도록 나에게 주신 연장된 삶에 감사합니다. 그녀는 내 인생의 가장 소중한 친구입니다.

나는 내 마음을 주님과 그분의 음성에 부드럽고 열린 상태로 유지하고 싶습니다. 나는 예수님께서 마태복음 7장 23절에서 말씀하신 것처럼 "헨리, 나는 너를 도무지 알지 못한다"라는 말을 결코 듣고 싶지 않습니다.

> "그 때에 내가 그들에게 밝히 말하되 내가 너희를 도무지 알지 못하니 불법을 행하는 자들아 내게서 떠나가라 하리라."

우리는 하나님을 위해 가르침을 받을 수 있어야 합니다. 그분은 우리의 아버지이십니다. 우리는 그분의 자녀입니다. 그것은 관계를 의미합니다. 그분은 우리의 "아빠, 아버지"이십니다.

> "너희는 다시 무서워하는 종의 영을 받지 아니하고 양자의 영을 받았으므로 우리가 아빠 아버지라고 부르짖느니라"(롬 8:15).

교회는 조직이 아니라 유기체여야 합니다. 하나님께서는 그리스도의 몸의 모든 지체가 그분과 및 서로 관계를 맺기를 원하십니다. 그분은 우리의 아버지로서 우리와의 그 관계를 추구하고 계십니다. 마치 그분이 에덴동산 서늘한 곳에서 아담과 하와에게 그러셨던 것처럼 말입니다.

9. 두려움의 영과 심장

성경은 마지막 날에 사람들의 심장이 두려움 때문에 쇠하여질 것이라고 말씀합니다.

> "사람들의 심장이 두려움 때문에, 그리고 땅 위에 오고 있는 그것들을 내다봄으로 인하여 쇠하여지리니, 이는 하늘의 권능들이 흔들릴 것이기 때문이다"(눅 21:26 역자의 번역).

이 구절의 대부분의 해석은 미래에 닥칠 재앙적인 사건에만 초점을 맞춥니다. 그러나 오늘날 세상에는 우리가 이 성경 구절을 우리 자신의 삶에 적용할 만큼 충분히 두려운 사건들이 일어나고 있습니다. 남자와 여자들의 심장이 두려움 때문에 쇠하여지고 있습니다. 우리는 미래를 두려워하고, 서로를 두려워하며, 정치적 결과를 두려워하고, 질병을 두려워합니다. 우리는 죽음의 두려움에 시달리고 있습니다. 우리는 우리 삶에 두려움의 영이 있다는 것을 인식하지 못할 수도 있지만, 우리는 지속적으로 스트레스를 받고 불안해하고 있습니까? 그것이 두려움의 영의 생리적 증거라는 것을 기억하십시오. 스트레스가 평안의 반대라는 것을 기억하는 것이 중요합니다. 평안 속에 사는 것은 우리의 삶과 미래를 하나님께 맡기는 놀라운 부산물입니다.

우리는 사역을 통해 두려움의 영적 뿌리에 대한 첫 번째 표적 기관이 심장이라는 것을 관찰했습니다. 원수는 당신이 허락하지 않는 한, 두려움의 생각으로 당신을 유혹하는 것만으로는 심혈관 질환을 줄 수 없다는 것을 기억하십시오. 예수님께서는 십자가에서 우리를 위해 사역을 마치셨습니다. 만약 우리가 그분께서 우리를 위해 성취하신 것을 온전히 적용할 수만 있다면, 우리는 모든 그러한 유혹을 이길 수 있을 것입니다. 불행하게도, 우리는 완벽하지 않으며, 우리는 날마다 진리를 적용하는 여정 중에 있습니다. 이제, 우리는 순종으로 하나님의 말씀을 따르기로 매일 결정을 내려야 합니다. 이것은 당신이 나쁜 상황에 집중하고 두려워하도록 유혹받을 때조차도, 당신은 대신 하나님 아버지를 선택하기로 결정해야 한다는 것을 의미합니다. 당신은 이 결정을 순간순간 그리고 날마다 내려야 할 수도 있지만, 당신이 하나님 아버지를 신뢰하도록 마음을 정하는 법을 배우면, 그것은 당신 삶의 더 자연스러운 부분이 될 것입니다.

이것이 두려움이 아닌 믿음으로 사는 모습입니다. 당신에게 원인과 결과에 책임이 있습니다. 하나님과 그분의 말씀에 응답할 책임이 있습니다. 당신은 마귀에게 응답할 책임이 없습니다. 히브리서 5장 14절은 이렇게 말씀합니다.

> "단단한 음식은 장성한 자의 것이니 그들은 지각을 사용함으로 연단을 받아 선악을 분별하는 자들이니라."

그리스도인들은 선과 악을 분별하는 법을 배워야 합니다. 당신은 "마귀가 시켜서 그랬어요."라고 말할 수 없습니다. 당신은 올바른 결정을 내리기 위해 하나님의 말씀을 들어야 할 책임이 있습니다. 그것이 원인과 결과입니다. 성경은 우리에게 이렇게 말씀합니다.

"우리가 그를 힘입어 살며 기동하며 존재하느니라. 너희 시인 중 어떤 사람들의 말과 같이 우리가 그의 소생이라 하니"(행 17:28).

우리는 이 세상에 살지만, 세상처럼 행동할 필요는 없습니다. 대신 하나님의 본성을 취하십시오. 당신의 몸에 질병을 만들고 있는 사탄의 본성을 회개하고 버리십시오.

10. 특정 심장질환들

몇몇 특정 심혈관 질환과 그 배후의 영적 뿌리를 살펴봅니다.

고혈압

* 영: 이것은 내일에 대한 두려움과 미래에 대한 두려움을 투사하는 영들입니다. 우리는 이 내용을 마태복음 6장 34절에서 발견합니다. "그러므로 내일 일을 위하여 염려하지 말라 내일 일은 내일이 염려할 것이요 한 날의 괴로움은 그 날로 족하니라."
* 혼/생각: 이 두려움의 영(내일에 대한 두려움/미래의 두려움을 투사함)에게서 오는 생각들을 받아들이는 사람들은 가족, 건강, 정치, 직업 등 삶의 모든 영역에서 걱정을 나타낼 수 있습니다. 하나님의 공급과 인도에 대한 신뢰와 평안의 부족이 그러한 것들에 대한 지속적인 걱정으로 이어집니다.
* 몸/육체: 고혈압은 안정 시 수축기 혈압, 이완기 혈압, 또는 둘 다의 지속적인 상승입니다. 물론, 일부 고혈압 사례는 1형 당뇨병과 같은 특정 다른 질병의 부작용이지만, 이 뿌리들은 원발성 고혈압에 해당합니다

* 특별한 통찰: 미국 심장 협회에 따르면, "1억 3백만 명의 미국 성인이 고혈압을 가지고 있다고 추정됩니다. 그것은 미국 전체 성인의 거의 절반에 해당합니다."[5] 이것은 우리가 우리 삶에서 두려움과 불안을 극복하는 방법에 관한 하나님의 진리를 받아들인다면 멈출 수 있는 재앙입니다. 그것이 바로 영-혼-몸 연결과 유혹이 당신의 생물학에 어떻게 영향을 미치는지 이해하는 것이 매우 중요한 이유입니다. 원수로부터 오는 그 유혹들과 원치 않는 두려움과 스트레스의 생각들을 내쫓고, 그 죄의 법을 받아들인 것에 대해 주님께 회개하고, 하나님 말씀의 진리로 당신의 마음을 새롭게 하며, 두려워하거나 아무것도 염려하지 말라고 말씀하는 성경 구절들을 묵상하십시오.

의사들은 고혈압을 치료하기 위해 베타 차단제라고 불리는 약을 처방합니다. 그것은 혈관을 이완시켜 혈액이 자연스러운 흐름으로 돌아가게 합니다. 약을 복용하면 몸이 다시 균형을 찾고 고혈압을 조절할 수 있지만, 근본적인 원인으로부터 당신을 치유하지는 못합니다. 하나님의 뜻은 당신이 두려움, 불안, 스트레스를 영원히 없애는 것입니다. 나는 지금 당신에게 혈압약을 끊으라고 말하는 것이 아닙니다. 그러나 당신이 하나님 말씀의 진리를 받아들이고 두려움으로부터의 자유를 경험함에 따라, 의사는 당신의 삶에서 그 약을 제거할 수도 있습니다.

협심증

* 영: 협심증은 누가복음에 언급된 두려움의 영에서 비롯되며, 이는 사람의 마음을 쇠하게 합니다. "사람들의 심장이 두려움 때문에, 그

---

5) "More Than 100 Million Americans Have High Blood Pressure, AHA says," American Heart Association News, https://www.heart.org/en/news/2018/05/01/ more-than-100-million-americans-have-high-blood-pressure-aha-says.

리고 땅 위에 오고 있는 그것들을 내다봄으로 인하여 쇠하여지리니, 이는 하늘의 권능들이 흔들릴 것이기 때문이다"(눅 21:26 역자의 번역).

* 혼/생각: 예를 들어, 두려움의 영은 그 사람으로 하여금 직장 주변에서 모든 것을 올바르게 하도록 성취해야 한다고 "느끼게" 합니다.
* 몸/육체: 협심증은 보통 심장 근처 동맥이 두꺼워져 심장이 충분한 혈액과 산소를 공급받지 못하기 때문에 발생하는 흉통입니다. 환자들은 스트레스나 육체적 활동의 결과로 가슴에 무거움, 압박감, 또는 매우 고통스러운 경련을 느낍니다.

부정맥

* 영: 이 상태는 사람에 대한 두려움, 거절에 대한 두려움, 그리고 반역의 표현과 함께 거절의 영에서 비롯됩니다.
* 혼/생각: 받아들여지지 않는다고 "느끼는" 사람은 받아들여지고, 원해지고, 사랑받기 위해 애쓰기 시작할 수 있습니다. 만약 누군가 그들에게 긍정적으로 반응하지 않으면, 거절에 대한 두려움이 "내가 뭘 잘못했지?"라고 궁금해하는 것으로 그들에게 나타납니다. 사람에 대한 두려움은 "그들이 원하는 대로 해야 해"라고 말합니다. 반역(완악한 마음)은 받아들여질 방법이 없어 보일 때가 최종 결과입니다. 그것은 "받아들여질 방법이 없기 때문에, 나는 누구의 말도 듣지 않고 대신 내가 선택한 것을 할 것이다"라고 말할 수 있습니다.
* 몸/육체: 부정맥은 심박수의 전기적 붕괴로 인한 것입니다. 그것들은 심장 박동의 장애이며, 두려움, 불안, 그리고 스트레스의 영적 뿌리를 가지고 있습니다. 영-혼-몸 연결과, 잘못된 생각들이 신체 시스템에 유발할 수 있는 장애 때문에, 심혈관계는 올바른 전기 신호를 받지 못하고 심장 박동이 중단됩니다.

승모판 탈출증

* 영: 이 상태는 불안감, 실패에 대한 두려움, 미래에 대한 두려움, 그리고 공포를 포함한 거절의 갑옷을 입은 수치심의 영에 의해 유발됩니다.
* 혼/생각: 승모판 탈출증을 앓는 사람들은 수치심 때문에 자신이 누구인지에 대해 무가치하고 위축된 느낌을 받습니다. 그 결과, 그들은 아무도 자신을 원하지 않으며 자신이 받아들여질 수 없다고 느낍니다(거절의 영). 그러한 사람들은 이러한 수치심과 무가치함(거절)의 감정의 결과로 두려움(스트레스와 불안)과 불안감을 경험할 가능성이 높습니다.
* 몸/육체: 심장 질환의 경우, 많은 사례에서 승모판이 부정맥과 유사한 신경계의 오작동 때문에 열려 있거나 닫혀 있다는 것을 발견했습니다. 이러한 오작동은 판막으로의 전기적 연결을 중단시킵니다.

동맥류

* 영: 나는 폭발하거나 부풀어 오르는 혈관을 가진 사람을 발견할 때마다 분노와 격분의 영들을 발견합니다.
* 혼/생각: 분노와 격분의 영을 가진 사람은 특정 삶의 사건에 의해 촉발될 때 폭발할 것입니다. 분노와 격분은 한 사람의 삶에 쓴 뿌리가 있다는 증거입니다. 그러므로, 잘못의 기록을 붙드는 경향(용서하지 않음)이 있으며, 이는 그들이 자신에게 저질러진 과거의 잘못에 대한 생각에 머물게 될 것임을 의미합니다. 이것은 분노와 격분의 강렬한 감정과 악을 악으로 갚으려는 욕망을 불러일으킬 것입니다.
* 몸/육체: 동맥류는 동맥벽의 약화로 인해 동맥 측면에 비정상적인 풍선 모양의 부종이 생긴 것입니다. 그것은 뇌나 심장에 있을 수 있

습니다. 어느 쪽이든, 혈관의 부종이나 파열을 포함합니다. 정맥류는 동맥류의 또 다른 형태입니다.

관상동맥질환(동맥경화증)

* 영: 이 질병은 적절한 사랑의 부족에서 오는 자기 증오의 영에서 비롯되며, 이는 불안감과 교만(거짓된 자신감)을 유발하는 두려움의 영으로 이어집니다.
* 혼/생각: "나는 아무것도 제대로 할 수 없어" 그리고 "나는 결코 기준에 미치지 못해"와 같은 생각들은 자기 증오의 영에서 옵니다. 다른 무엇보다도, 그것은 사랑과 양육의 부족에서 오는 사랑의 문제입니다. 사람이 누구에게서도 "사랑해"라는 말을 듣지 못하고 적절하게 포옹 받지 못할 때(어린 시절부터 시작하여), 그들은 자신의 가치에 대한 경직/불안감을 발전시킵니다.
* 몸/육체: 이것이 심장마비의 첫 번째 원인입니다. 주로, 산소가 심장 근육에 도달하는 것을 막기 위해 심장 근처 동맥이 막히는 것을 포함합니다. 관상동맥질환은 또한 동맥 경화를 포함하는데, 이는 그 동맥을 좁히고 혈류를 제한합니다. 수년 동안, 모든 동맥 협착은 콜레스테롤 플라크 축적 탓으로 돌려졌습니다. 그러나, 나는 나 자신의 심장마비와 다른 사람들의 사례 기록을 통해, 플라크 축적의 원인이 되는 영적 뿌리도 있다는 것을 보아왔습니다.

심근병증

* 영: 심근병증은 의심, 불신, 반역의 영들로 가득 찬 것과 같이 영적으로 완악한 마음을 가진 결과입니다. 완악한 마음을 가진 사람들은 하나님의 책망에 마음을 열어두어야 합니다.

* 혼/생각: 이 사람은 다른 사람에 의해서든 성경을 읽을 때든, 자신이 틀렸을 때 교정받거나 말을 듣는 데 어려움을 겪을 수 있습니다. 그들은 또한 하나님의 말씀을 의심하고 그것이 사실인지 또는 자신과 관련이 있는지 의심하는 생각을 가질 수 있습니다.
* 몸/육체: 심근병증은 심장 근육의 질병입니다. 대부분의 경우, 심근병증은 심장 근육을 비대하게, 두껍게, 또는 경직되게 합니다. 심장은 정상적으로 기능하지 못하고 뛰기 힘들어합니다. 혈관도 경화될 수 있으며, 균열이 생길 수 있습니다.

분노를 그치라

성경은 분노와 격분에 대해 많은 말씀을 합니다. 시편은 주님께서 노하기를 더디하시고 인자하심이 풍부하시다고 말씀합니다. 이것이 당신이 하나님의 본성에 참여하는 법을 배우는 로드맵입니다. 시편 103편 8절은 "여호와는 긍휼이 많으시고 은혜로우시며 노하기를 더디 하시고 인자하심이 풍부하시도다."라고 말씀합니다. 만약 우리가 하나님 아버지의 자녀가 되기를 원한다면, 우리는 분노와 쓴 뿌리가 그분의 성품의 일부가 아니기 때문에 그것들을 회개할 필요가 있다는 사실을 받아들여야 합니다.

우리 중 누구도 어리석은 자로 여겨지기를 원치 않습니다. 누군가 분노로 흥분할 때마다, 그들은 현명해 보이지 않습니다. 그들은 어리석어 보입니다. 그뿐만 아니라, 많은 경우, 그들은 쓴 뿌리가 그들을 사로잡아 다른 사람들에게 폭발했을 때 자신들이 말하고 행동한 것을 후회할 것입니다. 쓴 뿌리와 분노는 자기 자신을 높여주지 않기 때문에 수치심을 가져옵니다. 우리는 분노에 의해 통제될 여유가 없습니다. 그것은 결국 우리의 몸을 파괴할 것입니다. 성경은 "급한 마음으로 노를 발하지 말라. 노는 우매한 자들의 품에 머무름이니라."(전 7:9) 하고 경고합니다.

대신 우리는 무엇을 해야 할까요? 우리는 다른 사람들이 우리에게 저지르는 잘못에도 불구하고 그들을 용서하는 법을 배워야 합니다. 우리가 우리에게 행해진 어떤 잘못이라도 하나님 아버지께 내어 맡기는 것을 더 많이 실천할수록, 사탄의 왕국이 우리를 유혹할 힘은 더 적어집니다. 예수님께서 우리가 주기도문을 기도할 때 하도록 하신 것처럼, 당신에게 죄를 지은 자를 용서하는 것이 당신의 영광이 될 것입니다.

잠언 19장 11절은 "노하기를 더디하는 것이 사람의 슬기요 허물을 용서하는 것이 자기의 영광이니라." 하고 말씀합니다. 우리가 분노와 격분을 나타내도록 허용할 때, 성경은 우리가 무너지고 성벽이 없는 성읍과 같다고 말씀합니다.

> "자기의 마음을 제어하지 아니하는 자는 성읍이 무너지고 성벽이 없는 것과 같으니라"(잠 25:28).

당신 자신의 영을 예수님의 이름으로 다스리는 법을 배우십시오. 당신이 분노를 느끼고 당신에게 행해진 잘못에 대한 생각이 들 때는 잠시 멈추고 이 생각들이 어디서 오는지 고려할 시간입니다. 누가 당신에게 말하고 있습니까? 쓴 뿌리의 영이 당신을 올무에 걸리게 하려고 합니까? 당신의 성읍이 무너지도록 허용하지 마십시오. 당신의 믿음의 성벽이 무너졌기 때문에 원수가 쉽게 접근하도록 허용하지 마십시오.

나는 당신이 삶에서 이 싸움을 이기기를 바랍니다. 지금 나와 함께 기도하겠습니까?

> 아버지, 우리를 과학 너머 완전한 진리로 이끄시는 주님의 말씀에 감사드립니다.

분노, 격분, 적대감, 스트레스, 두려움, 불안, 완악한 마음이 우리의 심혈관 건강에 직접적인 영향을 미칠 수 있다고 경고해주셔서 감사합니다.

주님은 우리의 죄보다 더 크십니다.

요한일서 3장 20절은 "이는 우리 마음이 혹 우리를 책망할 일이 있어도 하나님은 우리 마음보다 크시고 모든 것을 아시기 때문이라." 하고 말씀하셨습니다.

그러므로, 비록 우리 마음이 우리를 정죄할지라도, 주님은 우리의 죄보다 더 크십니다.

그리고 만약 우리가 우리의 죄를 고백하고 회개한다면, 주님의 성령께서 우리를 도우셔서 인격을 변화시키주실 것입니다.

예수님의 이름으로 기도합니다. 아멘.

고혈압과 간질성 방광염으로부터 치유되다

더그와 캐리

만약 당신이 1년 전에 앞으로 12개월 동안 우리 삶에 일어날 모든 변화에 대해 우리에게 말했다면, 우리는 결코 당신을 믿지 않았을 것입니다. 우리 삶의 너무나 많은 영역이 그저 "갇혀" 있다고 느껴졌고, 우리는 그것들을 "그냥 그런 것"으로 받아들였습니다.

더그는 고혈압이 있었고, 그의 혈압은 위험한 수준까지 치솟았습니다. 그는 종종 미래에 대해 절망하고 우울해했습니다. 저의 만성 요로 감염은 간질성 방광염(방광의 지속적인 염증 상태)으로 이어졌고, 저는 한 번에 며칠씩 엄청난 고통 속에 있었습니다. 제가 얻을 수 있었던 유일한 완화는 도관(카테터)을 통해 투여해야 하는 특수 약물이었습니다. 우리 둘 다 우리가 처한 모든 상황에 대해 엄청난 두려움, 불안, 스트레스, 분노를 가지고 있었습니다. 그것은 우리의 결혼 생활에 영향을 미쳤고 우리 아이들에게까지 번졌습니다.

우리 책장에는 13년 동안 『더욱 탁월한 길』이라는 책이 꽂혀 있었지만, 그것을 읽을 생각은 전혀 없었습니다. 마침내, 우리가 이미 다른 모든 치유 방법을 시도했을 때, 우리는 그 책을 읽는 것이 유익할 것이라고 생각했습니다. 그 책을 다 읽었을 때, 우리는 함께 'For My Life' 수련회에 참석해야 한다는 것을 알았습니다.

비록 우리가 수년간 사역에 종사했지만, 우리는 우리를 향한 아버지의 사랑을 처음 진정으로 믿었습니다. 우리는 우리와 우리 아이들에게 영향을 미치고 있던 많은 견고한 진을 인식했고, 사탄의 죄의 법에 저항하는 것과 결합된 의미 있는 회개를 통해 변화하는 법을 배웠습니다.

그 첫 주에 많은 일이 일어났고, 우리는 소망이 넘쳐 집으로 돌아왔습니다. 집에 돌아와서, 배운 원리들을 실천에 옮김으로써 계속 노력했습니다. 몇 달 후, 저는 '워크숍'을 위해 'Be in Health'로 돌아가 두려움, 거절, 쓴 뿌리의 견고한 진을 극복하는 방법에 대한 위대한 통찰을 받았습니다. 우리는 가족과 함께하는 워크숍에 참석하기 위해 다시 돌아가서, 우리 네 아이 모두가 어린이 프로그램에 참석하고 자신들을 향한 아버지의 사랑에 대해 들을 수 있도록 했습니다.

'Be in Health' 사역을 통해 치유와 질병에 대한 진실을 배운 것은 우리 삶을 완전히 바꾸었습니다. 비록 우리가 여정의 시작에 불과하지만, 우리 삶의 이 시기에 이러한 성경적 진리들을 찾게 된 것에 너무나 감사합니다. 더그의 혈압은 훨씬 낮아졌고, 그는 음식 알레르기로부터 치유되었으며, 우리 가정의 경건한 질서에 더 많이 참여하고 있습니다. 저는 모든 약을 끊었고, 방광 통증은 상당히 가라앉았습니다. 우리는 이 극복의 여정이 항상 쉽지는 않다는 것을 알지만, 우리를 향한 아버지의 사랑과 열망을 알기 위해 헌신하고 있습니다. 그리고 우리 삶은 매일 점점 더 나아지고 있습니다.

"네가 만일 네 하나님 여호와의 말씀을 순종하지 아니하여 내가 오늘 네게 명령하는 그의 모든 명령과 규례를 지켜 행하지 아니하면 이 모든 저주가 네게 임하여 네게 이를 것이니"(신 28:15).

"여호와께서 또 너를 미치는 것과 눈머는 것과 정신병으로 치시리니"(신 28:28)

제9장

정신 질환의 영적 뿌리

세상은 절망과 분노로 가득 차 있습니다. 많은 사람이 소망이 없다고 느낍니다. 만약 우리가 거듭났다면, 우리는 삼위일체 하나님과의 관계 때문에 기쁨을 가져야 합니다. 결국, 신자로서 우리는 주님을 기뻐하는 것이 우리의 힘입니다.

> "느헤미야가 또 그들에게 이르기를 너희는 가서 살진 것을 먹고 단 것을 마시되 준비하지 못한 자에게는 나누어 주라. 이날은 우리 주의 성일이니라. 근심하지 말라. 여호와로 인하여 기뻐하는 것이 너희의 힘이니라 하고"(느 8:10).

우리는 살아 계신 하나님의 아들딸이며, 예수 그리스도와 함께한 상속자입니다. 우리는 이생을 넘어 영원한 미래로 이어지는 소망을 가지고 있습니다. 그렇다면 왜 어떤 그리스도인들은 절망, 우울, 낙담으로 고통받을까요? 성경은 우리에게 여호와로 인하여 기뻐하는 것이 우리의 힘이라고 말합니다. 그러나 너무나 많은 하나님의 백성은 불행한 방랑자들입니다. 우리는 지구의 기쁨이 되고 세상의 소금과 빛이 되어야 합니다. 그런데 왜 우리는 그렇지 못할까요?

당신의 영성은 뇌를 포함하여 육체 모든 부분에 직접적으로 영향을 미칩니다. 나는 정신 질환의 임상적인 측면에 너무 깊이 관여하고 싶지는 않지만, 마음에 영향을 미칠 수 있는 질병의 영적 뿌리를 드러내고 싶습니다.

이 책을 통해, 당신은 삼중적 존재(당신은 영과 혼을 가지고 있고, 몸 안에 산다는 것)임을 배웠습니다. 이것은 정신 질환을 포함한 모든 질병의 치유를 위한 기초적인 진리입니다. 마음의 질병도 다른 질병과 같은 방식으로 시작됩니다. 원수는 내면에서부터 유혹과 거짓말로 생각에 침투하기 시작합니다. 당신이 하나님의 말씀을 믿는 대신 그 거짓말들을 진리로 받아들일 때, 마음은 영향을 받을 것입니다. 당신이 죄의 법의 일부인 원수로부터 오는 생각들을 다루지 않을 때마다, 그 생각들은 결국 인격의 일부가 될 것입니다. 사탄의 왕국이 당신을 기분 장애로 훈련시키는 법을 안다는 것을 기억하십시오. 원수는 유혹을 통해 당신을 함정에 빠뜨리는 법을 압니다.

1. 우울증이란 무엇인가?

우울증은 당신의 생각, 행동, 감정, 행복감을 포함하는 정신 건강 장애로 정의됩니다. 우울한 사람들은 지속적으로 슬프고, 불안하며, 공허함을 느낍니다. 그들은 또한 절망감, 무력감, 무가치함, 죄책감, 짜증, 수치심, 또는 안절부절못함을 느낄 수 있습니다. 그들은 종종 한때 즐거웠던 활동에 대한 흥미를 잃고 과식하거나 식욕을 잃을 수 있습니다. 그들은 잠자는 데, 집중하는 데, 그리고 결정을 내리는 데 문제를 겪을 수 있습니다. 위축과 고립은 우울증의 최악의 결과 중 일부입니다.[1]

161.

생물학적으로, 우울증은 신체의 화학적 불균형으로 정의됩니다. 뇌에 기질적인 문제는 없지만, 뇌의 신경 전달 물질의 정상적인 기능에 장애가 생겨 세로토닌, 도파민, 노르에피네프린이라는 세 가지 뇌 화학 물질의 올바른 균형을 분비하지 못하는 것입니다. 이러한 뇌 화학 물질의 항상성, 즉 균형이 영향을 받습니다. 시간이 지남에 따라 정신 질환과 장애가 그 결과로 나타납니다.

과학은 우울증의 원인이 단 한 가지만이라고 말하지 않습니다. 대신, 우울증은 여러 요인의 조합의 결과라고 말합니다. 한 가지 요인은 유전일 수 있습니다. 당신 가계의 일부가 뇌의 화학적 균형을 방해하는 유발 요인에 당신을 더 취약하게 할 수 있습니다. 다른 요인들은 환경적 문제, 심리적 요소, 또는 특정 약물의 부작용입니다. 그러나 과학이 인정하지 않는 한 가지는 악한 영들의 영향이며, 이것이 종종 정신 질환의 근본 원인입니다.

2. 우울증의 영적 뿌리

과학은 뇌, 즉 정신(psyche) 또는 혼(soul)에 초점을 맞춥니다. 우울증을 다룰 때, 과학자들은 혼을 상담하는 데 집중합니다. 그러나 우울증을 겪는 많은 'For My Life' 참석자들이 수련회에서 발견한 것은 그들의 생각에 영향을 미치는 악한 영을 제거해야 할 필요성입니다. 우리는 악한 영들의 생각을 따랐던 것을 회개했을 때 우울증으로부터 해방된 사람들의 수많은 간증을 들어왔습니다. 당신은 더는 그 생각들을 듣지 않기로 결정해야 합니다. 고통으로부터 자유로워지기 위해, 악한 영들을 따랐던 것을 회개하고, 그들을 쫓아내고, 그런 다음 미래에 대한 악한 생각들을 내쫓아야 합니다. 당신은 그것들을 예수 그리스도에게 순종하도록 생각을 사로잡아야 합니다.

> "모든 이론을 무너뜨리며 하나님 아는 것을 대적하여 높아진 것을 다 무너뜨리고 모든 생각을 사로잡아 그리스도에게 복종하게 하니"
> (고후 10:5).

나는 우울증 뒤에 있는 몇 가지 영적 뿌리를 발견했습니다. 자기 참소, 자기 성찰, 그리고 자기 중심성의 영들은 우울증으로 고통받는 사람의 적입니다. 자기 참소의 영은 그들의 삶을 무너뜨리고 있는 죄의 기원이 바로 그 개인이라고 비난합니다. 그 사람은 악한 영들이 뿌리에 있다는 것을 인식하지 못합니다. 자기 성찰과 자기 중심성은 사람의 주의를 자기 자신과 부정적인 생각에 집중시켜, 그들이 하나님 아버지께 믿음과 주의를 두는 능력을 억제합니다.

이러한 영들은 수치심과 죄책감과 결부되어 있습니다. 수치심은 사람을 가치 없게 느끼게 하고, 죄책감은 그들이 자신의 죄에 대해 용서받을 수 있다는 것을 믿지 못하게 합니다. 자기 연민은 이 모든 것을 함께 붙들고 있는 접착제입니다. 만약 당신이 자기 연민으로 고통받는다면, 믿음으로 고통받고 있는 것입니다. 나는 자기 연민을 당신을 과거(실패)에 묶어두는 "지옥의 초강력 접착제"라고 부르기를 좋아합니다. 그것은 종종 당신이 과거의 어떤 실패를 현재로 가져와 끊임없이 되새기게 하는 것입니다.

세로토닌은 또한 사랑받고 받아들여진다고 느끼지 못하는 개인들에게서 고갈됩니다. 그러한 상황에서, 영-혼-몸의 연결 때문에 시상하부와 변연계의 다른 부분들이 영향을 받습니다. 그것들은 기분, 사고, 수면, 식욕, 행동을 조절하는 그 샘들입니다. 뇌가 올바르게 기능하는 데 필요한 중요한 화학 물질들이 균형을 잃게 됩니다. 원수가 해야 할 모든 일은 이 혼란을 만들기 위해 당신의 생화학을 조작하는 것뿐입니다. 다시 말하지만, 원수는 생각의 영향을 통해 그것을 합니다. 그의 어둠의 왕국은 당신에게 생각을 주고, 이 생각이 당신에게서 비롯되었다고 설득한 다음, 그것에 동의하도록 압력을 가합니다. 우울증의 경우, 뇌는 그런 다음 그 생각들에 순응할 것입니다.

정신의학의 문제점은 그것이 하나님께서 우리를 어떻게 창조하셨는지에 대한 이해와는 별개로 의학을 실천한다는 것입니다. 의사들은 환자들을 마치 그들이 혼과 몸만 가진 것처럼 치료합니다. 그들은 우리가 또한 영이라는 것을 인정하거나 이해하지 못합니다. 왜냐하면 그들은 영의 영역을 볼 수 없기 때문입니다. 그들은 영적인 영향이 많은 질병의 배후에 있는 근본 원인이라는 것을 이해하지 못합니다. 영적인 뿌리가 마음과 몸의 질병과 장애의 약 80% 배후에 있다는 것이 우리의 관찰이라는 것을 기억하십시오.

3. 생각 없는 명상을 하지 마라

의료계는 정신 장애 치료를 위해 변형된 의식 상태로 눈을 돌리는데, 보통 명상이나 약물의 형태를 띱니다. 많은 의사는 불안과 스트레스를 극복하기 위해 여러 형태의 명상을 추천할 것입니다. 그들의 매일의 명상에 대한 생각은 마음을 자유롭게 하는 것입니다. 이것은 뉴에이지 가르침입니다. 뉴에이지 가르침에 가까이하지 마십시오.

생각 없는 명상은 어떤 것이든 의식 속으로 들어올 수 있는 문을 연다는 것을 기억하십시오. 그것은 당신에게 아무것도 가르쳐주지 않지만, 당신을 악한 왕국으로부터 오는 생각들과 유혹에 활짝 열어두게 합니다. 대조적으로, 성경적 "명상"의 가장 가까운 형태는 매일 하나님의 말씀을 묵상하는 것입니다. 명상 중에 당신의 마음을 비우지 마십시오. 하나님의 말씀을 묵상하십시오. 시편 기자처럼 되십시오. 그는 "내가 주의 법도들을 작은 소리로 읊조리며 주의 길들에 주의하며"(시 119:15)라고 말했습니다.

> "하나님의 말씀은 살아 있고 활력이 있어 좌우에 날선 어떤 검보다도 예리하여 혼과 영과 및 관절과 골수를 찔러 쪼개기까지 하며 또 마음의 생각과 뜻을 판단하나니"(히 4:12).

하나님의 말씀은 살아 있고 활력이 있으며, 당신의 혼과 영 사이를 나누고 당신의 우울한 상태에 하나님의 진리를 가져올 능력을 가진 양쪽에 날선 검과 같습니다.

4. 정죄받지 마라

약물 개입을 통한 변형된 의식 상태 또한 당신에게 아무것도 가르쳐 주지 않습니다. 일부 환자들은 베타 차단제, 항정신병 약물, 또는 프로작(Prozac)과 같은 선택적 세로토닌 재흡수 억제제(SSRI)를 처방받는데, 이것들은 그들의 의식을 다른 방향으로 돌려서 그들이 생각하고 싶지 않은 것들에 대해 이제 인식하지 못하게 합니다. 그것이 바로 약물이 그토록 강력한 이유입니다. 그것들은 이러한 변형된 의식 상태를 만들어 냅니다.

하나님께서는 당신이 변형된 의식 상태로 들어가는 것을 원치 않으십니다. 그분은 심지어 원수의 유혹을 피하는 것도 원치 않으십니다. 그분은 당신이 그것들을 인식하고, 직면하며, 그분의 성령과 말씀의 능력으로 그것들을 물리치기를 원하십니다. 평강의 하나님은 프로작의 신이 아닙니다. 예수님은 "평강의 왕"이십니다.

> "이는 한 아기가 우리에게 났고 한 아들을 우리에게 주신 바 되었는데 그의 어깨에는 정사를 메었고 그의 이름은 기묘자라, 모사라, 전능하신 하나님이라, 영존하시는 아버지라, 평강의 왕이라 할 것임이라"(사 9:6).

당신은 우울증으로 가는 경로를 차단하는 약물의 세계에 살고 있을지 모르지만, 당신 영혼의 원수는 여전히 삶 속에서 활동하고 있습니다. 그것은 하나님께서 원하시는 방식이 아닙니다.

이제, 나는 우리가 누구에게도 약을 끊으라고 말하거나 그것을 복용하는 것에 대해 정죄감을 느끼라고 말하는 것이 아님을 확신시켜 드리고 싶습니다. 이것은 우리가 가르치는 바가 전혀 아닙니다. 하나님은 은혜와 자비로 가득하십니다. 약물은 당신을 관리하고 약간의 안도를 가져다주는 데 도움이 될 것입니다. 그것들은 자유로 가는 길의 다리입니다. 당신이 우울증으로부터 자유로워질 때까지 하나님의 말씀에 마음을 쏟는 동안 일시적으로 항우울제를 복용해야 할 수도 있습니다. 그러나 궁극적인 목표는 언젠가 더는 약물이 필요하지 않게 되는 것입니다. 의료계는 사람들이 계속 나아가고, 가능한 한 정상적으로 기능하도록 돕기 위해 노력합니다. 'Be in Health'에서, 우리는 사람들이 단지 계속 나아가기만 하는 것을 원치 않습니다. 우리는 그들이 자유로워지기를 원합니다.

5. 삶의 주도권을 잡으라

부디 내가 우울증이 사람을 얼마나 깊은 곳으로 데려갈 수 있는지에 대해 무감각하다거나 그 상태에 대해 경솔하게 말한다고 생각하지 마십시오. 나의 연민의 마음은 당신이 이 상태를 예방하거나 물리치도록 돕는 것입니다. 또한, 나는 우울증을 물리치는 것이 단지 정신력의 문제라고 암시하는 것이 아닙니다. 내가 당신에게 "당신의 삶의 주도권을 잡으라"고 말할 때, 그것은 정신력의 문제가 아닙니다. 그것은 당신이 어느 왕국을 섬길지 결정하는 것에 대해 개인적인 책임을 지는 것입니다.

매일 우리를 둘러싼 싸움이 있습니다. 하나님 안에서의 여정을 방해하도록 지정된 악한 왕국이 있습니다. 우리의 싸움은 다른 어떤 사람과의 싸움이 아니라는 것을 기억하십시오. 우리의 싸움은 통치자들과 권세들과의 싸움입니다. 그것은 보이지 않는 존재들과 높은 곳에 있는 영적 악, 그리고 이 세상의 어둠과의 싸움입니다. 그 싸움에서 우리의 역할은 하나님 말씀의 진리를 붙잡고 이기는 자가 되는 것입니다. 성경을 읽거나 누군가 우리에게 읽어주게 함으로써 시작하십시오. 우리의 마음을 하나님 말씀의 온전함에 흠뻑 적시십시오. 믿음은 들음에서 나며, 들음은 하나님의 말씀으로 말미암는다는 것을 기억하십시오.

> "그러므로 믿음은 들음에서 나며 들음은 그리스도의 말씀으로 말미암았느니라"(롬 10:17).

과거에 당신의 마음을 가득 채웠던 원수로부터 오는 광기를 말씀의 온전함이 이기게 하십시오. 당신의 뇌에 화학적 균형을 되찾기 위해서는 하나님의 말씀으로 마음을 새롭게 하는 것이 필요합니다. 당신은 생물학적으로 균형을 정상으로 되돌리기 위해 세로토닌 수치를 높여야 합니다. 이것이 어떻게 작동할까요? 첫 번째 단계는 당신의 절망감과 낙담이 당신 자신이나 하나님으로부터 오는 것이 아니라, 숨겨져 있고 파괴적인 왕국에 속한 악한 영들로부터 온다는 것을 인식하는 것입니다. 이 사실을 인정하고 하나님의 말씀에 근거하지 않은 이러한 생각과 감정을 받아들인 것을 회개하십시오. 이 말씀을 기억하십시오.

> "만일 우리가 우리 죄를 자백하면 그는 미쁘시고 의로우사 우리 죄를 사하시며 우리를 모든 불의에서 깨끗하게 하실 것이요"(요일 1:9).

그리스도 안에서의 용서와 자유는 당신의 혼에 평안과 기쁨을 가져다 줄 것이고 당신의 세로토닌 수치를 높일 것입니다. 당신이 하나님의 진리에 대항하여 자신을 높이는 모든 상상을 내쫓을 때, 당신의 세로토닌 수치는 계속해서 상승할 것입니다. 당신의 화학 작용은 균형을 되찾기 시작할 것입니다. 정말로 그렇게 간단할 수 있을까요? 예, 우울증의 많은 경우에, 나는 이런 방식으로 성공을 보아왔습니다.

6. 성공의 과학적 증거

'Be in Health'는 우울증과 스트레스 장애의 치유에서 높은 성공률을 보이는 복을 받았습니다. 2010년에, 나는 말레이시아 쿠알라룸푸르에서 여러 나라의 전문가들과 회의를 했습니다. 우리는 'For My Life' 수련회에서 영, 혼, 몸의 치유에 대한 놀라운 간증에 대해 활발한 토론을 했습니다. 그들은 나에게 "이 인상적인 결과들이 과학적으로 측정될 수 있습니까?"라고 물었습니다.

1년 후, 'Be in Health'는 'For My Life' 수련회에서 공식적인, 과학적인,

3년간의 신체적, 정신적, 영적 건강 연구를 시작했습니다. 이 연구는 남아프리카공화국 스텔렌보스 대학교의 보건 과학과 지역 사회 보건 분과의 인간 연구 윤리 위원회 감독하에 수행되었습니다. 연구 결과의 제목은 약간 위협적으로 보일 수 있습니다. 그것은『신앙 기반 교육 프로그램(4ML 프로그램)이 자가 평가한 신체적, 정신적, 영적(종교적) 건강 매개변수에 미치는 영향』입니다.

우리 프로그램에 대한 사전 지식이 없는 'For My Life' 수련회 참석자들만이 이 연구에 참여하도록 초대되었습니다. 각 피시험자는 (1) 수련회 전, (2) 수련회 마지막 날, (3) 수련회 후 1개월, 그리고 (4) 수련회 후 4개월이라는 네 번의 다른 시간에 네 개의 동일한 설문 조사를 받았습니다. 측정된 영역은 우울증, 스트레스 및 불안, 종교적 대처 기술, 그리고 질병 민감도였습니다. 한 가지 중요한 척도는 변화가 지속될지 여부를 측정하여 더 나은 쪽으로의 인격 변화를 나타냈습니다. 스텔렌보스 대학교의 결론은 'For My Life' 수련회 참석이 "통계적으로나 임상적으로 의미 있는 변화를 낳았으며, 이 변화는 1년 이상 추적 관찰된 사람들에게서 지속되었다"[2]는 것이었습니다.

연구가 완료된 후, 'Be in Health'는 독립적으로 연구에 참여했던 개인들을 수련회 후 최대 5년까지 추적했고, 그들은 재발이 거의 또는 전혀 없다고 보고했습니다. 이러한 인터뷰의 결과는 다음과 같은 내부 통계가 나왔습니다.

* 주요 우울증의 91%가 경미하거나 우울증이 없는 상태로 감소했습

---

2) Frans J. Cronjé et al, *Journal of Religion and Health* 56, no. 1 (September 2015), http://www.researchgate.net/publication/282045748_Effect_of_a_Faith-Based_Education_Program_on_Self_Assessed_Physical_Mental_and_Spiritual_(Religious)_Health_Parameters.

니다.

* 90%가 스트레스 수준의 감소를 보고했습니다.
* 86%가 스트레스가 자신들에게 더는 부정적인 영향을 미치지 않는다고 밝혔습니다.
* 88%가 일반적으로 질병에 대처하는 능력이 더 커졌다고 보고했습니다.
* 84%가 삶에 대해 더 긍정적인 전망을 보고했습니다.

이 'For My Life' 수련회 참가자들은 하나님께 마음을 열고 그분께서 그들을 만나시게 했습니다. 하나님께서는 'Be in Health'를 그분의 말씀으로 존중하셨고, 수천 명이 치유되었습니다. "진리를 알지니 진리가 너희를 자유롭게 하리라"(요 8:32). 는 말씀을 받아들이십시오. 이 말씀을 껴안으십시오.

7. 회복을 위한 다른 통찰들

우울증이나 다른 어떤 정신 장애로 고통받는 모든 사람은 문제가 즉시 사라지기를 바라지만, 단지 이 가르침 때문에 또는 단지 당신이 "나는 그것을 물리칠 만큼 충분한 믿음이 있다"고 선언한다고 해서 우울증에서 빨리 벗어나지 못할 수도 있습니다. 당신의 마음은 얼마 동안 절망과 낙담으로 훈련되었을 수 있습니다. 당신은 구원을 이루어 나가고 지속적으로 마음을 새롭게 해야 할 것입니다. 그것이 바로 내가 당신에게 우울증에서 회복하고 그것이 재발하는 것을 막기 위한 도구들을 제공하는 이유입니다.

회복을 위한 중요한 첫 번째 단계는 고립에서 벗어나는 것입니다. 우울증은 당신이 가장 필요로 할 때 사람들로부터 멀어지게 할 것입니다. 왜냐하면 그들은 당신의 짐을 지는 것을 도울 수 있기 때문입니다. 그들은 당신에게 또는 당신과 함께 말씀을 읽어줄 수 있습니다. 그들은 당신을 위해 함께 기도할 수 있고, 당신을 사랑할 수 있으며, 당신을 어두운 곳에서 이끌어내고 누군가가 정말로 한다는 것을 보여줌으로써 당신을 격려할 수 있습니다.

우울증을 물리치는 또 다른 강력한 도구는 시편 139편을 읽는 것입니다. 이 시편을 위약으로 사용하지 마십시오. 단지 그것을 하는 것이 치유를 위한 비밀 공식인 것처럼 읽지 마십시오. 당신은 성경을 믿고, 신뢰하며, 삶에 적극적으로 적용해야 합니다. 하나님 말씀의 능력과 그것을 받아들이려는 결정이 삶에서 우울증을 물리칠 수 있습니다.

8. 조울증에 대한 도움

조울병으로도 알려진 양극성 장애는 기분, 에너지, 활동 수준, 간단한 과업을 수행하는 능력에 극단적인 변화를 유발하는 뇌 장애입니다. 이 질환을 겪는 사람은 깊은 슬픔과 아주 큰 기쁨이 번갈아 나타나는 시기를 경험하게 됩니다. 슬픔과 기쁨은 누구에게나 일상적으로 있을 수 있지만, 그 감정의 폭이 극단적으로 오갈 때는 문제가 되는 것입니다.

조울증은 종종 18세에서 24세 사이의 사람들이 청년기로 들어서면서 처음 진단됩니다. 유전이 가장 중요한 소인인 것으로 보입니다. 그것은 가족력이 있으며, 특정 가족의 특징입니다. 그것은 특히 여성에게 영향을 미치고, 그런 다음 유전적으로 자녀에게 전달됩니다. 과학은 어머니로부터 유전되는 X 염색체에 결함이 있을 수 있다는 것을 발견했습니다. 누군가 조울증 진단을 받고 우리에게 올 때, 나는 그들의 어머니나

할머니가 그것을 앓았는지 묻습니다.

조울증의 '조증' 부분은 종종 성취에 대한 집착이며, 사람들은 어떤 통제할 수 없는 방식으로 성공을 향해 몰아붙여집니다. 조증은 사실상 우울증의 한 형태입니다. 왜냐하면 그것은 결코 만족될 수 없는 욕구, 결코 채워지지 않는 블랙홀을 포함하기 때문입니다. 우울증 환자와 유사하게, 조울증 환자는 항상 건강한 뇌 기능에 필요한 화학 물질의 불균형, 특히 낮은 수준의 세로토닌을 가지고 있습니다.

9. 조울증의 뿌리와 회복

조울증을 물리치기 위해, 당신은 여러 세대에 걸친 사랑 없음을 다루어야 할 것입니다. 당신은 이 장애가 '사랑하지 않는 영', 즉 받아들여지지 않는다고 느끼고, 그 수용 부족을 대체할 무언가를 찾도록 내몰리는 것의 산물이라는 것을 인식해야 할 것입니다. 그것은 종종 아내와 자녀를 양육하고 사랑하지 않은 여러 세대의 아버지들의 결과입니다. 나는 수년간의 사역에서 그것이 계속해서 반복되는 것을 보아왔습니다.

조울장애 프로파일에서는, 가족 유전자가 뇌의 세로토닌을 크게 감소시키는 것입니다. 조울장애 소인(素因)을 가진 사람들에게는, 장애가 나타나는 것을 막기 위해 가정과 가족 생활이 평안하고 안전한 장소여야 합니다. 사람이 안전하거나, 사랑받거나, 받아들여진다고 느끼지 못할 때, 그들의 몸은 세로토닌 양을 줄임으로써 반응하여 추가적인 화학적 불균형을 유발합니다.

조울장애로부터의 회복 초기에, 하나님의 말씀과 하나님의 사랑은 작고, 부드럽고, 약한 목소리처럼 보일 수 있습니다. 그러나 당신이 하나님의 말씀을 듣고 깊이 생각함에 따라, 그 목소리는 점점 더 강해질 것이고, 원수의 목소리는 점점 더 약해져서, 당신이 완전한 변화된 삶을 되찾을 때까지 그럴 것입니다. 그 과정에서, 몸은 다시 당신을 섬기기 시작할 것입니다. 신경 전달 물질의 불균형은 정상으로 돌아올 것이고, 그것의 기초가 사라졌기 때문에 더는 조울장애를 앓지 않게 될 것입니다. 마음의 평안과 함께하는 자유를 바로 당신이 얻게 될 것입니다.

편집성 조현병으로부터 치유될 수 있는가?

편집성 조현병은 복합적인 공포 장애입니다. 그것은 편집증, 즉 두려움과, 라틴어로 "분열 또는 나눔"을 의미하는 "schizo"(인간 인격의 분열)를 포함합니다. 편집성 조현병을 앓는 사람은 현실 감각을 잃고, 종종 목소리를 "듣고" 환각을 겪습니다. 그러나 이 경우에도, 뇌에 기질적으로 잘못된 것은 없습니다. 문제는 도파민과 노르에피네프린이라는 신경 전달 물질들의 과도한 분비에 있으며, 이는 극단적인 투쟁-도피 반응을 유발하고 중추 신경계에 영향을 미칩니다.

편집성 조현병은 조울증과 마찬가지로 보통 18세에서 24세 사이의 젊은이들에게서 발생합니다. 이 상태가 발병하는 사람들은 일반적으로 서로 사랑하는 법을 모르는 가정에서 자랐습니다. 투쟁-도피 반응은 학대 때문에 또는 완벽해야 한다는 극심한 압력 때문에 가족 안에서 안전하다고 느끼지 못하는 젊은이에게서 시작될 수 있습니다.

부모는 자녀를 너무 심하게 밀어붙일 때 큰 해를 끼칠 수 있습니다. 내 아이 중 한 명이 어렸을 때, 나는 그가 단지 친구들과 경쟁하기 위해 A+ 지향적이 되는 것을 허락하지 않음으로써 그가 정신 장애를 피하도록 도왔습니다. 나는 그에게 "너는 훌륭한 학생이 될 거야. 하지만 A+ 학생이 될 필요는 없어. 이렇게 하자. A, B, C는 괜찮아. D와 F는 안 돼. 네가 할 수 있는 최선을 다해."라고 말했습니다.

모든 아이가 A+ 학생이 되어야 한다고 누가 말했습니까? 내가 내 아들을 그 동료 및 성과 압박에서 해방시켜 주었기 때문에, 그는 형성되고 있던 정신병에서 벗어났을 뿐만 아니라, 약 9kg을 감량했습니다. 그가 경쟁과 자신을 좋아하지 않는 사고방식에 갇혀 있을 때, 그의 신진대사율과 칼로리 소모율이 느려져서, 그를 더욱 자신을 싫어하게 했습니다. 그는 학교에서 뛰어난 성적을 거두는 것을 포함하여 자신의 삶에서 훌륭한 일들을 해왔지만, 성과 장애와 실패에 대한 두려움에서 비롯되는 많은 심리적 문제들로부터 구해졌습니다.

두려움은 편집성 조현병의 배후에 있는 영적 뿌리입니다. 그것은 두려움이 어떻게 고통을 주는지에 대한 비극적인 예입니다. 요한일서 4장 18절을 상기하십시오.

> "사랑 안에 두려움이 없고 온전한 사랑이 두려움을 내쫓나니 두려움에는 형벌이 있음이라. 두려워하는 자는 사랑 안에서 온전히 이루지 못하였느니라."

나는 그것을 단지 공포 장애일 뿐만 아니라, 우울 장애로도 간주합니다. 왜냐하면 그것은 위축과 고립을 포함하기 때문입니다. 만약 당신이 자신의 정체성으로 고통받고 편집성 조현병을 포함한 우울증을 겪는 사람들을 돕고 싶다면, 그들을 사랑하기 시작하십시오. 나는 그들이 어울리기 힘들다는 것을 알지만, 누가 당신에게 유순한 사람들과만 사랑하고 어울리라고 했습니까? 이방인들도 그렇게 할 수 있습니다.

> "너희가 만일 너희를 사랑하는 자만을 사랑하면 칭찬 받을 것이 무엇이냐? 죄인들도 사랑하는 자는 사랑하느니라. 너희가 만일 선대하는 자만

을 선대하면 칭찬 받을 것이 무엇이냐? 죄인들도 이와 같이 하느니라… 너희 아버지의 자비로우심 같이 너희도 자비로운 자가 되라" (눅 6:32-33, 36).

온전한 사랑이 두려움을 내쫓는다

몇 년 전, 나는 미네소타 주 매디슨이라는 작은 마을에서 편집성 조현병에 대해 가르치고 있었는데, 한 남자가 나에게 다가와 말했습니다.

"와! 저에게는 편집성 조현병 진단을 받은 형이 두 명 있어요. 한 명은 이미 자살했어요. 다른 형은 자신의 안전을 위해 감금되어야 해요. 만약 제가 제 형을 사랑했다면, 그 장애를 유발한 두려움이 그에게서 쫓겨났을 것이라는 말씀이신가요?" 나는 그에게 "그것은 제가 제안한 것이 아닙니다. 그것은 성경이 말씀하는 바입니다. 성경에는 '온전한 사랑이 두려움을 내쫓는다.'고 되어 있습니다."라고 말했습니다.

나는 그 남자로부터 다시 소식을 들을 것이라고 기대하지 않았습니다. 그런데 1년 반 후에, 내가 텍사스 주 갈랜드에서 열린 컨퍼런스에서 가르치고 있을 때, 그 남자가 놀라운 간증을 가지고 나타났습니다. 그는 자신의 강력한 이야기를 나와 나누기 위해 미네소타에서 텍사스까지 차를 몰고 왔습니다.

그가 말하기 시작했습니다.

"저는 하나님의 말씀이 사실이고 옳다고 생각해서, 제 형을 피하지 않고 그를 방문하기로 결심했어요. 그는 결코 말이 통하지 않았기 때문에 저는 오랫동안 그를 피해왔어요. 그는 그의 이상한 세계에 빠져 있었기 때문에 저는 그와 어울릴 수 없었어요. 하지만 저는 제 형을 사랑하기 때문에 한 번 해보기로 결심했어요. 매주 토요일, 저는 그와 어떤 소통의 장소를 찾으려고 노력하면서 두세 시간을 그와 함께 보냈어요. 저는

1년 내내 매주 그렇게 했어요."

이 남자는 또한 그 1년 동안, "정신 좀 차려"라거나 "그만 좀 해"와 같은 말을 형에게 결코 한 적이 없다고 나누었습니다. 그는 단지 아무런 조건 없이 그의 사랑을 보여주었습니다. 당신이 정신 장애로 고통받는 사람들에게 "그냥 정신 좀 차려"라고 말할 때, 그들은 더 나빠질 것입니다. 당신은 그들을 바로 고립, 편집증, 그리고 회피로 몰아넣고 있는 것입니다. 만약 그들이 자신의 행동을 멈출 수 있었다면, 그들은 그렇게 했을 것입니다.

그 남자의 이야기는 계속되었습니다. "제가 제 형과 토요일을 함께 보내면서, 그는 점점 더 차분해졌어요. 목사님, 저는 그 1년이 끝날 무렵 무슨 일이 일어났는지 말씀드려야겠어요. 저는 이제 온전한 정신을 가진 형을 갖게 되었어요. 제 형은 더는 어떤 약도 복용하지 않아요. 형은 결혼을 약속했고, 정규직을 가지고 있으며, 의료적 개입 없이 치유되었어요. 목사님, 하나님의 말씀은 진리입니다. 온전한 사랑은 정말로 두려움을 내쫓습니다." 이것은 하나님의 은혜와 그것이 말하는 바를 성취하는 그분의 말씀의 능력에 대한 간증입니다.

10. 외상 후 스트레스 장애

적어도 지난 15년 동안, 외상 후 스트레스 장애(PTSD)에 대한 많은 뉴스 기사가 있었습니다. 나는 최근에 PTSD에 대한 컨퍼런스를 열었고, 수천 명의 사람이 컨퍼런스를 실시간으로 스트리밍하거나 나중에 우리 'Be in Health' 웹사이트에서 시청했습니다. 많은 사람이 이제 전쟁을 이해했기 때문에 컨퍼런스 직후 외상 후 스트레스 장애로부터 완전한 치유를 받았다는 소식을 듣는 것은 흥미로웠습니다.

외상 후 스트레스 장애는 전쟁 문제가 아닙니다. 그것은 두려움, 불안, 스트레스를 포함하는 외상의 결과입니다. 사람들은 "당신은 참전했기 때문에 외상 후 스트레스 장애에 걸렸어요" 또는 "외상 후 스트레스 장애를 앓는 사람들은 아마 전쟁 지역에서 자랐을 거예요."라고 말합니다. 그러나 참전한 모든 사람이 외상 후 스트레스 장애로 끝나는 것은 아닙니다.

우리 연구에서, 우리는 외상 후 스트레스 장애가 비대해진 편도체를 포함한다는 것을 발견했습니다. 편도체가 뇌의 영-혼-몸 연결의 일부라는 것을 기억하십시오. 그것은 우리가 대뇌 피질에서 나오는 감정과 생각들을 처리하는 것을 돕습니다. 편도체는 두려움의 영에서 비롯되는 고도로 충전된 부정적인 생각들의 첫 번째 수용체(受容體=receptor)입니다. 이러한 생각들에 의해 끊임없이 타격을 받은 후, 편도체는 비대해지거나 부어오릅니다. 만약 편도체가 부어오르면, 기능적인 생각을 합리화하거나 처리하는 능력이 방해받고, 모든 것이 폭발적으로 뚫고 들어와 질병이나 정신병을 유발할 수 있습니다.

정상적인 편도체를 가진 사람이 전쟁에 갈 때, 그들은 보통 전투의 생각, 이미지, 그리고 외상을 처리할 수 있습니다. 그러나 두려움의 영의 훈련 때문에 전쟁 지역에 도착하기 전부터 비대해진 편도체를 가진 사람의 경우, 그의 뇌는 그의

생각이 올바른 결론에 도달하도록 허용하지 않을 것입니다.

이 상태는 복무 기간 동안 더욱 악화됩니다.

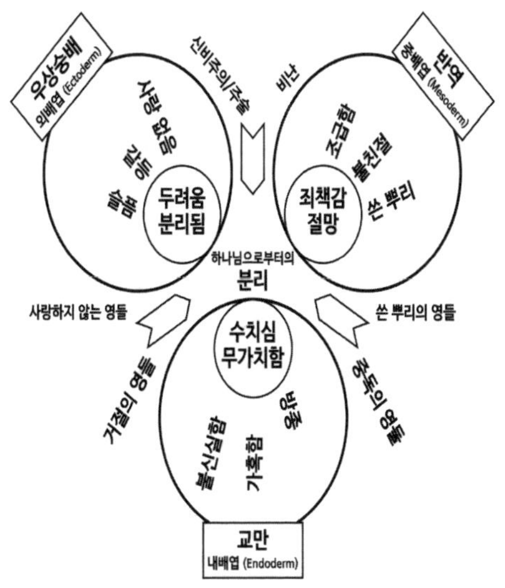

차트 7

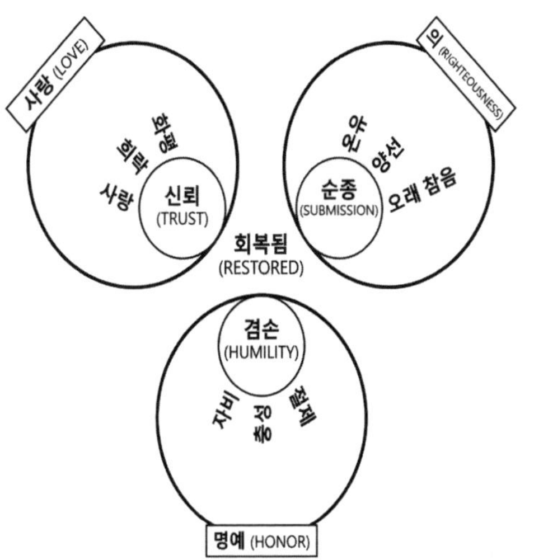

차트 8

우리는 사람들이 하나님의 진리를 받은 후에 외상 후 스트레스 장애로부터 치유되는 것을 보아왔습니다. 그들은 고립에서 벗어나 그들을 사랑하고 도울 수 있는 사람들과의 교제로 돌아가야 했습니다. 그들은 또한 그들에게 상처를 주고 원래 모든 불안과 두려움을 가져온 사람을 용서해야 했습니다.

요한일서 4장 18절은 이 상황에 대한 진리의 말씀으로 계속 남아 있습니다.

"온전한 사랑이 두려움을 내쫓나니."

11. 강박 장애

강박 장애(OCD)는 모든 연령대와 계층의 사람들에게 영향을 미치는 불안 및 정신 건강 장애이지만, 종종 어린 시절에 시작되어 초기 성인기에 처음 발견됩니다. 강박 장애는 낮은 세로토닌 분비를 포함하여, 사람이 강박 관념과 강박 행동의 순환에 갇히게 합니다. 강박 관념은 원치 않는 침입적인 생각, 이미지, 또는 충동으로 극히 고통스러운 감정을 유발합니다. 강박 행동은 그 사람이 원치 않는 생각과 감정을 진정시키기 위해 사용하는 행동입니다.

강박 장애의 배후에 있는 영적 뿌리는 죄책감과 자기 증오입니다. 과거의 실패에 대해 용서받을 수 없다고 믿는 데 어려움을 겪는 사람(죄책감), 그리고 이러한 똑같은 실패에 대해 자신을 책망하는 자기 증오의 영을 가진 사람은 마치 가라앉는 것처럼 삶에서 통제력을 잃고 어려움을 겪을 것입니다. 두려움의 영의 구성 요소는 모든 것이 제자리에 있지 않으면 무언가 끔찍하게 잘못될 것이라고 그들에게 말할 것입니다. 강박 장애를 가진 사람이 회복하기 위해서는 그 기원과 상관없이 완벽주의적 사고방식을 가졌던 것을 회개해야 합니다. 그들은 하늘에 계신 아버지의 사랑과 용서를 믿고 받아들이며 그분을 신뢰하기 시작해야 합니다. 그것이 자유로 가는 길입니다.

12. 구원의 기쁨

우리는 정신 장애로부터의 치유에 대한 소망이 없다고 확신하는 많은 사람들을 섬깁니다. 그들은 자기 혐오와 우울, 그리고 그러한 상태가 수반하는 모든 것으로 가득 차 있습니다. 우리는 그들의 눈을 바라보며 "나를 따라 반복해 주시겠습니까? '주님, 주의 구원의 기쁨을 저에게 회복시켜 주소서.'"라고 말합니다. 그들은 이 말을 반복한 다음 눈물을 터뜨립니다. 왜냐하면 그들이 기쁨을 느낀 지 여러 해가 지났기 때문입니다. 구원은 그들에게 기쁨이 아니었는데, 이는 그들이 원수의 참소의 짐을 지고 살아왔기 때문입니다.

지금 당장 똑같이 해보시겠습니까? 큰 소리로 말하십시오.

"주님, 주의 구원의 기쁨을 저에게 회복시켜 주소서."

다시 한번 말하고, 그런 다음 그 진리에 대해 하나님을 감사하고 찬양하십시오.

> "하나님의 나라는 먹는 것과 마시는 것이 아니요 오직 성령 안에 있는 의와 평강과 희락이라"(롬 14:17).

큰 소리로 말하십시오.

"내게는 성령 안에서의 희락이 있습니다."

시편 126편 5-6절로 격려를 받으십시오.

> "눈물을 흘리며 씨를 뿌리는 자는 기쁨으로 거두리로다. 울며 씨를 뿌

리러 나가는 자는 반드시 기쁨으로 그 곡식 단을 가지고 돌아오리로다."

그리스도의 마음을 갖는 것이 당신의 정신 건강의 열쇠입니다. 당신과 나의 삶은 기꺼이 그리고 능력 있게 변화될 수 있느냐에 달려 있습니다. 하나님께서는 우리를 계속해서 변화시키실 것이지만, 우리는 우리의 책임을 이해해야 합니다. 나는 내가 걷고 살아내야 했던 것 외에는 아무것도 가르치지 않습니다. 이것은 단지 이론이 아닙니다. 이것은 삶과 죽음의 문제입니다. 당신은 나만이 사망의 음침한 골짜기를 걸었다는 것을 압니다. 나는 하나님의 말씀의 능력을 직접 배웠습니다.

이 싸움을 두려워하지 마십시오.

하나님의 생각은 우월하고, 사탄의 생각은 열등합니다.

"자녀들아 너희는 하나님께 속하였고 또 그들을 이기었나니 이는 너희 안에 계신 이가 세상에 있는 자보다 크심이라"(요일 4:4).

당신 안에 계신 하나님이 세상에 있는 원수보다 더 크십니다.

당신은 누구를 섬길지 선택합니다.

당신이 이 자유를 향한 여정을 떠날 때 하나님께서 당신을 떠나거나 버리지 않으실 것입니다.

"너는 강하고 담대하라. 두려워하지 말라. 그들 앞에서 떨지 말라. 이는 네 하나님 여호와 그가 너와 함께 가시며 결코 너를 떠나지 아니하시며 버리지 아니하실 것임이라 하고"(신 31:6).

조울증 및 다중 인격 장애로부터 치유되다

비키

저는 15년 동안 정신병원을 들락날락했습니다. 제가 병원에 두 번째 입원했을 때, 한 의사가 저에게 "당신의 인생은 정신병원을 들락날락하는 회전문이 될 겁니다."라고 말했습니다. 저는 처음에는 주요 우울증 진단을 받았지만, 그것이 조울증으로 악화되었고, 마침내 다중 인격 장애 진단을 받았습니다. 저는 절망적으로 아팠습니다. 나아질 희망은 전혀 없었습니다.

그때 누군가가 저에게 『더욱 탁월한 길』이라는 책을 주었습니다. 곧 이어, 저는 첫 'For My Life' 수련회에 참석했습니다. 저는 다루어야 할 것이 너무 많아서 그 수련회에 몇 번 더 참석했습니다. 우리 결혼 생활이 엉망이었기 때문에 그중 한 번은 남편이 나와 함께 갔습니다. 우리 둘 다 고통 속에 있었습니다. 비록 그가 모든 고통의 세월 동안 내 곁을 지켜주었지만, 저는 우리 결혼 생활을 회복하기 위해 이것을 해야 한다는 것을 알았습니다.

하나님께서는 우리에게 너무나 신실하셨습니다. 저는 질병으로부터의 자유에 대한 성경적 가르침을 듣고 적용한 결과로 치유되었습니다. 저는 자유롭습니다. 완전히 자유롭습니다. 더는 의사도, 병원도, 어떤 약도 필요 없습니다.

우리 결혼 생활은 회복되었습니다. 우리 하나님은 놀라우신 분입니다. 그리고 우리 삶에 들어와 이 진리들을 우리와 나누기 위해 그분께서 사용하신 사람들은 너무나 놀라웠습니다. 저는 너무나 감사하며, 하나님께 모든 영광을 돌립니다.

“‘마음의 즐거움은 양약이라도 심령의 근심은 뼈를 마르게 하느니라”(잠 17:22).

“두려워하지 말라. 내가 너와 함께 함이라. 놀라지 말라. 나는 네 하나님이 됨이라. 내가 너를 굳세게 하리라. 참으로 너를 도와주리라. 참으로 나의 의로운 오른손으로 너를 붙들리라”(사 41:10).

제10장

스트레스 장애의 영적 뿌리

미국에는 과도한 스트레스가 만연해 있습니다. 이건 놀랍지도 않습니다. 미국 불안 및 우울증 협회(Anxiety and Depression Association of America)는 "불안 장애는 미국에서 가장 흔한 정신 질환으로, 매년 18세 이상 미국 성인 4천만 명, 즉 인구의 19.1%에 영향을 미치고 있으며", "고통받는 사람들 중 36.9%만이 치료를 받고 있다"[1]고 보고합니다. 미국 국립산업안전보건연구원(National Institute for Occupational Safety and Health)의 한 보고서는 "직원의 4분의 3은 근로자들이 한 세대 전보다 직장에서 더 많은 스트레스를 받는다고 믿는다."[2]라고 인용합니다.

최근 미국심리학회(American Psychological Association) 조사에 따르면, 오늘날 스트레스의 가장 흔한 원인은 인플레이션, 개인 안전, 그리고 우리 국가와 세계의 미래입니다. 그 결과, "성인 10명 중 약 7명(72%)이 이 스트레스로 인해 추가적인 건강상의 영향을 경험했는데, 여기에는 압도감을 느끼거나, 수면 습관의 변화를 경험하거나, 끊임없이 걱정하는

---

1) "Anxiety Disorders - Facts & Statistics," Anxiety & Depression Association of America, https://adaa.org/about-adaa/press-room/facts-statistics.

2) The National Institute for Occupational Safety and Health (NIOSH), "Stress…At Work," Centers for Disease Control and Prevention, https://www.cdc.gov/niosh/docs/99-101/default.html.

것 등이 포함됩니다."[3]

1. 완벽을 요구하는 문화

전 세계 많은 문화권에서 사람들은 그들의 성과와 성취욕으로 판단을 받습니다. 정부, 비즈니스, 스포츠, 고등 교육의 최고 수준에서부터 가정에 군림하고 통제적인 부모에 이르기까지, 인간은 실패와 실수에 따르는 수치심을 두려워합니다. 완벽에 대한 요구가 있습니다. 가치의 서열이 있으며, 오직 엘리트 성과자들만이 교육, 경력, 소득에서 번창하는 반면, 나머지 사람들은 낙오될까 두려워합니다. 이러한 상황은 사람들의 삶에 많은 스트레스와 불안을 일으킵니다. 그들이 이 스트레스를 내면화할 때, 그것은 그들의 혼과 많은 신체 시스템에 영향을 미치기 시작합니다. 그 결과는 스트레스 장애로 끝날 수 있습니다.

이 섹션 전체에서, 오늘날의 사회는 실패를 용납하지 않을지 모르지만, 하나님은 그렇지 않으시다는 것을 명심하십시오. 하나님께서는 의인은 넘어졌다가 다시 일어날 것이라고 말씀하십니다. "대저 의인은 일곱 번 넘어질지라도 다시 일어나려니와 악인은 재앙으로 말미암아 엎드러지느니라"(잠 24:16). 시편 37편 24절은 "그는 넘어지나 아주 엎드러지지 아니함은 여호와께서 그의 손으로 붙드심이로다."라고 우리를 격려합니다. 그리고 바울은 고린도 교회에 보낸 두 번째 편지에서 "그러므로 내가 그리스도를 위하여 약한 것들과 능욕과 궁핍과 박해와 곤고를 기뻐하노니 이는 내가 약한 그 때에 강함이라."(고후 12:10) 하고 썼습니다.

2. 스트레스 장애란 무엇인가?

스트레스 장애, 또는 증후군은 불안과 스트레스로 나타나는 두려움의 영과 더불어 죄책감과 수치심의 결과입니다. 스트레스 장애의 경우, 원수는 당신의 평안을 잃게 만드는 두려운 생각들을 만들어냅니다. 당신이 그 생각들에 머물 때, 당신의 중추 신경계가 영향을 받습니다. 당신은 통증, 머리가 멍한 증상, 그리고 다른 여러 증상을 경험하기 시작합니다. 약물치료는 두려움의 영을 받아들인 결과로 생기는 이러한 화학적 불균형을 단순히 가릴 뿐입니다. 가장 흔한 스트레스 장애 중에는 섬유근육통, 만성 피로 증후군, 2형 당뇨병, 고혈압, 과민성 대장 증후군, 궤양성 대장염, 만성 불면증, 편두통, 위산 역류가 있습니다.

이러한 두려운 생각들에 직면하여, 우리는 당신이 당신 자신을 대적하여 말하도록 설득하기 위해 1인칭으로 표현되는 유혹을 계속 경계해야 합니다. 만약 악한 영들이 와서 자신을 알리기만 한다면 좋겠지만, 그렇지 않습니다. 그들은 마치 그 생각들이 우리 자신의 것인 양 우리에게 생각을 줌으로써 우리를 속이려 합니다. 두려움의 영은 "내일 무슨 일이 일어날지 너무 걱정돼."라고 말할 수 있습니다.

바울은 이렇게 썼습니다.

> "하나님께서는 우리에게 두려움의 영을 주지 아니하시고 권능과 사랑과 건전한 생각의 영을 주셨느니라"(딤후 1:7 흠정역).

해결되지 않은 두려움의 영들은 건전한 마음을 갖는 것을 불가능하게 만듭니다. 왜냐하면 마음은 스트레스 가득한 생각과 상상에 시달리기 때문입니다. 이러한 개인들은 두려움 없이 사랑을 주거나 받을 수 없습니다. 우리는 요한일서 4장 18절의 강력한 진리를 아무리 강조해도 지나치지 않습니다.

> "사랑 안에 두려움이 없고 온전한 사랑이 두려움을 내쫓나니 두려움에는 형벌이 있음이라. 두려워하는 자는 사랑 안에서 온전히 이루지 못하였느니라."

만약 당신이 어린 시절에 사랑받는다고 느끼지 못했다면, 당신은 아마 성인이 되어서도 다른 사람들에게 사랑받는다고 느끼지 못할 것입니다. 당신이 제대로 사랑받지 못할 때 무엇이 당신과 함께하게 될까요? 바로 두려움의 영입니다. 나는 두려움 때문에 다른 사람들과의 관계에 큰 균열이 있는 어떤 사람들을 알고 있습니다. 그들은 심지어 같은 교회에 다니는 사람들조차 두려워합니다. 불안감과 두려움이 있는 사람은 마트에 들어섰다가 같은 통로 끝에서 마주치기 싫은 사람을 보게 되면 덜컥 겁을 먹습니다. 그는 다음 통로로 이동하여 모퉁이를 돌아 상황이 안전한지 엿봅니다. 만약 안전하다면, 그는 다시 숨을 쉴 수 있습니다.

"사람을 두려워하는 것"(fear of man)은 "남성"(males)을 두려워하는 것이 아니라 사람들(people)을 두려워하는 것입니다. 우리는 다른 인간을 두려워해서는 안 되며, 하나님 아버지를 신뢰해야 합니다. 왜냐하면 그분은 우리를 돕는 분이시기 때문입니다. 우리가 사는 삶에 대해 책임을 져야 할 분은 바로 그분이십니다. 우리가 "사람"을 두려워할 때, 그것은 하나님께서 우리를 부르신 존재가 되는 데 올무나 걸림돌이 됩니다. 당신은 이런 사람이 되지 마십시오. 사람을 두려워하는 것에 지배당하지 마십시오.

> "사람을 두려워하면 올무에 걸리게 되거니와 여호와를 의지하는 자는

안전하리라"(잠 29:25).

"그러므로 우리가 담대히 말하되 주는 나를 돕는 이시니 내가 무서워하지 아니하겠노라. 사람이 내게 어찌하리요 하노라"(히 13:6).

만약 당신이 다른 사람들, 특히 교회 사람들을 두려워한다면, 당신은 하나님 아버지께 회개해야 합니다. 당신은 다른 사람들과의 교제를 세우고 회복시키실 그분을 신뢰해야 합니다. 만약 당신이 과거의 갈등이나 두려움 때문에, 또는 관계를 발전시키는 법을 모르기 때문에 사람들을 피해왔다면, 이제는 배울 때입니다. 만약 우리가 실수를 하고 배우기를 기꺼이 해야 할 장소가 있다면, 그것은 바로 교회입니다. 예수님께서는 우리에게 서로 자비롭게 대하고 용서하라고 가르치셨습니다. 만약 우리가 서로 사랑하는 법을 배워야 할 장소가 있다면, 그것 또한 교회입니다. 우리가 사랑하는 법을 배울 때, 그것은 두려움을 내쫓을 것입니다. 왜냐하면 그 두려움은 더는 번성할 환경을 갖지 못할 것이기 때문입니다. 그것은 점점 줄어드는 생각이 될 것입니다. 그것은 하나님, 자신, 그리고 다른 사람들과의 건강한 교제 때문에 뒤로 사라질 것입니다. 만약 두려움이 당신의 스트레스 증후군의 근본적인 뿌리였다면, 그 증후군은 사라지기 시작할 것입니다.

3. 증후군 대 질병

두려움의 영들을 제거하는 것은 질병으로부터의 자유로 가는 강력한 관문입니다. 그러나 우리는 또한 스트레스 장애의 뿌리에 있는 생리학적 문제들을 이해해야 합니다. 이 시점에서, 우리는 질병과 증후군 사이의 구분을 그릴 필요가 있습니다. 둘 다 항상성의 불균형을 포함하지만, 그들 사이에는 생리학적인 차이가 있습니다.

'Be in Health'에서, 우리가 '질병'이라는 용어를 사용할 때, 그것은 몸의 모든 오작동을 지칭하는 일반적인 방식이 아닙니다. 우리는 질병을 몸에 기질적인 손상이 있는 오작동(세포가 파괴되고 장기가 손상된)으로 정의합니다. 반면에, '증후군'의 경우, 우리는 장기에 손상이 없고 신체 부위가 물리적으로 파괴되지 않은 신체 시스템의 기능 장애를 지칭합니다. 증후군에서는, 비록 명백한 질병은 없지만, 불확실한 기원의 오작동이 작용하고 있습니다. 즉 신체의 특정 부분들이 제 역할을 올바르게 수행하지 못하는 것입니다.

스트레스 장애에서의 치유의 기초는 이러한 증후군에 대한 이해에 있습니다. 스트레스 장애는 신체 부위의 파괴로 인해 발생하는 것이 아니므로, 그것들은 증후군으로 간주됩니다.

나는 증후군(Syndromes)이 실제로는 "죄-후군"(S-I-N-dromes)이라고 언급한 바 있습니다. 왜냐하면 그것들은 당신의 삶에 죄의 법을 받아들임으로써 야기되기 때문입니다. 오랜 기간, 심지어 몇 년 동안 사탄의 거짓말을 받아들임으로써, 당신의 몸에는 증후군으로 알려진 오작동이 나타납니다.

당신의 몸은 당신을 섬기도록 설계되었으며, 무언가가 그 설계를 방해하지 않는 한 그 기능을 올바르게 수행해야 합니다. 당신이 두려움의 영으로부터 오는 유혹을 회개하고 내쫓지 않을 때, 당신은 미래의 의사결정을 안내할 사고방식으로서 두려움을 내면화하고 있는 것입니다. 이 과정을 통해, 두려움의 영은 당신의 미래에 잠재적인 실패를 투사할 것이고, 당신은 혼과 몸에서 스트레스와 불안을 느낄 것입니다. 당신의 변연계가 반응하고 시상하부는 당신이 평안하지 않다는 것을 감지합니다. 두려움, 죄책감, 또는 수치심의 영들을 받아들인 결과로, 시상하부는 잘못된 전기적 및 화학적 신호들이 몸의 나머지 부분으로 나가게 하여 내분비계, 신경계, 소화계, 또는 이 모든 시스템에서 기능의 불편함(dis-ease of function)을 유발합니다. 한 가지 결과는 다중 스트레스 장애입니다. 'For My Life'에서, 우리는 수년간의 사역을 통해 수천 명의 사람들에게서 이 결과를 보아왔습니다. 당신도 다중 장애나 증후군으로 고통받는 사람을 알고 있을지 모릅니다.

의학은 생리적 불안과 스트레스(우리가 이해하기로는 두려움의 영에 의해 유발되는)와 정서적 외상이 뇌를 변화시킨다는 것을 관찰했지만, 대부분의 증후군에 대해 의사들은 원인이나 치료법을 알지 못합니다. 바로 이런 이유 때문에 의사들은 항우울제나 항불안제 같은 약, 또는 영양제를 처방합니다. 혹은 환자들에게 몸 전체를 종합적으로 보는 대체 요법이나 다른 치료 방식을 시도하게 하기도 합니다. 우리는 진정한 해결책이 당신의 영과 혼을 하나님의 말씀과 일치시키고, 말씀을 묵상하며, 그것이 당신의 장기 기억의 일부가 되어 원수의 스트레스 가득한 거짓말을 대체할 때까지 하나님의 진리 안에서 행하는 것임을 압니다. 그러면 두려움과 스트레스가 아닌 평안이 마음과 삶을 다스릴 것입니다.

4. 다중 스트레스 장애의 치유

하나님께서는 오늘날에도 여전히 치유하십니다. 불치병으로 여겨지는 만성 스트레스 장애조차도 그분의 말씀에 복종합니다. 'Be in Health'에서, 우리는 많은 사람이 건강에 관한 하나님의 진리를 적용했을 때 스트레스 장애로부터 치유되는 것을 보아왔습니다. 에밀리는 다중 스트레스 장애 진단을 받았지만 하나님께서 그녀를 치유하셨습니다. 여기 그녀의 이야기가 있습니다.

저는 약 11년 전까지 매우 활동적인 삶을 살고 있었습니다. 저는 다섯 자녀를 둔 기혼 여성이었고, 스파(spa)를 소유하고 있었으며, 남편과 함께 교회를 섬겼습니다. 서서히, 저는 신체적 증상들을 경험하기 시작했습니다. 설명할 수 없는 관절 통증, 피로, 알레르기 반응이 생겼습니다. 엎친 데 덮친 격으로 병을 앓았습니다. 여러 전문가를 만난 후, 섬유근육통, 만성 피로 장애, 만성 편두통, 셀리악병, 음식 알레르기, 그리고 저혈당증 진단을 받았습니다.

저는 9년이라는 긴 세월 동안 쇠약하게 만드는 질병들로 고통받았습니다. 가족을 위해 활동하려고 노력했지만, 통증 때문에 종종 병상에 누워있었습니다. 결국, 사업체를 팔고 대부분의 시간을 집에서 보내야 했습니다. 외출할 때는, 환경으로부터 자신을 보호하기 위해 안면 마스크를 착용했습니다. 저는 낫기 위해 할 수 있는 모든 것을 시도했지만, 아무것도 효과가 없었습니다. 의사, 약, 전체론적 치료, 건강 식단, 특별 보충제, 에센셜 오일, 또는 기도도 효과가 없었습니다. 어떤 치료들은 일시적인 완화를 가져다주었지만, 다시 원점으로 돌아가곤 했습니다. 그것은 악몽이었습니다.

2년 전, 저는 인생 최저점에 있었습니다. 딸의 결혼식이 다가오고 있었고, 저는 고통 속에 침대에 누워있다가 돌아누워 작은 탁자를 보았습니다. 거기에는 보충제와 처방약 병들이 놓여 있었지만, 그중 어느 것도 저에게 도움이 되지 않았습니다. 저는 너무 아파서 거의 말할 수도 없었습니다. 그 순간, 저는 하나님께서 저에게 "내 방식으로 할 준비가 되었느냐?"라고 말씀하시는 것을 들었다고 믿습니다.

두어 달 후, 저는 여성 성경 공부 모임에서 제 이야기를 하고 기도를 요청했습니다. 그 후에, 한 여성이 저에게 다가와 “제가 당신과 나눌 것이 있어요.”라고 말했습니다. 우리는 두 시간 동안 이야기했고, 그녀는 ‘Be in Health’와 ‘For My Life’ 수련회에서 배운 성경적 진리를 나누었습니다. 그녀는 하나님께서 어떻게 그분의 말씀을 통해 그녀를 치유하고 자유롭게 하셨는지 설명하면서 흥분했습니다. 저는 하나님께서 그날 제가 들은 말을 위해 저를 준비시키고 계셨다는 것을 알았습니다.

남편과 저는 이것이 다음 단계라는 데 동의했습니다. 두 달 후, 저는 조지아주 토마스턴에서 일주일간의 ‘For My Life’ 수련회에 참석했습니다. 첫날부터, 저는 마치 저를 겨냥한 것처럼 보이는 성경적 진리를 들었습니다. 가르쳐지는 모든 것이 하나님의 말씀에 깊이 뿌리박혀 있었고, 저는 진리를 명확하게 볼 수 있었습니다. 저는 열세 살에 입양되었고, 제가 처리해야 할 몇 가지 것들이 있다는 것을 깨달았습니다. 성령께서 제 마음에 역사하기 시작하셨고, 상황들을 다시 떠올리게 하시며, 제 마음의 것들을 회개하도록 이끄셨습니다.

제 치유는 즉각적이지 않았지만, 주말이 끝날 무렵, 제 몸은 덜 아팠고, 마치 큰 무거움이 저에게서 벗겨진 것처럼 느껴졌습니다. 저는 치유에 관한 하나님의 말씀에 대한 새로운 이해를 가지고 집으로 돌아갈 수 있었습니다. 저는 이제 치유에 대한 성경적 가르침을 적용하는 데 사용할 수 있는 “영적 도구 상자”를 갖게 되었습니다.

집에 돌아온 첫 주에, 저는 “알레르기”가 있다고 생각했던 음식 중 일부를 적당히 먹기로 결심했습니다. 그것은 저에게 믿음의 발걸음이었습니다. 저는 그 음식들에 대한 두려움이 저를 억누르게 하지 않을 것이었습니다. 어떤 음식도 저를 괴롭히지 않았습니다. 다음 몇 주, 몇 달 동안, 제 건강은 어떤 의료적 개입 없이도 계속해서 개선되었습니다. 통증과 피로는 사라졌고, 알레르기도 사라졌습니다. 저는 지금 제가 아프기 전보다 훨씬 더 건강합니다.

그 모든 병든 세월 동안 저를 지극히 지지해주었던 제 남편은 너무나 감사하며 "제 아내를 되찾았어요."라고 말했습니다. 그리고 저는 기쁨으로 "제 인생을 되찾았어요. 하나님께 너무나 감사합니다."라고 말할 수 있습니다.

에밀리는 'For My Life' 수련회에서 우리가 본, 다중 스트레스 증후군 진단을 받은 유일한 사람이 아닙니다. 면역 체계가 손상되면, 장애는 사방에서 몸을 공격할 수 있습니다. 때때로 사람들은 우리에게 와서 열 가지 이상의 질병과 증후군 목록을 가져옵니다. 물론, 그들은 그 열 가지 모두가 사라지기를 원합니다. 나는 항상 하나의 주된 질병이나 증후군이 있다고 말합니다. 나머지는 부수적인 것입니다. 다른 것들을 낳는 주된 질병을 물리치지 않으면, 당신은 절대로 2차적인 질병을 물리칠 수 없을 것입니다. 당신이 주된 것을 다루고 하나님께서 당신을 치유하실 때, 다른 아홉 가지는 자동으로 사라질 것입니다.

친구여, 이것들은 당신이 들어야 할 것들입니다. 우리는 증상과 질병 프로파일을 쫓느라 너무 바빠서 애초에 우리가 왜 아팠는지, 어떻게 나아질 수 있는지조차 고려하지 않으며, 우리의 의사들도 종종 그것을 알지 못합니다.

5. 스트레스 장애: 그 뿌리와 치료법

이 섹션은 나열된 모든 스트레스 장애가 영, 혼, 그리고/또는 몸의 구성 요소를 가지고 있지는 않기 때문에 이전 섹션들과는 약간 다릅니다.

섬유근육통

섬유근육통은 스트레스와 불안 장애입니다. 그 전형적인 증상은 근육, 인대, 결합 조직의 통증, 피로, 만성 불면증입니다. 섬유근육통 진단을 받은 사람들의 99%를 여성이 차지합니다. 감사하게도, 우리는 수많은 여성이 이 스트레스 장애로부터 치유되는 것을 보아왔습니다.

섬유근육통은 무작위로 발생하지 않습니다. 그것은 보통 피해를 입은 여성들에게서 발생합니다. 그것으로, 나는 그들이 반드시 신체적 학대를 경험했다는 의미는 아니지만, 종종 돌봄의 부족이 똑같이 파괴적이라는 것을 의미합니다. 사례 연구들은 그것이 주로 남성, 아마도 아버지나 남편의 보호나 양육 부족에서 비롯된다는 것을 보여줍니다. 이 여성들은 이전의 버림받은 경험 때문에 삶에 들어온 버림받음에 대한 두려움의 영을 가지고 있습니다.

섬유근육통은 보호받고, 양육받거나, 안전하다고 느끼지 못하고, 항상 눈치를 보는 여성들을 괴롭힙니다. 그들은 남편이나 아버지로부터 오지 않는다고 느끼는 어떤 안전과 안정을 찾기 위해 삶의 조각들을 이리저리 움직이며, 내몰리고 불안해합니다. 대부분의 경우, 그러한 여성들은 세상의 짐을 어깨에 짊어지고 있었습니다. 그들은 영적으로 가정을 이끌고, 자녀를 돌보며, 재정을 처리하고, 아마도 가정의 반복되는 위기를 혼자서 처리해 왔습니다. 그들 삶 속의 남성들이 이러한 필요 중 어느 것도 돌보지 않았기 때문에, 그들은 그 짐을 모두 혼자 짊어지고 있었습니다. 그 결과, 이 여성들은 스트레스 아래에서 무너졌습니다.

섬유근육통의 배후에 있는 영적 뿌리는 불안, 스트레스, 내몰림, 완벽주의를 낳는 두려움의 영입니다. 섬유근육통은 우리의 의식적 인식 너머의 영역에서 이 두려움의 영에 의해 촉발됩니다. 우리가 두려움의 영과 씨름할 때, 그것은 우리의 신체 시스템을 방해하고, 혼과 영의 상류에서 문제가 있다는 것을 감지하는 시상하부를 통해 신경 자극을 시작합니다.

섬유근육통은 의료계에서 알려진 원인이나 치료법이 없습니다. 성경적으로, 우리는 그것을 근절하는 방법이 원수의 거짓말을 받아들인 것을 회개하고 하나님께서 이 두려움의 영으로부터 당신을 건져내시도록 허락하는 것임을 압니다. 성경은 우리에게 아무것도 염려하지 말라고 말씀합니다.

> "아무 것도 염려하지 말고 다만 모든 일에 기도와 간구로, 너희 구할 것을 감사함으로 하나님께 아뢰라. 그리하면 모든 지각에 뛰어난 하나님의 평강이 그리스도 예수 안에서 너희 마음과 생각을 지키시리라. 끝으로 형제들아 무엇에든지 참되며 무엇에든지 경건하며 무엇에든지 옳으며 무엇에든지 정결하며 무엇에든지 사랑받을 만하며 무엇에든지 칭찬받을 만하며 무슨 덕이 있든지 무슨 기림이 있든지 이것들을 생각하라"(빌 4:6-8).

이 책 전체에서 반복되는 진리는 하나님께서 우리에게 두려움의 영을 주지 않으셨다는 것입니다. 섬유근육통으로부터 치유되기 위해, 당신의 삶에서 버림받음에 대한 두려움의 영을 받아들인 것을 회개하십시오. 당신의 염려를 주님께 맡길 때, 또한 너무 많은 짐을 떠안은 것을 회개해야 할 수도 있습니다. 당신이 외롭고 버림받았다고 느꼈던 삶의 그 부분들을 수리하고 치유를 가져오실 하나님과 그분의 사랑을 신뢰하는 법을 배우십시오.

> "너희 염려를 다 주께 맡기라. 이는 그가 너희를 돌보심이라"

(벧전 5:7).

또한, 버림받음에 대한 두려움과 불안에 관한 죄의 법을 다시는 받아들이지 않도록 성경적 진리로 마음을 새롭게 하십시오. 여성의 혼에 평안이 돌아올 때, 시상하부로부터의 신경 신호는 진정될 것이고, 섬유근육통은 치료될 것입니다. 이사야 26장 3절은 "주께서 심지가 견고한 자를 평강하고 평강하도록 지키시리니 이는 그가 주를 신뢰함이니이다."라고 말씀합니다.

만성 피로 증후군

만성 피로 증후군(CFS)은 수개월간 지속되고, 침상의 안정으로도 사라지지 않으며, 어떤 근본적인 의학적 상태로도 설명될 수 없는 극심한 피로를 특징으로 하는 스트레스 장애입니다. 만성 피로 증후군의 다른 증상에는 만성 불면증, 근육통, 두통, 그리고 집중력 및 기억력 저하가 포함됩니다. 섬유근육통과 유사하게, 만성 피로 증후군 진단 사례의 95% 이상이 여성에게서 관찰됩니다.

그 뿌리는 거절에 대한 두려움의 영이며, 그 배후에는 권위 있는 인물, 보통 부모로부터 인정과 사랑을 얻으려는 내몰림이 있습니다. 그 사람은 세상에서 성공함으로써 이 인정과 사랑을 얻으려 합니다. 특정 문화는 특히 성공과 성과를 통해 다른 사람들의 인정을 받아야 한다는 필요성에 의해 내몰립니다. 그들에게, 실패는 정체성의 부족과 다른 사람들에 의한 수용의 부족을 의미합니다. 이러한 문화권의 사람들은 더 넓은 공동체로부터 인정을 받아야 한다는 추가적인 압력을 느낍니다. 그것은 큰 짐이 됩니다.

의료계에 따르면, 만성 피로 증후군에 대한 알려진 원인이나 치료법은 없습니다. 증상이 섬유근육통이나 다발성 경화증과 너무 유사하기 때문에 진단하기 어렵습니다. 의사들은 약물치료와 스트레스 감소 활동을 통해 증상을 완화하는 방법을 처방합니다. 방금 에밀리의 간증에서 읽었듯이, 가장 좋은 처방은 당신의 삶에서 영적 근본 원인을 제거하고 완전히 치유되고 자유로워지는 것입니다.

만성 피로 장애를 앓는 사람은 하나님 말씀의 진리를 받아들여야 합니다. 우리는 하나님에 의해 심히 기묘하게 지음 받았으며, 그것만이 우리의 가치를 확립하는 것입니다.

> "내가 주께 감사하옴은 나를 지으심이 심히 기묘하심이라. 주께서 하시는 일이 기이함을 내 영혼이 잘 아나이다"(시 139:14).

비록 우리 가족이 우리가 실패할 때 우리를 받아주지 않더라도, 우리가 죄를 지을 때 하나님께 거부당하지는 않습니다. 치료법은 회개하고, 잘못된 이유로 성공하려는 그 욕구를 버리고, 당신에게 가치가 있다는 것을 깨닫는 것입니다. 당신은 사랑을 얻으려고 애쓸 필요가 없습니다. 하나님은 사랑이십니다. 당신이 그분께로 돌아선다면 하나님은 항상 당신을 받아주실 것입니다. 모든 스트레스 장애는 하나님을 신뢰하는 대신, 당신 자신이나 다른 사람들을 수용의 원천으로 의지하기 때문입니다. 당신 자신이나 다른 사람들을 인정이나 성공의 원천으로 바라보지 마십시오. 이것은 당신의 삶에서 이상적인 결과를 결코 낳지 않으므로 매우 두려운 삶의 방식입니다. 하나님을 신뢰하십시오. 그분이 당신의 원천입니다.

2형 당뇨병

질병통제예방센터에 따르면, "3,700만 명 이상의 미국인이 당뇨병을 앓고 있으며(약 10명 중 1명), 그들 중 90-95%가 비만과 강한 연관이 있는 2형 당뇨병을 앓고 있다"[4]고 합니다. 그것은 우리의 불안 가득하고 과체중인 국가에서 재앙이 되었습니다. 2형 당뇨병은 진정한 질병이 아닙니다. 내가 그렇게 말했다고 의사에게 말하지 마십시오. 그것은 증후군(불안 및 스트레스 장애)이기 때문입니다.

잘 기능하는 췌장은 우리 혈액에서 다른 신체 세포로 당(포도당)을 이동시켜 에너지로 사용될 수 있게 하는 호르몬인 인슐린을 생산합니다. 자가면역질환에 대한 장에서 보았듯이, 1형 당뇨병에서는 면역 체계가 췌장을 공격하여 실제로 인슐린을 생산하는 췌장 섬세포를 파괴합니다. 그러나 2형 당뇨병에서는 췌장 섬세포가 전혀 병들지 않았지만, 보이지 않는 무언가가 그들이 인슐린을 제대로 방출하는 것을 막고 있습니다. 세포는 더는 인슐린에 정상적으로 반응하지 않아 혈당 수치가 위험한 수준까지 상승하게 만듭니다. 그것은 기능의 불균형을 낳는 증후군입니다.

우리는 2형 당뇨병과 관련된 매우 구체적인 영적 뿌리를 수년에 걸쳐 발견했습니다. 우리가 본 거의 모든 경우에, 그 사람은 다른 사람들을 실망시키는 것에 대한 두려움으로 고통받습니다. 그들이 우리의 근원이 아닐 때 왜 우리는 다른 사람들을 실망시키는 것을 두려워할까요? 내가 이유를 말하겠습니다. 왜냐하면 우리는 예수 그리스도를 통해 아버지 안에서 우리가 누구인지 모르므로, 다른 사람들을 우리의 인정의 근원으로 바라보기 때문입니다. 그들을 실망시키고 그로 인해 받아들여지지 않는 것이 우리의 가장 큰 두려움입니다.

---

4) "Type 2 Diabetes," Centers for Disease Control and Prevention, https://www.cdc.gov/diabetes/basics/type2.html.

당신은 다른 사람들이 당신을 받아들이는 것에 의존할 수 없다는 것을 배워야 합니다. 하나님께서 당신을 받아들이시며, 그것으로 충분합니다. 그리고 자신에게 정직하십시오. 당신은 완벽하지 않으며, 다른 사람들을 실망시킬 것입니다. 그러나 나는 하나님께서 우리가 다른 사람들을 실망시키는 것에 대한 두려움에 갇히지 않고 관계를 계속 이어갈 수 있도록 회개하고 나아갈 길을 주신 것에 너무나 감사합니다. 어떤 것도 하나님의 사랑과 치유의 능력 너머에 있지 않습니다. 시편 103편 3절은 그분께서 여전히 "네 모든 죄악을 사하시며 네 모든 병을 고치시는" 하나님이심을 우리에게 말해줍니다.

2형 당뇨병은 또한 비만과 관련이 있으므로, 적절하게 식사하고 건강한 체중을 유지하는 것이 중요합니다. 좋아하는 음식을 적당히 즐겨야 한다는 것을 기억하십시오. 성령의 전인 당신의 몸을 돌볼 때 영적인 열매인 절제력은 중요합니다. 또한 질병을 관리하고 성화를 이루어 나가는 동안 혈당 수치를 조절하기 위해 약을 복용하는 것도 중요합니다. 당신이 문제의 영적 뿌리로부터 자유로워질 때까지, 당신은 여전히 이 증후군과 싸우고 있을 것입니다. 당신은 여전히 다른 사람들을 실망시키는 것에 대한 두려움을 가질 것입니다. 당신은 의학적으로 관리될 수 있지만, 당신이 두려움을 회개하고, 하나님의 진리를 적용하며, 치유될 때까지는 문제를 해결한 것이 아닙니다.

하나님의 말씀을 받아들이십시오. 우리는 이 여정을 통해 이 구절을 자주 사용했지만, 스트레스 장애의 치유를 위한 기초적인 성경 구절은 요한일서 4장 18절입니다.

"사랑 안에 두려움이 없고 온전한 사랑이 두려움을 내쫓나니."

어떤 종류의 두려움에 의해 유발된 모든 영적으로 뿌리를 둔 질병은 어떤 수준에서든 관계의 균열을 포함합니다. 그것은 하나님과의 관계의 균열일 수 있고, 과거에 대해 자신을 용서하지 않는 자신과의 관계의 균열일 수 있으며, 또는 당신에게 상처를 주거나 버린 사람을 용서할 수 없는 영적인 균열일 수 있습니다.

"빛 가운데 있다 하면서 그 형제를 미워하는 자는 지금까지 어둠에 있는 자요"(요일 2:9).

다른 사람에 대해 여전히 용서하지 않음, 쓴 뿌리, 또는 증오가 당신의 마음에 있다는 것을 어떻게 알 수 있습니까? 만약 당신이 그 사람을 생각할 때마다 영에 찌르는 듯한 느낌이 든다면, 마음에 무언가 잘못되었다는 것을 아는 것입니다. 당신의 마음을 살피고 성령께서 회개해야 할 두려움이나 관계의 균열을 드러내시도록 허락하십시오. 하나님의 말씀에 대항하여 일어나는 그 유혹들과 생각들을 내쫓으십시오. 아버지께서는 당신을 사랑하시며, 그분은 당신의 삶을 위해 좋은 것들을 계획하셨습니다. 아버지께서는 거절, 두려움, 재앙을 주시지 않습니다. 그분께서 그분의 말씀으로 마음을 변화시키시게 하고, 그런 다음 자유 안에서 기뻐하십시오.

위장 문제

두려움의 영에 의해 유발되는 여러 위장 문제가 있습니다. 위장관 기능 장애의 대부분은 당신 삶의 문제들에 관해 마음에 평안이 없는 것으로 인해 발생합니다.

과민성 대장 증후군

과민성 대장 증후군(IBS)은 두려움의 영에 의해 생성되는 불안 및 스트레스 장애로, 위 내벽에 궤양이 생성되는 방식과 유사하게 결장 내벽의 수상돌기가 염증을 일으킵니다. 과민성 대장 증후근을 앓는 사람들은 면역 체계가 손상되었을 가능성이 높습니다. 면역 체계가 더는 그것을 물리칠 화력이 없기 때문에 결장에서 박테리아가 자랍니다. 증상에는 경련, 복통, 팽만감, 설사 또는 변비가 포함됩니다. 이것은 실제 대장이나 장 조직에 손상이 없기 때문에 증후군입니다. 의사들은 과민성 대장 증후군을 특정 원인이나 치료법이 없는 만성 질환으로 간주합니다.

나는 과민성 대장 증후근에 걸린 사람들의 약 75%가 여성이라는 것을 관찰했습니다. 그것은 아버지에게 신체적 또는 언어적 학대를 받은 여성들을 괴롭힙니다. 여성들은 사랑의 부족으로 인해 스트레스 장애(그리고 알레르기)에 매우 취약합니다. 딸의 정서적 안녕을 먼저 확립하는 것은 어머니가 아니라 아버지입니다. 원수는 아버지/남편의 자기 증오를 통해 많은 가정을 파괴했습니다. 남자가 자신을 미워할 때, 그는 아내와 딸(들)을 사랑하지 않고 돌보지 않을 것입니다. 만약 그가 하나님 아버지께 사랑받는다고 믿지 않는다면, 그는 하나님의 사랑을 그의 가족과 나눌 수 없을 것입니다.

사탄의 의도는 우리가 "아버지"라는 단어를 미워하거나 두려워하게 만든다는 것을 기억하십시오. 그런 다음, 우리가 하나님이 우리 아버지라는 것을 배울 때, 우리는 그 역할에서 그분과 관계를 맺을 때 우리의 경험에 근거한 부정적인 연상을 갖게 됩니다. 우리는 우리 육신의 아버지의 실패 때문에 사랑 많은 하늘 아버지를 두려워하며 분리된 채로 남아 있습니다.

나는 비록 성경에 따라 하나님 아버지가 그들의 진정한 아버지라는 것을 알면서도 여전히 고아처럼 느끼는 많은 남녀 그리스도인을 만났습니다. 우리가 지적으로 하나님이 우리의 인간 아버지와 같지 않다는 것을 이해한다고 해도, 우리는 여전히 그분과 단절된 느낌을 받을 수 있습니다. 이 심각한 영적 결함을 극복하기 위해, 어떤 쓴 뿌리든 회개하고 당신을 학대한 아버지를 용서하는 것이 중요합니다. 상기시켜 주자면, 당신은 용서할 때 죄를 "괜찮다"고 정당화하는 것이 아닙니다. 용서는 당신에게 행해진 죄와 당신에게 죄를 지은 사람을 하나님 아버지께 내어 맡기는 것을 의미합니다. 심판자는 당신이 아니라 그분이십니다.

내가 청중에게 아버지로부터 "사랑한다"는 말을 들어본 적이 없는 사람들에게 손을 들어보라고 요청할 때, 80-90%의 사람들이 손을 듭니다. 아버지는 자녀를 잘 사랑해야 합니다. 하나님 아버지께서는 예수님에 대해 "이는 내 사랑하는 아들이요 내 기뻐하는 자라." 하고 말씀하셨습니다.

> "지극히 큰 영광 중에서 이러한 소리가 그에게 나기를 이는 내 사랑하는 아들이요 내 기뻐하는 자라 하실 때에 그가 하나님 아버지께 존귀와 영광을 받으셨느니라"(벧후 1:17).

만약 당신이 자녀에게 이와 같거나 비슷한 말을 한다고 해서 불경스러운 것은 아닙니다. 나는 당신이 맏이부터 막내까지 그들 모두에게 그들을 사랑하며 그들로 인해 "매우 기쁘다"고 말하기를 촉구합니다. 아무도 빼놓지 마십시오. 그들의 건강이 그것에 달려 있습니다.

궤양성 대장염

궤양성 대장염(UC)은 소화관, 특히 대장 내벽에 염증과 궤양(상처)을 유발하는 염증성 장 질환입니다. 궤양성 대장염은 비록 내벽이 염증을 일으키지만, 크론병에서처럼 파괴되지는 않기 때문에 스트레스 장애 및 증후군으로 간주됩니다. 증상에는 통증, 복부 경련, 혈변이 포함됩니다. 우리가 논의한 다른 스트레스 장애와 마찬가지로, 의학은 일부 식이 및 생활 습관 변화 외에는 특정 원인이나 치료법을 인식하지 못합니다. 우리는 다른 스트레스 장애와 마찬가지로 치료법이 두려움의 영을 회개하고, 우리의 삶과 미래의 잠재적인 문제에 대한 두려움의 생각을 받아들이도록 미혹하는 유혹을 내쫓는 것임을 인식합니다.

흡수 장애 또는 장 누수 증후군

흡수 장애, 또는 장 누수 증후군은 국가적인 재앙이 되었습니다. 이 증후군의 경우, 섭취한 음식의 영양소가 혈류를 통해 세포 수준에 결코 도달하지 못합니다. 미국에서, 흡수 장애의 배후에 있는 기만적인 문제는 우리가 영양 보충제의 광범위한 사용으로 보상하려고 시도한다는 것입니다. 불행하게도, 비싼 건강식품과 보충제 또한 어떤 흡수도 없이 우리의 소화관을 그대로 통과합니다. 이 문제의 배후에 있는 뿌리는 두려움의 영입니다.

위산 역류 또는 위식도 역류 질환

위산 역류, 또는 속쓰림은 위산이 식도로 역류하는 흔한 상태입니다. 위산 역류와 위 식도 역류 질환(GERD)은 거절의 영에 의해 야기되는 위장 장애입니다. 사람이 다른 사람들에게 받아들여지는지에 대해 확신이 없을 때, 거절의 영이 그들의 삶과 사고방식의 일부가 될 것입니다. 그것은 그들이 하나님이나 다른 사람들에게 받아들여질 수 없다고(그들이 단지 기준에 미치지 못한다고) 말할 것입니다. 그것의 갑옷(우리 삶에 거절을 유지하는 그 악한 영들)에는 불안감, 실패에 대한 두려움, 미래에 대한 두려움, 전반적인 두려움이 포함되어, 우리가 가치가 없다는 우리의 두려움을 증가시킵니다. 그 결과, 우리는 다른 사람들과의 관계에서 우리의 가치를 보기 힘들어합니다.

6천만 명 이상의 미국인이 적어도 한 달에 한 번 속쓰림을 경험합니다. 일부 연구에 따르면 1,500만 명 이상의 미국인이 매일 속쓰림 증상을 경험합니다.[5] 위산이 매일 식도로 들어가 통증을 유발하고, 식습관을 방해하며, 수면을 방해할 때 더욱 심각해집니다. 위산이 식도로 역류하는 것을 막는 괄약근 밸브가 오작동할 때 이 상태는 위 식도 역류 질환으로 진단됩니다. 약물을 사용하고 특정 음식을 피하는 것이 증후군을 관리하는 데 도움이 됩니다. 거절의 영과 우리 삶에서 그 자리를 강화하는 두려움의 영들을 품었던 것을 회개하면 위 식도 역류 질환으로부터 치유를 가져올 것입니다.

편두통

편두통은 설명할 수 없는 박동성 두통으로, 메스꺼움, 구토, 빛의 아우라, 피로, 그리고 심한 기분 변화를 동반하는 스트레스 장애입니다. 발생하는 항상성의 불균형의 결과로, 편두통 환자는 낮은 세로토닌 수치와 내분비계의 샘에서 생성되는 높은 히스타민을 가집니다. 히스타민의 증가 때문에, 머리의 혈관이 확장되어 근처의 신경 조직에 부딪혀 매우 강렬할 수 있는 편두통 통증을 유발합니다.

편두통에는 두 가지 뿌리가 있습니다. 사람은 외부 갈등에 으로 인한 내부 갈등을 겪고 있습니다. 외부 갈등은 두려움에 대한 열린 문이며,

---

5) NIH National Library of Medicine, “Heartburn: What you need to know,” NIH MedlinePlus Magazine, January 21, 2020, https://magazine.medlineplus.gov/article/heartburn-what-you-need-to-know.

이는 히스타민을 방출하고, 그런 다음 그는 이 갈등과 그것을 어떻게 처리하고 있는지에 대해 죄책감을 느낍니다. 그것은 관계 문제, 직장 상황, 자녀 양육, 또는 다른 어떤 것에 대한 갈등일 수 있습니다.

편두통은 주로 여성에게서 발생합니다. 의사들은 편두통을 조절하기 위해 세로토닌 수치를 높이고 히스타민 수치를 낮추는 약물을 처방합니다. 우리는 편두통 환자들이 그들을 고통스럽게 하는 두려움과 자기 거부를 회개하고, 하나님으로부터 평안을 얻고 관계, 양육 문제, 또는 근본적인 갈등이 무엇이든 그분께 맡김으로써 외부 갈등으로 인한 내면의 갈등을 해결하도록 처방합니다. 우리는 하나님의 처방에서 큰 성공을 보아왔습니다.

만성 불면증

만성 불면증은 실제적이거나 상상된 두려움을 투사하여 시상하부가 행동에 들어가도록 경고하는 두려움의 영에 의해 야기되는 스트레스 장애입니다. 시상하부는 내분비계의 파수꾼과 같다는 것을 기억하십시오. 시상하부가 두려움으로 인한 스트레스를 감지하면, 스트레스 문제가 해결될 때까지 쉬지 않을 것입니다. 시상하부는 또한 수면 패턴을 제어하므로, 스트레스에 의해 자극받으면 몸이 편안한 수면 리듬에 들어가는 것을 허용하지 않을 것입니다.

당신은 잠자리에 들기 위해 해결책에 도달하거나 결과를 알지 못함에도 불구하고 상황을 하나님 아버지께 내어 맡겨야 합니다. 그것은 당신의 상황에 대한 해답을 그분의 때에(그것이 한밤중이 아닐 수도 있음) 가져다 주실 주님을 신뢰하는 것을 요구합니다. 그러면, 시상하부는 지속적인 경계 상태를 멈추고 잠자리에 들게 할 것입니다.

"내가 평안히 눕고 자기도 하리니 나를 안전히 살게 하시는 이는 오직 여호와이시니이다"(시 4:8).

여드름

여드름은 보통 얼굴, 목, 등, 어깨에 영향을 미치는 피부 장애입니다. 단순 여드름은 소외에 대한 두려움과 같은 사람에 대한 두려움과 거절에 대한 두려움에서 비롯됩니다. 이 수준의 두려움과 불안은 표피 뒤에서 증가된 히스타민 분비를 촉발합니다. 히스타민은 또한 피부의 유분 분비를 증가시켜 여드름을 유발합니다. 젊든 늙든 여드름이 있는 사람들은 사람에 대한 두려움과 거절에 대한 두려움의 죄를 회개함으로써 치유를 찾을 수 있습니다. 다른 사람들에게 거절당할 가능성에도 불구하고, 그들은 하나님 아버지를 신뢰하기로 결정해야 하며, 그분의 수용이 그들이 필요로 하는 전부라고 믿어야 합니다.

천식

천식은 매우 구체적인 뿌리 문제, 즉 버림받음에 대한 두려움의 산물인 스트레스 장애입니다. 시간이 지남에 따라, 이 두려움의 영은 기도(air passageway) 막의 경직을 유발합니다. 산소는 폐로 들어가지 못하고, 이산화탄소는 나가지 못합니다. 그것이 천식 발작을 유발합니다. 약물은 기도를 이완시켜 영향을 받은 사람이 다시 숨을 쉴 수 있게 합니다. "더욱 탁월한 길"은 주님께서 당신의 두려움으로부터 당신을 건져내시도록 허락하는 것입니다. 해독제는 그분께서 결코 당신을 떠나거나 버리지 않으실 것이라는 하나님의 약속입니다. 신명기 31장 6절을 명심하십시오.

"너는 강하고 담대하라. 두려워하지 말라. 그들 앞에서 떨지 말라. 이는 네 하나님 여호와 그가 너와 함께 가시며 결코 너를 떠나지 아니하시며 버리지 아니하실 것임이라 하고."

과식

과식은 두려움에 기반을 둔 장애입니다. 과식의 영적 뿌리는 거절에 대한 두려움, 사람에 대한 두려움, 실패에 대한 두려움, 그리고 버림받음에 대한 두려움입니다. 이것들은 사람들을 몰아붙이고 장기적인 불안과 스트레스, 신체적 및 정신적 모두를 낳는 강력한 힘이 될 수 있습니다.

과도한 식사에는 중독적인 특성이 있습니다. 모든 중독은 사랑받아야 할 필요에 뿌리를 두고 있습니다. 사랑받는다고 느끼지 못하는 사람은 자신에 대해 좋게 느끼지 못합니다. 그 결과, 세로토닌 분비가 감소합니다. 세로토닌은 당신이 자신에 대해 좋게 느끼게 만드는 하나님에게서 온 화학 물질이라는 것을 기억하십시오. 세로토닌이 감소하면, 기분이 나아지기 위해 각성제가 필요하게 되고, 당신은 일종의 "진정제", 즉 거짓된 위안자인 "위안" 음식을 선택합니다. 당신은 스트레스를 받을 때 건강에 해로운 정크푸드를 소비하는 경향이 있을 수 있습니다. 그것은 맛이 좋고 당신을 거짓된 안정감과 평안으로 유인합니다. 낮은 세로토닌은 또한 당신의 신진대사를 늦추어, 때로는 과도하게 체중이 증가하게 만듭니다. 당신이 사랑을 대체하기 위해 위안 음식을 사용하고 있기 때문에, 그것은 악순환이 됩니다.

과도한 식사에 대한 치료법은 거절과 버림받음에 대한 두려움의 영들을 인식하고 그것들을 회개하는 것입니다. 당신은 예수 그리스도를 통해 아버지 안에서 당신이 누구인지 알려주는 하나님의 말씀을 믿어야 합니다. 하나님과 다른 사람들의 사랑을 받고 자신을 미워하는 것을 그만두십시오. 당신이 그분 안에서 사랑받는다는 하나님의 진리를 적용함에 따라 음식을 통해 자신을 위로할 필요성은 줄어들 것입니다.

6. 뿌리를 뽑아라

우리는 마음과 몸의 불편함 때문에 하나님께 치유를 구할 수 있습니다. 그러나 죄라는 영적 뿌리 문제를 제거할 때까지 우리는 자유로워지지 않을 것입니다. 만약 우리가 영적 뿌리 문제를 다루지 않는다면, 질병이나 증후군이 다시 돌아올 수 있고, 원인이 뿌리 뽑히지 않았기 때문에 "치유를 잃게 될" 것입니다. 때때로, 우리는 살기를 거부하는 지식을 얻습니다. 인간은 규칙을 좋아하지 않지만, 만약 그 규칙들이 주님에게서 온 것이라면, 그것들은 우리 모두의 유익을 위한 것입니다.

자기 연민에 대해 경계하는 것을 기억하십시오. 어떤 사람들은 믿음보다 자기 연민을 더 사랑하기 때문에 회개할 시간조차 갖지 않습니다. 다시 말하지만, 자기 연민은 당신을 과거에 묶어두는 "지옥의 초강력 접착제"입니다. 우리는 당신의 삶에 대해 이야기하고 있습니다. 당신 안에는 하나님의 영이 계시니, 일어나서 하나님께서 당신이 계속 나아가도록 돕게 하십시오.

고린도전서 10장 13절은 이렇게 말씀합니다.

"사람이 감당할 시험 밖에는 너희가 당한 것이 없나니 오직 하나님은 미쁘사 너희가 감당하지 못할 시험 당함을 허락하지 아니하시고 시험 당할 즈음에 또한 피할 길을 내사 너희로 능히 감당하게 하시느니라."

당신에게 닥친 두려움 중 어느 것도 당신에게만 국한된 것이 아닙니다. 우리 모두는 사람에 대한 두려움, 거절에 대한 두려움, 그리고 다른 두려움들을 받아들이도록 유혹받습니다. 우리 모두는 우리 삶의 세부 사항이나 위기에 대해 불안하고 스트레스를 받도록 유혹받습니다. 우리가 유혹을 어떻게 다루느냐가 모든 차이를 만듭니다.

"진리를 알지니 진리가 너희를 자유롭게 하리라"(요 8:32).

당신의 치유가 즉시 일어나든지 시간이 걸리든지, 하나님의 말씀은 여전히 진리입니다. 만약 에밀리의 간증에서 일어났던 것처럼, 당신이 하나님 아버지께 회개한 후에 당신의 치유가 즉시 일어나지 않는다면, 얼굴을 부싯돌같이 하고 당신이 어떻게 느끼든 상관없이 하나님의 말씀을 따르기로 결심하십시오. 모래에 선을 긋고 "사탄아, 예수님의 이름으로 명한다. 거짓말을 당장 멈춰라." 하고 말하십시오.

"주 여호와께서 나를 도우시므로 내가 부끄러워하지 아니하고 내 얼굴을 부싯돌 같이 하였으므로 내가 수치를 당하지 아니할 줄 아노라" (사 50:7).

7. 당신은 혼자 싸우는 것이 아니다

선택은 당신의 것입니다. 성령님은 당신을 돕는 분이십니다. 성령님은 당신이 하루에 한 걸음씩 사탄의 왕국에서 "걸어 나오도록" 가능하게 하실 것입니다. 우리는 당신이 현재 하나님 아버지를 따르지 않고 있다고 말하는 것이 아닙니다. 그러나 당신이 의사 결정을 죄가 지배하도록 허용한 영역에서는 사탄의 왕국을 따른 것입니다. 당신이 죄를 회개할 때, 하나님을 섬기기를 선택하고 삶의 방향을 수정하는 것입니다. 당신이 불확실한 상황에서 하나님 아버지를 신뢰할 때, 그분을 섬기기로 선택하는 것이고, 사탄의 왕국에서 "걸어 나오는" 것입니다. 당신은 성령의 도움으로 황폐한 사탄의 왕국에서 "걸어 나와" 대신 하나님 아버지의 나라의 복을 누리는 것으로 "걸어 들어가는" 것입니다.

> "내가 아버지께 구하겠으니 그가 또 다른 보혜사를 너희에게 주사 영원토록 너희와 함께 있게 하리니 그는 진리의 영이라. 세상은 능히 그를 받지 못하나니 이는 그를 보지도 못하고 알지도 못함이라. 그러나 너희는 그를 아나니 그는 너희와 함께 거하심이요 또 너희 속에 계시겠음이라"(요 14:16-17).

당신은 혼자 싸우는 것이 아닙니다. 성령께서 함께 계셔서 당신을 가르치고 사탄의 왕국을 이기도록 담대하게 하십니다. 당신은 하나님의 자비, 위대함, 능력, 건강, 그리고 건전함의 빛나는 빛이어야 합니다. 당신은 사탄의 특성들을 대표해서는 안 됩니다. 이것은 임상적이고 과학적으로 보이는 문제들을 해결하는 데 절대적으로 중요합니다. 당신의 영성은 모든 차원에서 건강에 영향을 미칩니다.

8. 이 싸움에서 이기기를 원한다

알다시피, 우리는 30년 이상 활동해 왔습니다. 그러나 만약 사람들이 하나님의 말씀을 듣지 않는다면, 왜 그들이 우리 말을 듣겠습니까? 우리의 조언은 하나님의 말씀을 듣기를 원하는 사람들을 위한 것입니다.

만약 그들이 성경에 동의하지 않거나 읽기를 거부한다면, 그것이 핵심 문제입니다.

많은 사람이 하나님의 말씀에 대한 반역에도 불구하고 우리가 어떻게 치유를 받을 수 있는지 말해주기를 바라며 'Be in Health'에 왔습니다. 우리는 그들에게 어떤 종류의 심리적 인본주의가 아닌, 오직 하나님 말씀의 진리만을 줄 것입니다.

한 가지 상기시켜 주겠습니다. 모든 사역 기간 동안, 우리는 자신의 삶에 대해 책임을 지지 않는 사람을 도울 수는 없었습니다. 왜일까요? 왜냐하면 그들은 하나님의 말씀에 따른 믿음(하나님의 말씀에 기초하고, 그 분께서 말씀하신 것을 믿으며 그것에 따라 행동하는 성경적 믿음)이 부족했기 때문입니다. 성경은 우리에게 하나님을 기쁘시게 하려면 믿음이 있어야 한다고 말합니다.

> "믿음이 없이는 하나님을 기쁘시게 하지 못하나니 하나님께 나아가는 자는 반드시 그가 계신 것과 또한 그가 자기를 찾는 자들에게 상 주시는 이심을 믿어야 할지니라"(히 11:6).

하나님께서는 우리 중 누구에게도 그분의 말씀을 듣고 동의하도록 강요하지 않으실 것입니다. 당신은 자신을 위해, 그리고 자신만을 위해 진리를 받아들여야 합니다. 당신은 회개하고 치유되기 위해 삶의 주도권을 잡아야 합니다. 이제 믿음으로 발을 내디딜 때입니다. 하나님 아버지께서 당신의 성품과 본성을 개혁하기 위해 함께 일하실 것을 신뢰하며 그렇게 하십시오. 당신은 죄를 회개하고, 하나님의 말씀을 따르며, 삶에서 두려움에 맞서고 예수님의 이름으로 그것들을 물리치는 이기는 자가 되기로 결심해야 합니다. 당신은 또한 승리에서 주도권을 잡을 수 있습니다.

우리는 당신이 이 싸움에서 이기기를 원합니다. 우리는 당신이 망각의 고치에서 나오고, 안일의 자리에서 나와, 원수를 물리칠 수 있는 이기는 신자가 되기로 결심하기를 원합니다. 우리가 우리 자신의 삶에서 질병에 대한 승리를 얻을 때, 그러면 우리는 다른 사람들에게도 그것에 대한 승리를 얻는 방법을 가르칠 수 있습니다. 우리는 의료계조차도 줄 수 없는, 인류에게 줄 선물을 가지고 있습니다. 왜냐하면 의료계는 영적인 문제나 영적인 해결책을 이해하지 못하기 때문입니다. 우리는 하나님의 말씀이 질병을 물리치는 데 필요한 모든 지혜를 공급했기 때문에 그것을 이해합니다. 이기는 자가 되기로 선택하십시오.

침윤성 유방암으로부터 치유되다

조디

저는 침윤성 유방암 진단을 받았지만, 의료 요법은 효과가 없었습니다. 화학 요법 치료가 끝날 무렵, 의사들은 "조디 씨, 죄송합니다. 종괴가 여전히 큽니다. 전혀 변하지 않았어요. 유방 절제술을 받아야 합니다."라고 말했습니다. 저는 집으로 돌아와 주님 앞에 나아갔습니다. 하나님께서는 제가 제 마음에 용서하지 않음과 쓴 뿌리가 있다는 것을 깨닫게 하셨고, 그것을 다루어야 했습니다. 특정 사람들의 이름이 제 마음에 물밀듯이 들어왔습니다. 저는 그들 각자를 용서해야 했습니다.

제가 제 마음에 있던 이러한 것들을 다룰 때마다, 제 유방의 덩어리가 약간 다르게 느껴졌습니다. 저는 주님께 "하나님, 이것이 단지 제 상상인가요? 제가 또 무엇을 다루어야 할까요?"라고 여쭈었습니다. 두려움과 통제의 문제들이 제 마음에 떠올랐습니다. 저는 그것들을 주님께 고백했고, 종괴는 다음 며칠 동안 계속해서 줄어들었습니다. 수술 전 마지막으로 검사를 받기 위해 의사들에게 갔을 때, 외과의사는 저에게 "조디 씨, 저는 더는 당신에게 수술을 권할 수 없습니다. 암은 자라지, 줄어들지 않아요. 그런데 당신은 수술을 받을 필요가 없게 되었습니다."

곧이어, 암은 모두 사라졌습니다. 수술도, 화학 요법도, 방사선 치료도 받지 않았습니다. 하나님께서는 그분 말씀의 원리들 때문에 저를 유방암으로부터 완전히 치유하셨습니다. 모든 영광을 하나님께 돌립니다. 큰 감사를 드립니다. 저는 변화되었습니다.

제11장

다음은 무엇인가?

우리는 성경적 진리의 지식을 통해 많은 질병의 영적 뿌리를 드러냈습니다. 질병의 치유에 관한 몇 가지 기초적인 진리들을 복습해 봅시다.

첫째, 영적으로 뿌리를 둔 질병은 하나님으로부터의 분리, 자신으로부터의 분리, 또는 다른 사람들로부터의 분리의 결과입니다. 그러므로 영적으로 뿌리를 둔 모든 질병의 치유는 하나님과의 화해(그분의 사랑을 받고, 그분을 당신의 아버지로 받아들이며, 그분과 화평을 이루는 것)에서 시작됩니다. 자신과의 화해와 다른 사람들과의 화해가 그 다음의 필수적인 단계입니다.

둘째, 우리는 우리 안에서 전쟁을 벌이는 두 왕국, 즉 죄의 법과 하나님의 법이 있음을 인식합니다. 사도 바울조차도 예수 그리스도를 통해 우리 삶에서 유혹과 죄의 뿌리로부터 자유로워져야 할 우리의 필요성을 표현했다는 것을 기억하십시오

> "내 속사람으로는 하나님의 법을 즐거워하되 내 지체 속에서 한 다른 법이 내 마음의 법과 싸워 내 지체 속에 있는 죄의 법으로 나를 사로잡는 것을 보는도다. 오호라 나는 곤고한 사람이로다. 이 사망의 몸에서 누가 나를 건져내랴? 우리 주 예수 그리스도로 말미암아 하나님께 감사하리로다"(롬 7:22-25).

셋째, 일단 우리가 이러한 뿌리들로부터 건짐을 받으면, 우리의 마음을 새롭게 하고 경건하지 않은 사고의 옛 패턴들을 바꾸는 것은 우리의 책임이 됩니다. 악한 상상들을 내쫓고 생각을 하나님의 말씀으로 채우는 것은 당신의 책임입니다.

"모든 이론을 무너뜨리며 하나님 아는 것을 대적하여 높아진 것을 다 무너뜨리고 모든 생각을 사로잡아 그리스도에게 복종하게 하니" (고후 10:5).

'Be in Health'에서, 우리는 이 과정을 "걸어 나오기"(Walk Out)라고 부릅니다. 우리는 심지어 '걸어 나오기 워크숍'(Walk Our Workshop) 또는 WOW라고 부르는 수련회도 있습니다. 왜냐하면 우리는 우리의 성화 과정을 걸어 나가는 것과 우리를 질병으로부터 자유롭게 하는 성경적 진리들을 계속 따르는 것이 얼마나 중요한지 알기 때문입니다.

1. 원수를 물리치기 위해 끝까지 따르라

나는 당신이 질병으로부터의 완전한 자유를 위해 끝까지 따르기를 격려하고 싶습니다. 원수에게 낙심 당하지 마십시오. 모든 사람이 기도를 받기를 원하지만, 모든 사람이 원수의 거짓말을 물리치고 하나님의 진리를 받아들임으로써 후속 조치를 취하지는 않습니다. 이 성경 구절을 기억하십시오.

"진리를 알지니 진리가 너희를 자유롭게 하리라"(요 8:32).

내가 당신에게 가르쳐온 것은 당신에게 진리와 믿음을 주기 위해 고안되었습니다. 이것은 맹목적인 믿음이 아니라, 성경에 계시된 살아 계신 하나님에 대한 지식에 근거한 진정한 믿음입니다.

나는 여기서 사람들이 지적으로만 회심하는 것을 찾고 있지 않습니다. 지적으로 회심한 사람들은 성경에 이렇게 묘사되어 있습니다.

"항상 배우나 끝내 진리의 지식에 이를 수 없느니라"(딤후 3:7).

당신은 성령의 인도를 받기 위해 지적 이해의 장벽을 넘어야 합니다. 나는 당신의 머리를 한 무더기의 지식으로 채우기 위해 이 책을 쓴 것이 아닙니다. 당신의 삶에서 역사하는 마귀의 권세를 깨뜨리고 당신을 해방시키기 위해 이 책을 썼습니다. 당신의 자유는 2천 년 전에 십자가에서 대가가 치러졌고, 당신이 자유롭게 살 수 있도록 하나님의 능력이 당신의 삶에 풀어졌습니다. 하나님 아버지께서는 당신이 자유롭기를 원하십니다.

하나님의 말씀 묵상하기

하나님께서는 당신이 그분의 말씀을 묵상하거나 깊이 생각할 때 당신을 의로 훈련시키십니다. 하나님께서는 얼마나 자주 말씀을 묵상하라고 말씀하십니까? 밤낮으로입니다.

"복 있는 사람은 악인들의 꾀를 따르지 아니하며 죄인들의 길에 서지 아니하며 오만한 자들의 자리에 앉지 아니하고 오직 여호와의 율법을 즐거워하여 그의 율법을 주야로 묵상하는도다"(시 1:1-2).

하나님의 말씀을 묵상한다는 것은 무엇을 의미할까요? 내가 생각할 수 있는 가장 좋은 그림은 소가 되새김질하는 모습입니다. 이상하게 들립니까? 소는 단지 음식을 씹고 삼키는 것이 아닙니다. 그것은 음식을 부드럽게 하기 위해 씹고, 삼킨 다음, 다시 입으로 되새김질하여 다시 씹습니다. 우리는 하나님의 말씀을 묵상할 때 비슷한 일을 해야 합니다. 우리는 성경 구절을 취하여 단지 한 번 읽는 것이 아니라, 얼마 동안 그것을 음미합니다. 우리는 말씀을 받아들이고, 그것을 깊이 생각하며, 그것에 대해 기도하고, 암기하며, 하나님과 다른 사람들과 그것에 대해 이야기합니다. 그런 방식으로, 하나님의 말씀은 우리의 장기 기억의 일부, 우리 인격의 일부가 됩니다. 하나님께서는 우리가 그분의 말씀에 머물 때 장기 기억을 구축하기 위해 단백질 합성 과정을 사용하시지만, 우리가 원수의 거짓말에 머물 때 그도 그렇게 합니다.

사탄은 성경적 묵상에 대한 모조품을 가지고 있습니다. 'For My Life' 수련회 동안, 우리는 성경에 없는 신비주의적 또는 이교도적 관행을 폭로하는 신비주의 주제에 할애된 특별 수업을 가집니다. 앞서 논의했듯이, 뉴에이지나 동양 종교에서처럼 "생각 없는 명상"을 실천하는 것은 우리가 세타 뇌파를 통해 우리를 괴롭힐 악한 영들에게 우리 자신을 열어놓는 것이라는 것이 우리의 입장입니다. 사람들이 모든 생각으로부터 마음을 비우고 생각이 없어질 때, 그들은 경건하지 않은 영적 영향력에 자신을 열어두고 있는 것입니다. 나는 이런 종류의 세타 뇌파 활동이 인간에게 말하는 악한 영의 증거라고 의심합니다. 사람들이 이 생각 없는 명상 동안 영적인 경험을 하고 있다고 느끼는 이유는 정확히 그들이 그렇기 때문이지만, 그것은 좋은 영적 경험이 아닙니다.

원수가 올 때, 그가 당신에게 단지 몇 번만 생각을 주는 것이 아님을 이해하는 것이 중요합니다. 그는 1년에 365일, 몇 년 동안 매일 당신에게 생각을 줄 수 있습니다. 왜냐하면 원수는 당신을 장애나 질병을 갖도록 훈련시키고 싶어 하기 때문입니다. 당신은 사탄의 계책과 계획에 대한 이해가 부족하기 때문에 원수의 표적이 됩니다. 우리의 소망은 원수의 악한 계책에 대해 당신에게 알려드리는 것입니다.

마음을 새롭게 하기

내가 나누었듯이, 하나님 아버지께서는 우리가 우리의 마음을 새롭게 함으로써 세상에 동화되는 것으로부터 자유로워지기를 바라십니다.

> "그러므로 형제들아 내가 하나님의 모든 자비하심으로 너희를 권하노니 너희 몸을 하나님이 기뻐하시는 거룩한 산 제물로 드리라. 이는 너희가 드릴 영적 예배니라. 너희는 이 세대를 본받지 말고 오직 마음을 새롭게 함으로 변화를 받아 하나님의 선하시고 기뻐하시고 온전하신 뜻이 무엇인지 분별하도록 하라"(롬 12:1-2).

당신의 마음은 어떻게 새로워집니까? 말씀의 물로 씻음으로써 사탄의 거짓말과 사고 패턴으로부터 깨끗해짐으로 그렇게 됩니다.

> "이는 곧 물로 씻어 말씀으로 깨끗하게 하사 거룩하게 하시고"(엡 5:26).

이것이 바로 하나님께서 우리가 밤낮으로 그분의 말씀을 묵상하고, 우리의 생각을 평가하며 그것들을 그분께서 생각하시는 방식과 비교하기를 원하시는 이유입니다. 하나님의 말씀은 우리에게 의롭게 생각하는 법을 가르칩니다. 새로워진 마음은 이제 나쁜 생각을 대면할 수 있습니다. 이것이 우리가 생각하고, 말하고, 행동하는 방식에서 영적인 사람이 되는 방법입니다. 이것은 성화의 여정입니다. 하나님의 말씀 안에서 우리의 마음을 새롭게 하는 것은 우리가 새로운 사고의 경로를 구축하도록 허용합니다. 우리는 하나님께서 우리가 어떻게 생각하기를 원하시는지 배우고 그것을 우리 삶에 적용할 것입니다.

'Be in Health'에서의 우리의 부르심은 진리를 제시하고 당신이 두려움, 불안, 죄에 맞서도록 강권하는 것입니다. 하나님 아버지께서는 매우 좋은 이유로 우리에게 이 진리를 나누도록 주셨습니다. 당신은 세상이 생각하는 방식과 그것이 행동하는 방식으로부터 변화되어야 합니다. 왜냐하면 그것이 사탄의 영역이기 때문입니다. 그 결과, 당신은 세상이 앓는 질병들로부터 건짐을 받을 것입니다. 나는 하나님 아버지께서 당신의 여정에 함께하셔서 건강과 온전함 가운데 살 수 있도록 기도합니다.

2. 우리는 넘치는 생명력을 누리도록 부름받았다

이 가르침을 들은 후, 어떤 사람들은 "이건 너무 일이 많아요. 나는 그냥 약을 먹고 그것이 사라지게 하고 싶어요."라고 말할 수도 있습니다. 그러나 그들은 속박 안에 머물러 있을 것이며, 우리 자신의 구원을 이루어야 한다는 말씀의 요구 사항을 제거할 어떤 마법 같은 공식을 기다릴 것입니다.

"그러므로 나의 사랑하는 자들아 너희가 나 있을 때뿐 아니라 더욱 지금 나 없을 때에도 항상 복종하여 두렵고 떨림으로 너희 구원을 이루라"(빌 2:12).

나는 매일 나 자신의 구원을 이루어야 합니다. 나는 내가 어느 법을 따를지 마음을 정해야 합니다. 어떤 날이든, 나는 하나님께 속하지 않은 생각과 감정들을 내쫓아야 합니다. 당신은 그렇지 않습니까?

나의 큰 슬픔 중 하나는, 하나님께서 우리 'Be in Health' 팀에게 다른 사람들이 질병으로부터 치유받을 수 있도록 어느 정도의 진리를 주셨음에도 불구하고, 어떤 사람들은 진리를 들었을 때, 그들의 신체적 질병 중 어떤 것이라도 하나님께서 말씀하시는 대로 생각하거나, 말하거나, 행동하지 못한 실패 때문일 수 있다는 제안에 불쾌해한다는 것입니다. 또는, 그들은 메시지를 듣고 그것을 받아들이는 것처럼 보이지만, 그런 다음 그들의 정체성을 주장하고 하나님의 진리 안에서 그들의 마음을 새롭게 하는 것으로 끝까지 따르지 않습니다. 나는 당신이 끝까지 따르기를 기도합니다. 그러면 하나님께서 오셔서 당신을 치유하실 것입니다.

당신은 단지 생존자가 되기 위해 하나님의 자녀로 부름받은 것이 아닙니다. 당신은 넘치는 생명력을 누리는 자가 되도록 부름받았습니다. 세상은 생존자들로 가득 차 있습니다. 당신은 넘치는 생명력을 누리는 자여야 합니다. 세상이 질병과 절망 속에서 고군분투하고 있을지라도, 당신은 행복하고, 균형 잡혀 있으며, 열정적인 하나님의 아들딸이 되어야 합니다. 당신은 이 행성에 있다는 것에 흥분해야 합니다.

3. 하나님의 형상으로 변화됨

당신이 그분의 말씀을 따를 때 하나님의 형상으로 변화되고 있다는 것을 절대로 잊지 마십시오.

> "우리가 다 수건을 벗은 얼굴로 거울을 보는 것 같이 주의 영광을 보매 그와 같은 형상으로 변화하여 영광에서 영광에 이르니 곧 주의 영으로 말미암음이니라"(고후 3:18).

아무도 당신이 여기서 배운 진리들을 빼앗기지 마십시오. 불신앙을 가진 사람들은 당신과 논쟁하고, 낙심시키며, 그들의 형상으로 끌어내리려 할 것입니다. 당신은 다른 어떤 사람의 형상으로 형성되고 있는 것이 아닙니다. 당신은 하나님의 형상으로 변화되고 있습니다. 당신이 그분의 형상으로 변화됨에 따라, 하나님께서 원수의 질병들로부터 치유하실 것을 기대할 수 있습니다. 왜냐하면 하나님께서는 그분의 말씀과 그분의 형상을 존중하시기 때문입니다. 그분은 머리 수준이 아니라, 마음 수준에서 당신 안에 계신 그분이 누구인지를 존중하십니다.

예수 그리스도를 통해, 아버지는 에덴동산의 비극에서 잃어버렸던 것(인류 안의 그분의 형상)을 되찾고 회복하고 계십니다. 그것이 십자가의 능력입니다. 당신은 그 회복과 복원의 산물입니다. 당신은 어둠에서 부름받아 그분의 놀라운 빛으로 변화되고 있습니다.

> "그러나 너희는 택하신 족속이요 왕 같은 제사장들이요 거룩한 나라요 그의 소유가 된 백성이니 이는 너희를 어두운 데서 불러 내어 그의 기이한 빛에 들어가게 하신 이의 아름다운 덕을 선포하게 하려 하심이라"(벧전 2:9).

> "그러나 당신은 말씀으로 개혁되지 않는 한 변화될 수 없습니다. 왜냐하면 "믿음은 들음에서 나며 들음은 그리스도의 말씀으로 말미암았기

때문입니다"(롬 10:17).

4. 하나님께서는 자유롭게 하기를 원하신다

비록 이 가르침에서 제기된 특정 문제들을 직면하는 것이 불편하게 느껴질지라도, 나는 당신이 그것들을 다루기를 간청합니다. 하나님은 당신을 사랑하시며, 당신은 단지 기분이 그렇다고 해서 이 책을 읽고 있는 것이 아닙니다. 당신은 하나님의 영이 당신과 사랑하는 사람들을 질병으로부터 자유롭게 하기를 원하시기 때문에 이것을 읽고 있습니다. 내가 신자가 되었을 때, 내 안에는 불타는 말씀들이 있었습니다. 나는 복음 전도자로 부름받지는 않았지만, 나는 그 말씀들을 사용하여 하나님의 백성에게 치유, 구원, 소망을 가져다주도록 부름받았습니다.

아무도 당신이 하나님의 눈동자가 아니라고 말하게 하지 마십시오(신 32:10 참조). 아무도 당신이 그분의 손바닥에 새겨져 있지 않다고 말하게 하지 마십시오(사 49:16 참조). 아무도 당신의 이름이 생명책에 기록되어 있지 않다거나(계 3:5 참조), 당신이 아버지의 아들이나 딸이 아니라고(갈 4:6-7 참조) 말하게 하지 마십시오. 아무도 당신이 누구인지에 간섭하게 하지 마십시오. 당신은 우연이 아닙니다. 당신은 하나님에 의해 계획된 사건이었습니다. 당신이 잉태되기도 전에, 하나님께서는 당신을 아셨습니다. 당신의 신체 부위가 형성되기 전에, 그분은 "너는 내 것이라."고 말씀하셨습니다.

"내가 너를 모태에 짓기 전에 너를 알았고 네가 배에서 나오기 전에 너를 성별하였고"(렘 1:5).

"야곱아 너를 창조하신 여호와께서 지금 말씀하시느니라. 이스라엘아 너를 지으신 이가 말씀하시느니라. 너는 두려워하지 말라. 내가 너를 구속하였고 내가 너를 지명하여 불렀나니 너는 내 것이라"(사 43:1).

당신은 당신을 향한 하나님의 사랑의 이러한 영역들 중 어느 것에서든 어려움을 겪고 있습니까? 당신의 사고(思考)패턴을 바꾸는 과업에 미치지 못할까 두렵습니까? 숨을 들이쉬고 내쉬십시오. 하나님께서 당신을 새롭게 하시게 하십시오. 죽음의 영을 받아들이지 마십시오. 하나님께서는 목적과 계획을 가지고 당신을 창조하셨고, 그분은 당신이 살도록 창조하셨습니다. 당신이 죽기를 바라는 계획을 가진 것은 원수입니다.

편안히 계십시오. 당신의 질병이 아닙니다. 당신이 문제가 아니라, 마귀가 문제입니다. 마귀의 말을 듣는 것을 멈추십시오. 삶을 선택하십시오. 죽음을 선택하지 마십시오. 자신에게 친절하십시오. 이 은혜와 자비의 시대에 사십시오. 삶을 선택하고 죽음을 선택하지 마십시오.

5. 당신을 위한 나의 기도

"아버지, 예수님의 이름으로 주님께 나아옵니다.
시간을 내어 이 책을 읽은 이 귀한 사람에 대해 주님께 감사드리고 싶습니다.
저는 주님의 말씀인 시편 139편을 통해 그들이 심히 기묘하게 지음 받았으며, 주님의 손이 그들 각자 위에 있음을 압니다. 저는 제가 주님의 말씀으로부터 그들에게 생각할 많은 것들을 주었다는 것을 압니다.

저는 주님께서 주님의 성령을 주시어 이해와 깨달음을 주셔서, 그들이 안에서부터 밖으로 변화되고 그들의 질병이 사라지게 해 주시기를 구합니다.

아버지, 우리는 여러 다른 배경을 가진 사람들일 뿐입니다.

우리는 거짓말인지도 모르고 거짓말을 들어왔습니다. 우리는 옳다고 생각했지만 우리의 파멸로 이끌고 있는 것들을 추구해왔습니다.

우리 영혼에 안식이 있는 선한 길을 우리에게 보여주십시오.

우리에게 이 삶 안에서 성장하고 하나님의 아들딸로서 성숙하도록 가르쳐주십시오.

아버지, 우리가 영과 혼과 몸이 온전하게 되고, 우리 다음 세대들 또한 온전하게 되며, 우리를 향한 아버지의 영광과 선하심과 사랑을 세상에 비추는 빛이 되게 하십시오.

주님, 주님의 자비에 깊이 감사드립니다.

그리고 주님의 은혜로 우리를 계속해서 가르쳐주십시오.

예수님의 이름으로 기도합니다. 아멘."

의학적 • 성경적으로 통합한 치유 교과서

질병의 영적 뿌리를 뽑아라

펴낸날 1판 1쇄 2026년 1월 31일

지은이 헨리 라이트
옮긴이 임은묵
펴낸이 이환호
편집인 민경훈

펴낸곳 도서출판 예찬사
등 록 1979. 1. 16 제 2018-000103
주 소 경기도 고양시 덕양구 중앙로 557번길 8-9. 엠앤지프라자 407-2호
전 화 02-798-0147
팩시밀리 02-798-0145, 031-979-0145
블러그 blog.naver.com/yechansa
전자우편 octo0691@naver.com

좋은 책은 좋은 사람을 만듭니다.
예찬사는 기독교 출판 실천윤리강령을 준수합니다.